한국불교를 대표하는 큰스님들의 깨달음의 말씀

靑山에 사는 즐거움

서 월 성 청 숭 일 진 월 고
옹 하 수 화 산 타 제 운 산

도서
출판 窓

KB208581

국립중앙도서관출판시도서목록(CIP)

靑山에 사는 즐거움 / 서웅...[등]지음.
— 2판. — 서울 : 창, 2004   p. ;   cm
관제: 한국불교를 대표하는 큰스님들의 깨달음의 말씀
ISBN 89-7453-101-1 33220 : \10000
224.3-KDC4
294.344-DDC21   CIP2004001717

靑山에 사는 즐거움

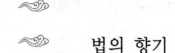

법의 향기

　향기는 멀어도 그윽함을 더해 가는 법이다. 구태여 자태를 뽐내지 않아도 은은한 영상(影像)은 우리들의 가슴 한 구석에 자리잡게 마련이다. 우리가 호흡하는 이 삭막한 시대를 비판하는 소리들이 높다. 도덕의 부재를 탓하고, 획일적 사고를 우려한다. 지금의 시대에는 돈 많은 이도 많고, 권력있는 이도 많다. 그런데 무엇이 이 시대를 불행하게 여겨지도록 만드는가? 존경받는 이가 드물기 때문이다.

　참 양심의 소리가 들리지 않고, 무애(無碍)한 삶의 흔적이 보이지 않는다. 덧없는 애욕의 방황을 교묘한 처세술로 위장하면서 도인연(道人然)하는 사이비가 판을 치고 있다. 그러나 존경할 만한 대상을 갖기 위해서는 도인이 올 수 있는 인연을 심어야 한다.

　경제발전보다 소중한 것은 인격의 도야라는 평범한 인식이 보다 많은 이들의 공감을 이루어 나가야 하는 것이다.

　인간은 결코 돈 벌고, 출세하고, 가족걱정만을 하기 위하여 태어난 존재는 아니다. 고슴도치도 제 자식은 사랑하는 법이다. 그렇다면 무엇이 우리들 삶의 목표여야 할까. 이 미궁같은 질문에 대한 해답 가운데 '불교의 길'이 있다. 삶은 윤회의 연속이라는 것, 그 매듭을 푸는 열쇠는 바로 스스로의 의지와 결단에 있다는 점, 그리고 모든 생명은 깨달음의 가능성이 있다는 점 등이 담담히 토로된다. 이 불교적 가치관은 한국적 정서의 밑바닥을 흐르고 있다. 신라, 고려의 천 년 역사는 바로 이와 같은 불교적 인생관의 무대였다.

불교의 사상적 기여에 대해서 재론하고 싶은 생각은 없다.

또 불교가 옛 영광의 그림자를 부여안고 산다는 복고성에 대한 비판을 하려는 것도 아니다. 다만 과거, 현재, 미래를 관통하는 우주관이 필요하다는 점을 지적하고 싶다.

역사는 결코 추억의 집합이 아니다. 현재가 과거의 소산이라는 논리가 정당하다면 당연히 우리의 미래 또한 현실의 과보일 따름이다. 한 민족의 '뿌리'에 대한 자존심과 논구(論究)가 꼭 필요한 까닭이 여기에 있다. 그렇다면 오늘의 비극은 바로 전통의 향기를 온존(溫存)하지 못한 어리석음 때문이라고 말하지 않을 수 없다.

가장 한국적인 것이 가장 세계적이라던가. 가장 한국적인 것, 그 한국적 정서의 밑바닥에는 언제나 불교의 향기가 배어 있다는 점을 결코 간과해서는 안 된다. 불교인의 생활공동체를 승가(僧伽)라고 한다. 청빈과 검약을 신조로 여기고, 무상한 세월 속에 무집착의 자유를 실현코자 하는 이들이다. 수도를 목숨처럼 간직한 채 이 혼탁한 사회에서 한줄기 청량한 향불처럼 그들은 스스로를 태워가고 있는 것이다. 이들이 조국의 산하를 지키고 있음으로 말미암아 우리의 문화적 자존심이 지켜진다는 것을 우리는 외면해 왔다. 오히려 그 청정한 삶을 비웃으며 세속적 가치의 잣대로만 불교를 평가해 왔다. 그러나 아놀드 토인비의 명쾌한 지적처럼 '미래사회의 관건은 동서화합이며 그 가능성은 불교정신을 통해서 실현될 수' 있다.

이 책에 실린 스님들은 오늘의 한국불교계를 대표하는 거목들이다. 그들은 모두 개성있는 삶의 방식을 통하여 각각의 분야에서 일가(一家)를 이룬 분들이다.

전통적으로 불가의 교육방법은 계·정·혜로 대변된다.

계는 윤리적 생활을 말한다. 정은 산란한 마음을 바로 잡는 내면의 수행을 가리킨다. 혜는 반야(般若)이며 우주와 생명의 질서를 통찰하는 안목이라는 뜻이다. 그 완성을 향해서 치열한 정진이 필요한 것은 두말할 나위도 없다.

이 큰스님들의 구도(求道)의 여정은 이 암울한 시대의 빛이다. 그들이 보여준 길은 이 시대 지성인들의 나침반이 될 수 있다. 때로는 우리의 어리석음을 질타하는 포효로서 혹은 바다 같은 침묵의 힘으로서 그들은 우리를 압도한다. 우리는 이 '존경할 만한 스님'들과 같이 호흡할 수 있다는 사실만으로도 크나큰 행운을 누리고 있는 셈이다. 그들의 언어에는 천 근의 무게가 담겨 있다. 그들의 표정에는 진솔한 수행의 그림자가 묻어 나온다. 독자들은 이 언어의 밑바닥에 담긴 '의미 이상의 의미'에 천착해 주기 바란다. 그리하여 진리의 세계를 향한 겸손한 자기반성과, 그 구체적 삶의 궤적들을 끝내 우리의 것으로 삼아야 하리라고 본다. 여태까지 불교를 기괴한 형이상학의 집합으로만 여겨 오던 이들에게 큰스님들은 놀랄 만치 평이한 언어로 다가선다. 또 이들의 법문은 우리를 '생각하도록 만드는' 마력을 지니고 있다. 관조와 예지에 바탕을 둔 이 확신에 찬 언어들이야말로 우리들 삶의 길잡이일 수 있다고 생각한다. 불자들에게는 그 신행의 마음씨를 더욱 굳건히 하는 계기가 되겠지만, 인연이 없었던 이들에게는 불교적 세계에 대한 신선한 '만남'이 될 수 있으리라고 기대한다. 다만 이 분들의 정신세계가 고원(高遠)하게 느껴지면 질수록 참회해야 할 업장(業障)이 두텁다는 자기성찰이 있어야 한다. 덧없는 세월의 수레바퀴 속에서 영겁(永劫)을 응시하는 큰스님들, 유한한 인과의 질곡 속에서 해탈의 기쁨을 누리는 큰스님들이 보다 많출되기를 바랄 뿐이다. 큰스님들이 주신 법(法)의 향기(香氣)가 우리들 가슴속을 오랫동안 적셔서 편견과 대립을 허무는 디딤돌이 되기를 기원한다. 먼발치에서만 품고 있던 사모의 생각들을 무딘 붓끝으로 쓰게 된 무례를 사죄하면서 감히 발문의 인사에 대신하고자 한다.

불기 2536년, 지루한 장마 속에서
學人 鄭 炳 朝 분향합장

차례

서옹(西翁) 스님

서옹(西翁) 스님

1912년 충남 논산에서 태어남.
1932년 백양사에서 송만암화상을 계사로 사미계 수지.
1933년 백양사에서 송만암화상을 계사로 보살계 비구계 수지.
1942년 백양사에서 종사법계 품수.
1962년~동국대학교 대학선원장, 문무관 초대 조실ㆍ동화사 백양사 조실 등 역임.
1974년 대한불교 조계종 종정 역임.
1996년~현재까지 고불총림 백양사 방장으로 주석하면서 납자들을 지도함.

선과 노장사상

　중국의 철학, 종교에 있어서 노자, 장자의 사상은 가장 심오한 사유 체계의 하나다. 알려진 바와 같이 중국인의 민족성은 현실을 중시하는 경향이 강하며 실용적이다.

　그러므로 중국에서 발달한 사상은 인간의 현실적인 생활과 직접 관계가 있는 실천적인 문제에 집중되어 있다. 즉 윤리·정치적인 이념이 주류를 이루고 있는 한편 형이상학적 영원을 추구하는 인생관, 세계관은 일반적으로 크게 수용되지 않았던 것이다.

　그러나 노자, 장자는 중국인의 상식적인 가치와 사상을 넘어서 세계와 인생의 근본 문제를 깊이 다루고 있다. 이 노자, 장자시대의 중국은 아주 혼란한 전국시대였다.

　늘 전란이 일어나서 국가와 국가는 영토를 확장하기 위해 전쟁을 하고 개인과 개인 간은 권모술수가 넘치던 때였다.

　고금역사를 볼 때 위대한 사상과 종교는 어려운 시대, 고난이 많은 나라에서 어려운 과제를 해결하기에 노력한 결과 발생하기도 한다.

노자, 장자 역시 난세의 위기 속에서 나왔던 것이다.

불교가 처음 중국에 전해졌을 때 불교의 이해는 격의(格義)라는 방법으로 행해졌다. 이 격의불교는 기존의 노자, 장자의 사상을 차용해서 불교를 이해하는 방법이다. 가령 노자의 도덕경에서는 '천하의 모든 만물은 유에서 생하고 유는 무에서 생한다(天下萬物生於有 有生於無)'는 말이 있는데, 삼라만상이 모든 형상이 있으므로 유라고 할 수 있는데 그 근본은 무에서 나왔다는 말이다. 그것은 대승불교의 공(空)사상을 노자의 무라는 용어로써 이해하는 계기가 된다. 처음 불전을 번역할 때는 불교의 열반을 '무위(無爲)', 즉 '함이 없다. 인위적인 조작이 없다'고 번역했다. 또 보리(菩提)를 '도(道)', 진여(眞如)를 '본무(本無)'라고 격의적인 번역을 했다.

이와 같이 번역한 것을 보면 노자, 장자의 사상을 바탕으로 불교를 이해했던 것이다. 이 노장철학의 기반을 빌리지 않고는 불교를 처음 수용하기에 어려웠던 점도 있었지만, 불교를 불교 그대로 수용한 것이 아니라 노장철학의 바탕에서 이해했기 때문에 올바른 불교의 입장을 이해하지 못한 점이 있었다.

그리고 인도의 사상은 명상을 통해 현실의 괴로움을 초월하려 하기 때문에 인식론적 논리가 매우 발달했지만 중국은 행동적이고 현실적이므로 직관이 발달했다.

그러므로 중국에서는 심오한 불교를 논리적으로 자꾸 추구해 들어가는 것보다는 직관적으로 체험하고 실천하고자 하는 사실적인 종교 정신이 발달했다. 즉, 불교의 궁극적 경지를 어떻게 체험하고 실천하느냐는 문제가 중국에서 발달되어 참선과 같은 수행법이 발전된 것이다.

현재 교계의 일부에서는 장자의 좌망(坐忘), 조철(朝徹), 견독(見獨)과 같은 직관적인 경지와 선이 동일한 것이라고 생각하는 경우가 많은데 선과 노장사상이 분명히 다르다는 것을 말해 보겠다.

벽암록을 편집한 원오 극근 선사는 임제 스님의 정맥을 이어서 조사선(祖師禪)의 깊은 경지를 보이셨다. 이 선의 경지를 분명히 말씀하신 벽암록 제80칙의 평창(評唱)을 들어서 설명하겠다.

이 평창의 법문은 간단히 알기쉽게 말하면 우리의 심식(心識)으로 되어 있는데서 공부를 깊이 하면 전부 쉬어서 무심경계가 된다. 무심경계가 되어서 우주 대자연과 차별이 없는 절대경지에 들어간다.

그러나 참선에서는 거기에 그치지 아니하고 더 정진을 해서 아뢰야식을 완전히 타파한 부처님의 반야지(般若智)가 되어 버린다.

그리고 부처님의 경지도 타파, 초월하여 자유자재하다. 이것을 '평상심시도(平常心是道)', 배고프면 밥을 먹고 목마르면 차를 마시고 자유자재하게 되어야 선의 구경(究竟)의 낙처(落處)인 것이다.

그러면 장자는 무엇이라고 말했느냐? 이것이 문제이다. 장자 대종사 편에는 좌망에 대한 이야기가 있다.

안회가 공자에게 말했다.

"안회는 더욱 이익됨이 있습니다."

"무슨 말인가?"

"저는 인의(仁義)를 잊어 버렸습니다."

"좋다. 그러나 아직 부족하다."

다른 날 다시 보고 가로되,

"더욱 이익됨이 있습니다."

"무슨 말이냐?"

"좌망입니다."

"무엇을 좌망이라고 하느냐?

"지체(枝體)를 떨쳐 잊어버리고 총명을 잊어서 형체를 떠나 지(知)를 버리고 함께 대통(大通)함을 좌망이라고 합니다."

"대통함이 이와 같은 즉 좋고 나쁨이 없고 화(化)한 즉 고집할 것이 없음이라. 과연 현명하도다. 나는 이제 너를 쫓아가고 싶구나."

장자는 좌망이란 의식이 끊어진 자리에 불과하며 선은 유심을 끊어 버리고 무심마저도 초월하고 부처경지도 초월한 자유자재한 경지인데 이 장자의 좌망은 분별지가 끊어진 무심경계에 그쳐버린 것이다.

무심경계에서 더 나아가 반야지에 못 이르고 제8식 경지에 머물러 있다고 하지 않을 수 없다. 그러니까 그 경지가 분명히 다르지 않은가?

그 다음에는 장자의 문제를 하나 더 예를 들겠다.

삼 일 이후에 능히 천하를 초월하고 이미 천하를 밖에 하고 내가 또 그것을 수지(守之)하며 칠 일 이후에는 능히 외물(外物)하며 구 일 이후에는 능히 외생(外生)하고 이미 생을 밖에 한 연후에는 능히 조철하고 조철한 이후에 능히 견독하고 견독한 이후에 능히 고금(古今)이 없으며 고금이 없는 이후에 능히 불사불생(不死不生)에 들어감이니라.

외물, 외생해서 조철한다고 했는데 이 외생이란 인간의 현실적 한계를 초월한 경지를 깨달았다는 뜻이다.

결론적으로 말하면 의식적 인간의 한계를 초월했다는 것이다. 그러므로 이와 같은 장자를 보면 선과 혼동하기 쉽지만 차원이 아주 다른 것이다. 장자는 무의식의 경계, 대자연의 경계, 인간의 인위적 조작이 없는 제8식의 경계에서 본 것이요, 선은 무심경계를 초월해서 반야지에 이른 것도 초월해서 대자유의 입장에서 이른 것이다.

지금까지의 이야기는 장자와 선의 다른 점을 비교해서 요점만 말한 것이다.

여러 대중은 더욱 정진해서 분명히 밝혀주기 바란다.

본래 청정커니

우리가 '나'라고 생각하는 그 '나'는 '참 나'가 아니고, '거짓 나'이다. 아주 고통스럽고 허망하고 미혹하고 깜깜한 '나'인 것이다. 그런데 그 '거짓 나'의 근원에는 아무 걸림도 없고 죽음도 없고 고통도 없고 밝고 밝은, 자유자재한 '참 나'가 있다. 우리는 잃어버린 '참 나'를 되찾아서 자유스럽게, 자주적으로 살아야 한다.

우리가 일제의 압박을 받다가 해방이 된 뒤 외국의 문명을 너무 맹목적으로 수입하지 않았나 하는 생각이 든다. 다시 말해서 우리가 주체성을 가지고 외국 문명을 수입해 왔다면 무조건 외국 것이 좋은 줄만 알고 맹목적으로 받아들이지 않았을 것이다. 우리 조상 때부터 내려 온 것도 좋은 것이 있으면 이것을 잘 살리고 외국에서는 좋은 것이라 해도 그것을 비판해서 나쁜 것은 버릴 줄 알고 좋은 것이 있으면 잘 취해서 발전시켜야 주체성이 있다고 할 수 있다. 맹목적으로 외국 문물을 들여온다고 하는 것은 주체성이 있다고 할 수 없다. 그러나 오늘날에 있어서는 우리도 많이 깨어서 외국 문물을 덮어놓고 좋다는 것도 아니고 좋은 것은 좋고 나쁜 것은 나쁜 것으로 가릴 줄 알며 우리의 전통도 좋은 점은 좋다고 깨달아서 이것을 더욱 발전시키지 않으면 안 된다는 각성을 갖게 되었다고 본다. 참으로 다행스럽게 생각된다.

우리 불교의 가르침은 앞서 말한 바와 같이 '거짓 나'를 버리고 '참 나' 자기 본래면목을 알아야 하는 데에 있다. 이 '참 나' ─우리의 근본 마음, 이 자리는 허공과 같다고 옛 조사 스님께서 말씀하셨다. 허공이란 것은 끝이 없고 아무 걸림이 없이 텅 비어 있으면서 삼라만상이 그 가운데 갖춰져 있다.

우리는 이 '참 나' ─우리 근본 마음을 알고 '참 나'답게, '참 사람'답게 살아야 한다. 그러기 위해서는 자기 개인 욕심이나 거짓된 마음을 가져서는 안 된다. 남이야 죽든말든 나만 잘 살면 된다는 생각은 버려야 한다.

불법을 믿는 사람은 자기란 것을 내던져 버리고 여러 사람을 위하여 살아야 한다. 자기란 것, 거짓 나란 것을 버리고 여러 사람을 위한 일이 성취되도록 힘써야 한다.

우리들은 바깥으로 오욕에 달려서 자기를 잃어버리고 일생을 산다. 이렇게 헛되이 인생을 산다면 이 세상에 태어난 보람이 없고 참다운 자기 정신을 가지고 산다고 할 수 없다. 우리들은 재물을 잃게 되거나, 명예가 조금이라도 손상되면, 어쩔줄을 모르고 괴로와 하면서도 자기의 참나는 잃어버리고도 아무렇지도 않은 듯이 노닥거리며 산다. 우리 인간에게는 재물도 귀중하고 명예도 귀중하지만 자기가 죽는다고 하면 그런 것들은 소용이 없는 것이다.

자기가 죽는다고 하면 재물도 소용이 없고, 명예도 없고 자기 권속도 소용 없고 저 세상으로 혼자 가고 마는 것이다. 이와 같이 '참 나'

를 잃어 버리고 깜깜한 마음으로 '거짓 나'를 '참 나'로 생각하고 여러 가지 욕망에 달려, 헤매이는 사람은 자기 정신을 잃고 사는 미친 사람과 똑같은 것이다. 그러하니 우리는 제정신을 차려서 '참 나'를 깨달아 참으로 밝고 맑은 그 자리, 허공에서 사지를 움직이듯 자유자재하게 초자주적으로 살 수 있도록 힘써야 할 것이다.

한국 역사를 돌이켜 볼 때 우리 민족이 가장 잘 단합되었을 때가 바로 불교가 융성했을 때임을 알 수 있다. 불법이야말로 모든 인간과 우주의 근원을 이루는 보편적 바탕 원리로서 여러가지 개체라든가 특수한 현상들이 여럿이 아닌 하나임을 밝혀 준다.

불교는 하나라는 바탕에서 자유자재하게 사는 종교이기 때문에 불교를 믿을 때, 모든 것을 통합하고 화합시킴으로써 민족이 혼연일체가 되어 잘 단합할 수 있었던 것이다.

역사는 사회적으로 공평하고 단합하고 전쟁없이 평화로울 때에 크게 발전한다. 전쟁이 있다든지 서로 불평하며 분열되면 곧 쇠퇴하고 만다.

한국 역사 가운데 단합이 제일 잘 되었을 때가 바로 불법의 바탕에 서였다. 그러므로 오늘날 우리 민족이 평화스럽고 세계 인류가 행복하게 살자면 불법이 다시 크게 일어나야 한다고 생각한다.

그러면 이제부터 선에 대해서 얘기할까 한다. 불교에는 여러 종파가 있는데 우리 한국에도 18개 종파가 있다.

가령 팔만대장경 가운데 법화경이 부처님의 경지를 가장 바르게 전한 것이라고 생각해서 세워진 종파도 있고, 또 다른 곳에서는 화엄경이 그렇다고 생각해서 세워진 종파도 있다. 이와 같이 의지하는 바 경전이 다 있는 것이다.

그런데 선종만큼은 의지하는 경전이 없다. 선종은 부처님께서 깨달으신 근본 자리를 그대로 전해 내려오는 것이다. 그대로 그 자리에서 깨닫고 생활하는 불교이지, 경전에 의지하지 아니 한다고 되어 있다.

그래서 선종에서는 말하기를, 불립문자(不立文字) 교외별전(敎外別傳)이라서 '문자를 쓰지 않는다', '교 밖에 따로 전하는 것이다'라고 한다. 부처님께서 설하신 팔만대장경을 교 안이라고 할 때, 교 밖이라는 것은 팔만대장경 밖에 전하는 것을 말한다.

그러므로 직지인심(直指人心) 견성성불(見性成佛) —사람 마음을 바로 가르쳐서 견성성불, 그 마음 성품을 보는 것이 성불이고 부처를 이룬 것이지 따로 부처가 없다고 주장한다. 이 불립문자, 교외별전, 직지인심, 견성성불이야말로 선종에 있어서의 근본 표어라고 할 수 있다.

그런데 이 중에서 잘못 알고 있는 부분이 있는데 가령 불립문자에서 문자를 세우지 않는다고 하니까 모두 그 문자를 부정해버리고 팔만대장경도 부정해버리는 것이 깊은 선의 경지라고 오해하고 아주 무식한 것이 선인 줄 아는 데 전혀 그것이 아니다.

요사이 서양철학도 선에 가까워지고 있다. 물론 서양철학의 본래 전통이라고 하면 이성철학이며, 거짓이다, 착하다, 악하다, 아름답다, 추하다 이렇게 분별하는 것이 바로 이성이다. 이렇게 이성적으로 진리를 탐구하는 것이 서양 철학의 전통이라 하겠는데, 이성철학 그 밑바닥에는 사유하는 사람의 정신의 대상이 되는 물질이 있다. 곧 물질과 정신의 이원론인데, 정신은 주인이고, 물질은 하인과 같은 것이라고 보고 지배하고자 하는 마음이 밑바닥에 깔려 있다.

　그러니까 정복한다, 지배한다는 것은 바로 욕망인데 그것은 '사람을 움직이는 것은 이성이 아니라 감정과 육체이다'라고 주장하면서 생명철학, 욕망철학이 생기고, 마르크스와 니체가 나온다.

　그래서 19세기 말부터는 욕망철학이 인류를 지배하게 되었다. 그러나 이성적 욕망은 인간의 껍데기일 뿐, 더 깊이 인간을 보면 진정한 실존이 있다.

　하이데거는 전쟁에서 죽음의 경험을 많이 했는데 '인생에는 죽음이 있다. 이 죽음을 면할 길이 없는데, 현실에서 그 죽음에 대결해서 죽음을 결의하고 허무 중에 죽음을 숙시하는 데에 인간다운 주체성과 실존이 있는 것이다' 하여 이성과 감성보다도 더 깊이 인생을 생각하게 되었다. 그러면 인간이 죽음과 대결하여 정신이 긴장되어 정신을 바짝 차리고 '죽음을 응시할 때 이것은 무에 빠진 죽음을 숙시하는 밝은 밤이다.' 이와 같은 말을 했는데 거기에 바로 인간의 실존이 있다.

그런데 이런 것도 선에서는 참선하는 첫 단계에 지나지 않는다. 참선이라는 것은 생사의 절대모순에 빠져 한덩이가 되어 의심해 들어가서 결국에는 무의식 상태가 돼서 의식이 끊어져 이것을 초월하여 생사가 없는, 자기 참 모습에서 자유자재하게 살 수 있는, 참으로 인간의 올바른 실존에서, 구경의 실존에서 자유자재하고 적극적으로 살 수 있는 그런 영원의 생명체를 해결하는 것이 선이다.

하이데거는 부정적이고 소극적이지만 선은 능동적이고 적극적이고 자유자재하게 역사를 창조할 수 있는 원리 바탕이 되는 것이다. 이와 같이 깊은 것이 선이다.

그래서 의식과 무의식을 초월한 참으로 인간 본래면목을 능히 깨달을 수 있는 것이 선이라고 할 수 있다. 그런데 의식과 무의식을 초월한 자기 참 모습, 다시 말해서 보통 일상생활에서의 의식은 전부 자기 소견대로 주관적으로 뭉쳐서 된 것이다.

우리는 현실을 색안경을 쓰고 환상으로 사는 것이다. 사람들은 현실이 확실한 사실이라고 믿지만 깊이 생각해 보면 모두 환각이다. 주관이 뭉쳐서 현실의식으로 된 것이다.

그러면 무의식은 무엇인가? 무의식은 의식이 숨어있는 것이어서 무의식도 주관으로 뭉쳐서 되어 있는 것이라고 말할 수 있다. 그러니까 의식과 무의식을 타파해서 완전히 주관이 없는 본래의 자기 참 모습의 자리에 가야 환각이 아니라 참으로 진실한 자기 본래의 모습이다. 참다운 인간상이라고 말할 수 있다.

참다운 인간상에서는 말하는 것도 참다운 것이고, 생각하는 것도 참다운 것이고 참 모습의 자격을 갖는다. 말하자면 이성과 감성을 초월한 자기 참 모습 자리에서 다시 참 모습 작용으로 이성으로도 작용하고, 감성으로도 작용한다. 그러니까 자기 참 모습, 높은 차원에서는 문자가 바로 참 모습의 작용, 표현이라 문자를 얼마든지 사용해도 무방하다. 그러므로 선종 계통에서 문자로 된 어록이 다른 종파보다도 더 많이 역사적으로 남아 있다.

이와 같이 문자를 얼마든지 자유자재하게 그 높은 경지에서 작용하여 사용할 수 있는 것이 불립문자다. 불립문자라고 하여 문자를 아예 못쓴다고 부정하는 것이 아니라 이성적, 감성적 문자는 못쓴다는 것이다. 그 이성과 감각, 감성을 초월한 자기 본래면목, 참다운 인간상, 그 차원에서 문자를 사용하고 그런 초차원적인 경지에서 문자를 사용해야 옳은 문자이지 이성, 감성, 보통 말하는 의식, 알음알이, 지혜로 문자를 사용하면 진리와는 틀리고 우리 본래면목 인간상과도 틀리다. 그런 의미에서 불립문자다. 쉽게 말해서 우리가 올바른 문자를 사용하자는 것이지, 그 문자를 쓰면 못쓴다는 게 참선이 아니다.

우리가 알음알이로, 의식과 지혜로 팔만대장경을 자꾸 읽고 연구하니까 우리가 자유를 못얻고, 오히려 팔만대장경의 노예가 되어 올바른 불법을 모르고, 깨닫지를 못하고 산다.

알음알이를 초월해서, 그 의식을 초월해서 자기 참 모습 자리에서 팔만대장경을 보면 그것은 쉽게 말하는 교가 아니라, 교외별전에 대한 교내가 아니라 그것이 선지다. 조사의 종지다.

그 자리에서 보면 팔만대장경만 부처님, 조사의 종지가 아니라 어떤 사람이 말하는 모든 말소리가 전부 부처님 종지이고 조사 스님 선의 종지다.

그 뿐만 아니라 물 소리나 바람 소리 새 소리 등 전부가 선의 종지가 된다. 그렇지 아니하면 자기의 참 모습 자리에 못가고 의식에 떨어지고 분별에 떨어져서 보면 팔만대장경은 고사하고 조사 스님의 어록까지도 참 법문이 아니라 분별망상이다. 거룩한 어록도 잠꼬대밖에 안 된다.

그러므로 불립문자 교외별전이라는 것은 그러한 경지나 의미에서 말하는 것이지 보통 말하는 '무식해야 된다'는 게 아니다. 참으로 교외별전, 팔만대장경 밖에 전했다고 하지만 선이야말로 교내요, 팔만대장경의 근원이라고 말할 수 있다. 깊이 들어가서 교내의 안이다. 교내의 내다 이렇게 말할 수 있다.

그래서 선에서 깨달은 경지는 인간 밖에 따로 있는 것이 아니라, 인간의 근본자리 참 모습이다. 선이라 하여 이상한 사람이 이상한 장소에서 이상한 모습으로 이상하게 공부하는 것이 아니라, 누구든지 이세상에 한번 나서 자기 참 모습을 올바로 알고 깨닫는 것이 참선이지 절대로 이상한 것이 아니다.

자기 밖에 부처가 있는 것이 아니고, 자기 밖에 참선이 있는 것이 아니다. 참으로 자기가 진실하게 사는 거기에 참선이 있고 부처님이 있는 것이지 자기 밖에 따로 있는 것이 아니다. 직지인심 견성성불이라 자기 마음, 사람 마음, 근본 마음 그 자리가 부처지 따로 성불이 없다. 그러므로 그 마음자리는 모든 인간이 평등하다. 누구든지 평등할 뿐만 아니라 그 자리는 시간과 공간을 초월한 허공과 같이 하나이다. 모든 사람과 자연 그리고 대우주가 모두 하나이다.

시간 공간을 초월해서, 이것은 횡으로 사람과 사람이 평등하다는 것이 아니라 모두가 하나가 되는 아주 깊이 있는 평등이라고 말할 수 있다. 그리고 모두가 하나가 돼버리니까 대자대비한 마음이 저절로 나온다. 그래서 모든 인류가 하나고 우주가 하나라는 바탕에서 서로 부처님처럼 존경하고 서로가 자비심과 사랑하는 마음으로 돕고 살수 있는 것이다.

그런데 오늘날 서양을 지배하는 철학은 '대립을 투쟁으로 해결하자', 이것이 그들의 철학이다. 그래서 변증법 역사관이라고 하지 않은가. 역사라는 것은 '대립을 투쟁으로 서로 해결해 나가는데 발전이 있다'고 보는데 오늘날은 다 알다시피 지구 인류를 한번에 파멸시킬 수 있는 핵폭탄 같은 무서운 무기를 개발하는 시대가 아닌가!

인류 뿐만 아니라 이 지구까지도 가루로 만들 수 있는 위력을 가지고 있는 무기를 사용하면 아무것도 남는 게 없다. 그런데 대립을 투쟁으로써 역사를 창조한다고 하면 그 무서운 무기를 사용하지 않을 수 없으니 어떻게 되겠는가? 그러나 우리 불법 바탕 위에서 자비와 화합으로 그 대립을 평화적으로 해결해 나간다면 세계 평화가 형성될 것이라고 본다.

일반 가정에서도 마찬가지다. 부모는 부모대로, 자녀는 자녀대로, 남자는 남자대로, 여자는 여자대로 의견이 달라서 서로 대립되는 경우가 많을 것이다. 그런데 이 대립을 투쟁으로 해결하려고 해 보자. 그 가정은 화목하지 못하고 파탄이 올 것이 확실하다.

그러나 사랑의 바탕에서 그 대립을 해결해 나간다면 가정은 항상 밝고 화목하고 행복하게 지속될 것이다. 세계 역사도 마찬가지다. 오늘날 서양철학의 '대립은 투쟁으로 역사를 창조한다'는 원리 바탕 위에서는 전 인류가 파멸을 면치 못할 것이다. 그러므로 불법, 자비, 화합의 바탕 위에 세계의 모든 어려운 문제들을 평화적으로 해결해 나간다면 세계 평화가 건설될 수 있을 것이라고 생각한다.

이렇게 살펴볼 때 개인이나 가정, 집단이나 국가, 세계 인류가 문제들을 불법의 바탕 위에서 해결한다면 평화를 건설할 수 있게 되고 행복을 누릴 수가 있게 된다. 그러므로 우리는 불법을 일으켜서 우리 민족을 올바르게 살 수 있게 역사를 창조해야 하며 세계 인류 행복에 이바지해야 할 것이다.

다시 선에 대해 얘기하자. 선 법문은 그 의식도 초월한 높은 차원에서 하는 것이다. 그러니까 선 법문은 여러 가지 해설을 하면 의식의 경지에 떨어지고 알음알이의 경지에 떨어진다. 자기의 참 모습과는 어긋나 버린다. 선 법문은 의식이 끊어진 자리에서 활발하게 말한 것이니까 그렇게 신심으로 마음을 텅 비우고 들어야 한다.

옛날에 낭야 스님이 계셨다. 낭야 스님은 분양 스님의 제자인데 자명 등 그외 여러 도반과 같이 분양 스님 회하에서 공부를 했다.

그런데 그곳은 무척 추운 지방이었는데 분양 스님께서는 낭야 스님을 단련시키기 위해 재를 뿌리고 찬물도 뿌리고 나가라고 해도 낭야 스님은 나가지 않고 공부만 열심히 하여 임제종 선을 크게 일으켰다고 한다.

어느 날 장수 스님이 낭야 스님께 여쭙기를 '허공과 같이 깨끗한 것이 법계라 하는데 어찌 산하대지 차별이 복잡하게 건설되어서 시끄럽게 되었습니까?' 하고 의심이 나서 물었다.

그러자 낭야 스님 말씀하시기를 '본래 청정커늘 어찌하여 홀연히 산하대지가 생겼다고 하는가?' 하시며 큰 소리로 꾸짖으셨다고 한다. 그러니까 먼저의 홀생산하대지(忽生山河大地)와 나중에 홀생산하대지와는 내용이 다르다. 먼저는 산하대지 있는 것이 문제였는데, 여기 낭야 스님 대답에서는 '어디에 산하대지가 있느냐?' 이 말이다. 이 말 한 마디에 장수 스님은 깨달았다고 한다.

거기에 천동각 스님이 송하기를 '견유불유(見有不有) 번수복수(飜手覆手)로다' 하였다. '유를 보고 유가 아니고, 있다고도 보고, 있는 것이 아니라고도 한다.' 하고 '손을 뒤집고 손을 엎음이로다. 손바닥을 뒤집기도 하고 엎기도 한다'는 말이다.

'참으로 산하대지가 어디 있느냐?'고 호령하는 법문은 석가여래가 팔만대장경을 설한 뒤에 한 법도 설한 바가 없다고 하신 법문과 조금도 손색이 없는 법문이다. 그러므로 '낭야 스님이 경지는 석가모니 여래보다 떨어지지 아니한다'는 말이다.

이러한 것을 설명하면 알음알이에 떨어진다. 의식에 떨어져 의식으로 해결되면 참선과 거리가 머니까 내가 착어를 붙이겠다.

> 산호로 만든 베개 위에 두 줄기 눈물
> 반은 그대를 생각하고 반은 그대를 원망하는도다.
> 珊瑚枕上兩行淚
> 半是思君半恨君

이것은 옛말로 연시(戀詩)라고 할 수 있고 요즘말로는 연애시라고나 할 수 있는데, 선에서는 이러한 글을 많이 인용한다. 선의 깊은 경지를 표현한 것이다.

그런데 일본 사람들은 이 글을 보고 참선을 하는 사람도 고목이나 찬 바위와 같은 것이 아니라 감정이 활발히 살아 있다고 보는데, 이것은 그런 경지가 아니고 다른 깊은 내용이 담겨있다.

참 사람

참살개 눈썹 검은 누더기의 한 어리석은 중이
지팡이에 의지해 시내를 따라 걸음이 능하도다.
운연을 관망하니 깨고 또 취하고,
신변을 놀려 희롱하니 어긋남이 더하도다.
금풍이 가만히 단풍을 처음 붉음으로 바꾸고
가을달이 바야흐로 밝으니 물이 더욱 맑도다.
범과 성을 잊어버리고 한가히 젓대를 불며
거꾸로 수미산을 타고 자유자재히 오르도다.

鬚眉緇衲一癡僧　倚杖隨溪步自能
看倒雲烟醒又醉　翫弄神變錯還增
金風暗換楓初紫　秋月方明水愈澄
凡聖都忘閑吹笛　倒騎須彌任運登

　이제 마침 천고의 계절이라 단풍은 물들어가고 달은 밝아서 참으로
좋은 시절이다. 참된 불자라면 영원한 현금(現今)의 참사람(無位眞
人)으로 살도록 해야겠다.
　불교는 원래 인도의 브라만교를 초월해서 인간 본래의 참모습을 구
경적으로 밝혀 인생문제를 완전히 해결했다. 그런데 그 깊은 불교의

근원을 역사상 가장 철저하게 실천해온 것은 선이다. 그러므로 선은 불교의 종교적 생명체라고도 할 수 있고 교를 초월하여 그 근원에서 자유자재한 참사람의 종교라고도 할 수 있는 것이다.

선의 큰 뜻은 망식(妄識)을 탈각하고 참된 자아를 스스로 깨닫는 데 있다.

우리가 '나'라고 생각하는 자아는 '참 나'가 아닌 망식으로 얽혀 있는 고통스럽고 허망하며 분열과 불안을 가져오는 아집이다. 그러므로 이 한정된 자아의 무명을 깨뜨리고 참다운 인간상을 구현해야겠다.

가끔 참선공부하는 사람들이 '자신이 정말 바르게 참선을 하고 있는지 알 수 없다.'고 하는데 참선공부만큼 분명한 것도 없음을 알아야 한다. '참선, 참선'하니까 모두 어렵고 특별한 종교수행으로 알고 있는데 참선이란 욕망과 아집으로 뭉쳐진 삶을 근원적으로 비판, 탈각해서 진실하고 자비롭게 살자는 것이다.

가령 쉽게 심리학적으로 말하자면 우리는 모두 각 개인의 주관적인 틀에 맞추면서 살아가고 있다. 보통 우리의 현실은 지식이나 분별작용인 자기 주관으로 뭉쳐 있어서 삼라만상을 하나의 근본생명체로 깨닫고 보는 전인간적 입장이 아니라 그때그때의 도구적 필요에 의해서 파악되는 지극히 협소한 개인의 주관적 분별의 투영인 것이다. 또한 서양의 철학은 인간의 일면, 즉 이성이 아니면 욕망이라는 한 단면을 가지고 인생문제라든가 세계관을 다룬다.

그러나 선은 인간을 일면적으로 보는 것이 아니라 전체적으로 깨달아서 이성, 감성을 초월하면서 이성·감성적으로 작용하는 전인간적인 것이다. 또 어떤 사람들은 주관적인 분별이 끊어진 경지가 선의 구경이냐고 묻기도 하는데 그렇지 않다. 의식분별이 끊어진 심층에서 작용하는 아뢰야식 역시 우리들의 현행의식으로 축적되어 형성된 것이기 때문에 진실을 그대로 인식하는 능력을 가진 것이 아니다. 보통 학문이나 사상은 이러한 현행의식이나 아뢰야식으로 이루어지는데 아무리 철학적으로 체계가 이룩된 진리라고 하더라도 범위가 넓어지고 깊어지면 체계가 깨지고 만다. 그래서 늘 새로운 학문이나 철학체계가 생겨나지만 인간의 근본문제인 본래면목을 참구하는 바른 길이 아닌 것이다. 왜냐하면 인간본래의 참모습은 의식과 무의식을 초월한 하나의 우주적인 생명체이기 때문이다. 이렇듯 참선은 모든 분별적 지성, 사고, 무의식마저 철저하게 탈각해 버린 참 사람을 깨닫는 것이다. 선과 악, 존재와 비존재, 이성과 반이성인 이율배반을 더욱 근원적으로 비판하면 모든 가치와 사유의 근저에는 절대이율배반이 놓여 있다. 이것은 현대의 이성적 입장에 있는 현대적 인간의 한계다. 그러나 참 사람은 본래로 모든 이율배반적 한정을 초월한 참 사람이며 마침내 새로 깨달았다는 것도 없이 본래로 참 사람인 것이다. 이 참 사람은 본래로 불생불멸하여 시간, 공간에 한정됨이 없으며 본래로 청정무염(淸淨無染) 자유자재하여 형상이 없으면서 일체형상을 창조하는 것이다. 선은 이율배반적 인간이 진실한 자기, 참

32

사람으로 돈연(頓然)히 전환하므로 무명번뇌를 일단(一斷) 일체단(一體斷)하는 것이다.

그래서 선은 과학적 지성과 생의 충동까지도 보편적이고 자주적인 정위를 지시해서 적극적인 대기대용(大機大用)의 역사를 실현하는 것이다. 임제 스님같은 이는 경전을 탐구하다가 문자언어는 약방문에 불과하다고 깨닫고 참선을 하셨는데, 이것은 어떤 것이 객관적이고 보편 타당성이 있게 인생의 문제를 실지로 해결하는 것이냐를 우리에게 되묻고 있는 것이다. 참선은 맹목적으로 그저 따르라는 교조주의가 아니기 때문에 자신이 실지로 해봐서 깨달아야만 하는 것이다.

이 참선공부를 바르게 하려면 화두를 간절히 참구해야 하는데 화두를 참구한다는 것은 자신의 전생명체가 지적인 의식을 초월해야 한다. 화두를 참구하는 의단(疑團)에 자기의 전존재가 통일되고 또 긴장되어서 마치 백 미터 달리기에서 '탕' 하는 신호를 시작으로 달리는 순간처럼 몸과 마음이 한 생명체가 되어야 하는 것이다.

이렇게 화두를 참구하며 더욱 순일하게 정진하면 의식분별이 끊어진 은산철벽(銀山鐵壁)의 상태가 된다. 그리고 화두가 분명하면서도 더욱 명백히 들어나며 의식의 기멸(起滅)이 없어져 버린다. 선을 깊이 수행하면 그런 경지가 실제로 있다. 그러나 의식의 기멸이 없어진 상태지만 혼침(昏沈)에 떨어지지 않고 소소영영(昭昭靈靈)하게 화두와 의단이 일체가 되어 무의식의 차원까지도 뚫고 나가게 되는 것이다.이 궁극적인 경지에 도달하면 절대이율배반이 해체되어 청정해서 일물도 없되 산은 이 산이요, 물은 이 물인 경지로 전환하는 것이다. 그러나 여기서 앉아 머물면 조사문(祖師門)을 투과한 것이 못된다. 여기를 돈연히 투과하여야 견성하여 정안종사(正眼宗師)의 정법안장(正法眼藏)을 깨닫는 것이다.

엄밀히 말하자면 견성이나 자각이라고도 할 수 없다. 본래면목 자체가 진실로 본래 그대로 있는 것이다. 간절하고 진실한 발심이 없고 참선공부를 실지로 해보지 않으니까 참선이 어렵고 모르겠다고 하는 것일 뿐 이 본래면목은 인간존재의 근원적 주체성이며 참된 모습이다. 또 불성은 인간의 마음에 내재하지만 현실과 다르다고 해서 내재적 초월이라고 신비주의적인 주장들을 하는 이도 있다. 그러나 참 사람은 내재하는 것도 보통의 현실에 외재하는 것도 아니다. 참 사람은 바로 현금에 주체가 되어 있는 절대현재다. 이것을 영원의 현금 또는 절대현재라고 한다. 참 사람은 시간과 공간을 초월한 근원적인 주체가 되어 모든 피동적인 자기상실을 극복한 자유자재한 인간 본래의 참 모습인 것이다.

이 인간의 참 모습 그것을 선이라고 하는 것이니, 끝으로 선 법문을 간단히 하겠다.

세존께 어떤 외도가 묻되,

"말 있음을 묻지 않고 말없음을 묻지 않습니다."

하니 세존께서 잠깐 잠자코 있으셨다. 외도가 찬탄하여 이르되,

"세존께서 대자대비하시와 저의 미혹의 구름을 열어주셔서 저로
하여금 깨달아 듣게 하시도다."

외도 떠나간 후에 아난이 부처님께 묻되 '외도가 무엇을 증득했기
에 깨달아 들었다 하나이까?' 하니 부처님께서 말씀하시되,

"세간의 좋은 말은 채찍의 그림자만 보고도 달리는 것과 같느니
라."

하셨다. 설두현 송하기를, 기륜이 아직 굴리지 아니하나 굴리면 반드
시 두 쪽으로 달리네. 명경이 대에 임하니 당장에 고움과 추함을 나
눔이여, 미혹의 구름이 열리니 자비의 문 어디에 티끌이 일겠는가.
좋은 말이 채찍 그림자 엿보는 일 생각하니 천리 바람 쫓는 말 불러
돌아오도다. 불러 돌아 옴이여 손가락을 세 번 퉁기도다.

말을 하나 붙여보겠다.

　　　소년시절에 용과 뱀의 싸움을 결판하고
　　　늙어 멍청해서는 도리어 아이들과 함께 노래부르도다.
　　　少年曾決龍蛇陣
　　　老倒還同稚子歌

각별히 말하노니,

돌 부딪친 불 속에서 승부가 나뉘니
무쇠말을 거꾸로 타고 수미산에 오르도다.
石火光中分勝負
倒騎鐵馬上須彌

동체대비의 실현

　이 지상의 중생이 무명에 허덕이고 있을 때 부처님은 영원불변의
진리와 참 사람의 위대한 진리를 선언하셨다. 그것은 대자대비한 인
간본성의 일깨우심이었고 어둠 속에 광명을 밝히신 것이다.

　부처님은 일체의 괴로움에서 벗어나 참된 인간의 길을 성취하시고
일생을 바쳐 가르치신 분이다. 생명을 가진 중생은 생노병사의 괴로
움을 면할 수 없다. 부처님은 이 생노병사의 실상을 깨달으시고, 이
를 초월하였던 것이다. 인간의 고통은 참 사람으로서의 자기를 깨닫
지 못하는 데서 되풀이되며, 참 사람의 본바탕인 동체대비(同體大
悲)를 증득하고 실천하지 못하는 데서 무명의 행업이 거듭된다고 가
르치셨다.

　참된 인간사회 실현은 가치있는 모든 일에 앞서서 부처님의 혜명을

받드는 데 있으며, 이를 개인 생활에서 집단과 국가 인류 사회에서 창조적으로 실천하는 데 있다. 인간이 당면한 반인간적인 비극의 실상, 즉 분열과 갈등, 침략과 전쟁, 그리고 자기 중심적인 욕망과 모순의 극복을 우리가 참으로 서원한다면 생에의 집착, 사의 허무를 초극해야 한다. 또한 이성과 반이성의 대립을 넘어서 참 사람으로서 평등과 자유를 실천해 나가야 한다.

현대는 과학문명의 극대화로 이른바 생활의 과학화라는 성과를 획득했다. 그러나 반면에 우리는 과학문명이라는 물질적 욕망의 산물인 기계와 조직의 노예화를 가속화하고 있다. 따라서 선진 과학문명 사회에서는 인간소외의 비탄이 높아가고, 낙후 사회도 정도의 차이는 있지만, 비인간화의 팽배로 그 신음이 깊어지고 있다. 과학문명은 이성적 세계로서 모든 문제의 해결에 맹철한 이성을 전제조건으로 한다.

그러나 이성적인 입장이 강조된다 하더라도 거기에는 반이성적인 대립 관계가 비례적으로 상승될 수밖에 없으므로 과학문명의 내적 구조는 절대적인 이성이 지배하지 못하고 절대모순이 상존하는 것이다.

인간의 존귀한 생명도 절대 영생이 아니라, 생노병사라는 필연성을 수반하기 때문에 절대모순을 면할 수 없는 것이다. 이 절대모순에 봉착한 이성적 인간이 그 밑바닥을 타파하여 생사가 없고 자유자재한 사람을 자각할 때에 오늘의 모든 문제는 해결된다.

지금 세계는 그 이념상 다양성을 포용하면서 평화와 자유를 지향하는 민주사회로 발전하고 있다.

그러나 민주사회는 일면 인간본위의 도덕적 가치가 존중 되면서도 다양성 속에 무책임한 자기 발산과 나 하나만의 이기적인 사고, 나 하나만의 방종한 자유의 주장으로 내적 갈등과 분열을 보이기도 한다. 평화와 자유의 실현은 인간의 본질적인 이상이다. 그러나 진정한 자유와 평화는 우리 불교의 일즉다다즉일(一則多多則一)의 원융정신에 입각한 불편불의(不偏不倚)한 대동적 사상이라야 한다.

나 하나만의 자유는 방종이다. 이웃과 사회, 국가와 전 인류적인 차원의 자유와 결부될 때만이 참된 자유가 되는 것이다. 지금 우리는 지나친 자기 이익만을 생각하고 부의 축적만을 꾀하지는 않는가? 나 하나만의 안전과 복락만을 도모하는 자기일변도의 모순은 없는가? 전체가 파국에 직면할 때 나 하나의 부도, 안전과 복락도 결코 지탱될 수는 없다.

오늘 우리는 이러한 이기주의적이며 탐욕적인 자기 모순을 대담하게 탈피, 참 사람을 실현하려고 참회할 때 축복을 받는다.

참된 사람의 동체대비를 실현하여 남을 이롭게 할 때 자기도 이롭다는 자리이타사상(自利利他思想)을 모든 생활에서 실천하자. '참 나'는 이웃과 일체이며, 국가사회와 일체이며, 전인류와 일체이다.

모든 사람은 태어나면서 평등하며 일체이기 때문에 총화가 언제나 오늘에 실현되어야 하는 것이다.

우리 모두 각자가 본래로 참 사람인 줄 믿고 참 사람답게 행동하여 온누리의 청정을 이룩해야겠다.

부처 마음 자리

우리 인간은 심적 구조상, 가장 그 밑바닥에는 감각과 욕망으로 살고 있다. 그러나 감각욕망이 없어서는 또한 인간이라고 말 할 수 없겠지만 욕망이라는 것은 자기 중심적임과 동시에 만족이라는 것이 없다. 한량없이 불안하게 허덕이게 되고 또한 욕망에 끄달리면 자기의 올바른 정신이 없게 되고, 그것의 노예가 돼서 참 자유도 없고 책임감도 없고, 그 욕망으로 하여 질서도 없고, 폭력이 생기게 된다. 오늘날 인간들이 이성적으로 살고 이성을 각성한 시대라고는 하지만 세계적으로 폭력이 난무하는 것은 개방된 욕망으로 살기 때문에 그와 같이 된 것이다. 우리가 이성적으로 산다고 하면 당연히 질서가 있고 모든 것이 합리적으로 해결되는 것이며, 그 결과 이와 같이 과학문명을 창조해냈다고 할 수가 있다. 또한 이성이 옳다, 그르다, 참이다, 거짓이다, 이것을 가지고 학문도 연구하고 과학문명을 건설하지만 그것만으로는 우리 인간이 구경적으로 잘 살 수가 없다.

왜냐하면 그것은 착하다, 악하다, 참이다, 거짓이다, 이러한 대립분열을 면할 수가 없기 때문이다. 그래서 거기에는 항상 불안하고 구경에는 절대절망, 불안, 절대모순에 빠지게 되는 것이다. 그래서 인간은 감각 위에 이성이 있고 이성을 개발해서 살지만 그것만으로는 우리 인간이 원만하게 잘 살 수가 없다. 인간의 근본, 그 바탕에는 부처님 마음 종교심이 있기 때문에 이러한 모든 문제를 해결하고 참으로 무아의 경지, 절대의 경지, 영원의 생명체에서 우리가 편안하고 즐겁게 서로 대자대비한 마음으로 도와서 어디든지 걸리지 아니하고 자유자재하게 잘 살 수 있는 길이 있으므로 우리 인간 근본 바탕이 이 부처 마음, 이것을 개발해서 살면 우리는 훌륭하게 살 수 있는 것이다.

과학문명을 이룩한 동기가 우선은 대자연을 정복하고 지배하자, 대자연의 법칙을 연구해서 우리 인간이 이용하자, 이러한 못된 것이 밑에 깔려 있다. 대자연을 정복하자는 것은 하나의 욕망이다. 그래서 오늘날 과학문명 자체를 개발하는 데 있어서는 이성으로 개발한다. 그러나 그 목적은 욕망이 깔려 있다는 말이다. 그래서 우리 인간은 욕망을 달성하기 위해서 이성적으로 개발하고 자연의 법칙을 연구하고 그것을 이용해서 과학문명을 이룩하고 있다. 그러니까 이 과학문명으로만 본다고 할 것 같으면 우리의 욕망이 과학문명과 이성을 이용하고 지배하고 있는 것이다. 말하자면 원만한 인격자라고 하면 말한 바와 같이 부처 마음자리의 작용으로써 감각과 욕망이 작용해야 원만한 인격자라고 할 수 있는데 거꾸로 오늘날의 과학문명을 보면 욕망이 과학적 기술과 이성을 이용한다. 욕망을 달성하기 위해서 오늘날 여러가지 생활을 비판해 보면 그것이 사실이다.

오늘날 이성의 전당이라 하는 대학교가 진실한 이성, 예지적 이성을 개발하는 전당이 아니라 욕망을 달성하기 위해서 욕망을 달성하는 기술적 이성을 습득하고 배우는 학교로 전락한 것이 아닌가? 졸업하면 얼마나 돈을 벌 수가 있나, 얼마나 취직을 잘 할 수가 있느냐, 얼마나 권위를 잡을 수가 있느냐, 명예를 획득할 수 있느냐, 오늘날은 이러한 목적으로 학교를 다닌다. 거기서 여러가지 학문을 배우고 이성적으로 모든 걸 배우지만 그러한 욕망을 달성하기 위한 학문이고 기술적 이성이지 그 이성이 인간을 지배하는 것은 못되어 있는 것이 사실이다.

그래서 오늘날 과학문명으로, 생산을 개발한 시대를 산업시대, 즉 산업사회라고 하질 않는가? 산업사회라는 것은 모든 것을 경제적으로만 개발하고 건설하자는 것이다.

경제적이라는 것은 욕망이다. 이와 같이 오늘날 문명은 욕망으로만 살려고 하니까 서로서로 해치게 되고 타락하게 되고 인심이 험악해서 이와 같이 계속 과학문명을 욕망으로 악용한다고 하면 인류는 결국 파멸을 면치 못하는 것이 현실이다. 그러므로 이 시대의 올바른 삶이라고 하면 그 부처 마음자리가 이성을 지배하고 부처 마음자리가 감각을 지배하는 것이라고 하겠다.

부처 마음자리가 감각으로 작용해서 감각이 되는 인격이 원만한 동시에 과학문명도 부처 마음자리 바탕의 원리에서 새로 창조하여 우리 인간이 서로 그 부처 마음자리에서 부처님과 같이 자기도 부처님인 동시에 일체 인류를 부처님으로 존경해서 서로 봉사하는 그러한 행복한 세계를 건설할 수 있다고 생각한다.

오늘날 인류가 타락하고 위기를 면하지 못한 현실을 구제하는 사명이야말로 전등회의 운동이라고 하지 아니할 수가 없다. 그러면 그 전등회의 동기에 대해서 설명하면 그것은 불법인데 부처님이 도를 깨우친 것은 생사를 해탈하려고 출가하셔서 소승이나 대승이나 십이인연을 역관하고 순관해서 생사의 근본이 되는 그 무명을 깨달으시고 무명을 타파하고 초월해서 도를 깨셨다고 말한다.

그것을 검토해 보면 무명, 행, 식 이와 같이 나와서, 의식과 현행의 식이 나타나기 이전에 무명, 행이 있는 것이다. 그러면 식이 나타나기 이전이니까 요즘 말로 하면 잠재의식이다. 무명은 바로 잠재의식인데 행도 그 잠재한 능력, 잠재한 형성능력이라고 하며, 다시 말하면 무명행이라고 한다.

그런데 그 잠재의식은 의식이 나타나기 이전이니까 무의식이다. 요새 심리학에서는 더 들어가서 보통 잠재의식이 아니라 여러 사람의 바탕이 되고, 또 한 개인의 잠재의식이 아닌 잠재의식을 집합적 무의식이라 한다. 요새 심리학자도 거기까지는 갔다. 그러니까 무명이라고 하는 것은 모든 중생의 공통되는 잠재의식이다.

요즘 심리학으로 말하면 집합적 무의식에 근사하다. 무명이 집합적 무의식이라고 하면, 무명을 타파해서 초월한 부처님 깬 자리를 바로 말하면 집합적 무의식을 타파하고 초월한 데서 깨달은 경지라고 할 수가 있다. 조사선하면 조사선도 똑같다. 가령 간화선을 말하면 처음의 화두에 의심 한 덩이가 되고 이 의심이 간단없이 지속해서 무의식이 되고, 의식이 끊어진 자리에서 뒤집어져 가지고서 견성한다고 한다. 조사선도 마찬가지다. 그래서 무의식을 통과하고 타파해서 견성한다는 것과 부처님이 무명을 타파했다는 것과 똑같은 것이다. 이 조사 스님 말씀과 불법을 봐야 그게 옳은 것이다. 의식과 무의식을 초월한 그 자리, 자기 참 모습 자리에서 봐야지 이걸 의식적으로 풀이하면 옳은 불법이라고 할 수가 없다. 그러니까 부처님과 조사 스님의 말씀과 행동이 그 말씀으로만 보면 우리의 감각 세계나 또는 이성적 세계로 똑같이 오해할 수가 있지만 조사 스님의 말과 행동은 의식과 무의식을 초월한 그 본래 면목 자리, 인간의 참 모습 자리에서 참으로 걸림없이 행동하고 말하는 것이고, 우리의 보통 인간이 감각과 이성적 분별심으로 하는 것이다.

저 유명한 조주 스님 회상에서 대중 공양이 베풀어졌을 때 그 방에 여러 훌륭한 스님이 쭉 앉아계셨는데 한 노파가 들어와서 여러 스님을 손가락으로 가리키며 하는 말이, '이 대중 스님들은 엄마가 낳은 것이다.' 다시 조주를 가리키면서, '이 큰애기는 오역불효다. 오역이라는 것은 부모도 죽이고 부처도 죽이고 나한도 죽인 그러한 험악한 오역죄 불효야.' 이와 같이 말을 했다. 욕을 한다든가 그런 보통 말이 아니라 훌륭한 법문이다. 그럼 조주 스님과 같은 부처님과 고불이라고 하는 훌륭한 스님을 보고 오역불효라고는 도저히 말할 수가 없고 입에 담을 수 없는 말이라고 할 수도 있지만 그게 큰 법문이라는 말씀이다.

그건 윤리도덕을 초월한 차원 높은 인간의 참 모습에서 그 자리를 그대로 표현한 훌륭한 말이지, 이것을 인간이 보통 인간 차원에서 비판하면 그건 잘못된 착각이라고 하겠다. 이에 선사가 눈을 부릅뜨고 보니 노파는 나가버렸다.

그래서 선문이라는 건 설명하면 틀려버리고, 지해(知解)로 이것을 풀이하면 틀려 버리니까 어떠한 경지냐 하는 것을 거기에 말을 또 하나 붙여보겠다.

종사가 중생을 불쌍히 여겨 밝고 검은 것을 밝히니
북녘땅에 있는 그 황하가 밑바닥에 사무쳐서
아주 모두 혼탁하도다.
鍾師憫物明緇素
北地黃河徹底渾

그러면 또한 필경에 어떠한 것이냐.

납승의 살림살이가 별 것이 아니다.

한 자 되는 물이 만자 되는 파도를 일으키도다.

衲僧活計無多子

尺水能興萬丈波.

이것은 어떠한 소식인가?

부처님 오신 참뜻

  부처님 오신 날을 맞으면서 우리 마음 속에 새로워지는 것은 '불심' 이라고 하겠다. 음력으로 사월 초파일에, 인류의 대광명이시며 사생의 자부이신 석가모니 부처님께서 오셨다. 법신의 본분상으로는 육신의 오고감이 어찌 있으리오만 오늘 우리들은 부처님 오신 날을 맞이하여 여래출세(如來出世)의 참 뜻을 음미해야 할 것이다. 원래로 형상이 없어서 털끝 하나도 붙일 수 없는 곳에 허공과 만유가 열리는 것이다. 부처님이 도솔천에서 내려오셔서 왕궁에 탄생하시며, 중생을 제도하심이 한 찰나에서 이룩한 것이며 즉 거래(去來)가 끊어진 곳이다.

우리가 부처님의 80년 시현행화(示現行化)에서 진실로 자취를 쓸고 번뇌와 보리를 몽땅 뽑아버린다면 활활 타오르는 불꽃 속에서도 불꽃마다 아름다운 연화가 피어나는 것이다. 이 도리를 여실히 알고 참답게 행하는 데서, 대지는 찬란히 빛나고 온 우주의 만중생이 환희하며 태평가를 부르게 되는 것이다. 어찌 우리가 부처님 오신 날 맞이하여 부처님께 감사드리고 지중하신 은혜에 보답하기에 분발하지 않겠는가!

오늘날 인류는 평화와 안정을 추구하면서 삶을 영위하고 있으나 세상사는 그와는 달리 우리의 소망을 저해하고 있으며 지금도 곳곳에서는 전쟁과 질병과 박해가 끊일 날이 없다. 이는 두말할 것도 없이 인간 스스로가 자초하고 있는 비극으로, 무명과 편견과 아집이 바로 그러한 고통스러운 결과를 가져오는 요인이 되고 있는 것이다. 부처님께서는 일찍이 그러한 인간의 무명과 편견, 그리고 아집을 버리고 집착이 없는 대 자비행을 실천하도록 설하셨던 것이다.

그러나 오늘날 고도의 물질문명이 또한 인간성의 상실을 가져오고 있으며, 이로 인해서 역사발전의 근원적인 동력이 되는 인류의 정신은 망각되고 있는 실정이다.

오늘날 인류가 당면하고 있는 현실을 극복하기 위해서 우리 모두는 참된 인간 존재의 의미를 크게 깨달아 모두가 본래의 주체성을 확립하고, 함께 번영하는 동체자비심을 행하여 진실하고 평화스러운 불국정토 건설을 이룩하는 데 끊임없는 노력을 아끼지 말아야 할 것이

다. 그리고 무엇보다도 먼저 우리는 이웃의 불행을 못본 체 해서는
안 될 것이다. 불교 진리의 꽃은 '우주적인 참 사람'인 것이다.

　오늘 2536년의 '부처님 오신 날'을 맞이하여 우리는 자기 자신을 자
각하고 스스로 이 시대를 위해 무엇을 할 것인가를 바로 인식하여 실
천해야 한다.

　마야 부인이 오른 옆구리로 부처님을 낳으시니,
　설두 스님은 운문 스님의 법상을 뒤엎음이로다.
　부처님과 운문 스님과, 설두 스님 세 분을
　한꺼번에 산 채로 묻어버리니,
　만 년 묵은 돌호랑이가 흰코끼리를 낳도다.

근원적 절대주체를 찾아야

　성도일이란 인류의 영원한 스승이신 우리 부처님께서 성도하신 날
이다.

　부처님께서 깨달으신 대도는 한 마디로 무상정각(無上正覺)이다.
자아본위의 입장이 초극된 세계로서, 끝없는 생명과 끝없는 광명의

길, 바로 그것이다. 부처님께서 깨치신 대도는 역사상 특정한 일시적 또는 지역적인 진리가 아니다.

일체 시간과 공간적인 의미를 초월한 인간의 근원이 되는 영원한 주체다. 그러므로 이 대도는 개인과 개인, 국가와 국가 간의 대립과 충돌, 크게는 이 지상의 온갖 어려운 문제를 해결할 수 있는 근원적 주체라고 하겠다.

현대는 과학과 기술 문명의 시대이다. 과학과 기술 문명은 인간의 합리적인 정신이 성취한 것이다.

이것은 기술적 이성에 입각한 것으로 일방으로는 극히 이성적이면서 일방적으로는 자연을 정복, 지배하려는 의지라고 할 것이다. 이 의지가 이성적인 제어를 받지 않고 표명될 때 이를 욕망위주라고 하지 않을 수 없다. 따라서 과학과 기술 문명 사회의 밑바닥에는 욕망, 즉 자아자체, 욕망 중심의 가치관이 인간의 주체를 위협하고 있다고 생각한다. 인간의 근원적 주체를 위협하고 화합의 질서를 문란하게 하는 욕망 추구만으로 자기 집착을 해도 좋을 것인가? 우리는 아집의 현실적 고통을 직시하고 참 사람의 자리에서 '나'를 찾아야 할 것이다. 욕망에는 끝이 없다. 더없는 충분량이란 없다. 끝없는 고통의 양만 증대하는 것이 욕망의 속성이다.

국가와 국가 간에는 실리주의만이 상호충돌하고, 정치인은 권력 만능 위주로, 경제인은 황금 만능 위주로 다수의 고통을 딛고 군림한다. 실리주의, 권력주의, 황금주의로 국가와 국가, 집단과 집단, 개인과 개인이 살게 되면 필연적으로 상극하게 되며 서로 고통스럽고, 드디어는 공존이 아니라 공멸의 운명을 면할 수 없다. 이러한 상황에서는 세계 평화는 요원하고 평화 공존, 또는 화해 정책도 잠정적 미봉책에 불과한 것이며 이기적 술수에 그치게 될 것이다.

부처님께서는 이러한 인류 사회의 혼란과 타락, 그리고 그 파멸의 고통을 자각하셨던 것이다.

무한히 자기 본위의 자기를 부정하고, 그 부정의 바탕 위에서 참된 자기 실현을 하고, 무한히 자기창조를 하는 근원·절대적 주체를 깨달으신 것이다. 이 근원·절대적 주체는 '본래 면목'이며 '참 나'이며 '참 사람'이라고도 한다. 참 사람은 본래의 자기 모습이다. 따라서 인간은 모두가 참 사람이며 누구도 억압하거나 차별을 할 수 없는 절대 평등한 자유인이다. 그래서 참 사람은 어디에도 거리낌없이 당당하며 자유롭게 살 수 있어야 한다.

그러나 참 사람은 동체대비임을 잊어서는 안 된다. 참사람에 있어서는 자기 본위의 것은 전혀 없다. 자기는 곧 타인이고 타인은 곧 자기여야 한다.

그러면서도 각자가 자주·독립적 존재다. 타인의 곤경, 타인의 고통은 바로 자신의 것으로 같이 괴로워하고 이를 해소하기 위하여 자기를 바치는 자다. 강한 자는 약자를, 권력자는 피지배자를, 지식인은 배우지 못한 사람을, 부자는 빈자를 억압하고 멸시한다면 결코 참 사람이 아니다.

모든 힘은 이 '참 사람'의 자비심에서 발휘될 때만이 서로 존중하는 총화가 이룩되며 인간다운 사회의 발전을 이룩할 수 있는 것이다. 우리는 거짓 나를 버리자. 본래의 '참 나'를 깨달아 일체의 자기 욕망 본위의 것들을 버려야 한다. 개인과 개인, 집단과 집단, 국가와 국가가 서로 존중하고 사랑하며 도와서, 불국토가 이룩되기 위해 노력하자.

월하(月下) 스님

월하(月下) 스님

1915년 충남 부여에서 태어남.
1932년 금강산 유점사에서 성환화상을 계사로 출가득도.
1940년 통도사 구하 스님을 은사로 비구계 수지.
1994년 제9대 조계종정 통도사 조실, 영축총림 방장.
2003년 12월 통도사 정변전에서 입적

자신의 마음 자리

해마다 두 번씩 때는 거침없이 찾아오지만 중요한 것은 일대사인연을 척결해서 생사해탈을 판단하는 목적에 있다.

참선은 간절히 인정을 쓰지 말고
인정을 써서 얻는 것은 도를 이루지 못한다.
參禪絶莫用人情
用得人情道不成

참선은 인정이나 사정, 남의 힘을 빌려서 되는 것은 아니다. 모두 자기 스스로의 힘으로 알아보아야 한다. 남의 힘으로 되는 것 같으면 부처님 당시에 부처님 법으로 그 많은 제자와 대중들이 다 깨쳤을 것이다. 그렇지 않다면, 나름대로 입지가 있고 그래도 공공연하게 내놓을 수 있는 분이 오직 가섭 존자 한 분 뿐이겠는가.

부처님 앞에 있다고 해서 깨치는 것도 아니고 선지식 앞에 있다고 해서 깨치는 것도 아니다.

단지 부처님이나 선지식 밑에 있으면 자연히 한 마디씩 얻어들어, 모든 행을 예사로 보지않고 훈습하는 과정에 스스로의 노력이 뒤따르면 힘이 생기는 것이다.

> 배우는 이는 능히 고지를 희롱하는 것을 끊고
> 글을 빌려 도설함은 이미 타분이라
> 본래 청정 법성체라는 것은
> 무슨 일로 자신불을 관하지 않는가.
> 學人能斷弄古紙
> 假文盜說已他分
> 本來淸淨法性体
> 何事不觀自身佛

배우는 사람은 경전이나 어록을 자꾸 뒤적여 거기서 무엇이 나오는 줄 알고 들여다 보아서는 안 된다. 경전이나 어록을 설함은 자기가 한 것이 아니고 전에 있었던 것을 가지고 자기 것인 양 하는 것이다.

이것은 다른 이가 한 것이지 자기가 한 것이 아니다. 이런 것들을 떠나서 오직 자신의 마음에서 우러나오는 글이어야 한다.

스스로가 자신 불을 찾고 알려고 노력해야지 남의 글이나 말을 빌리는 것은 맞지않다. 선가나 교가나 제대로 볼 줄을 알고 들을 줄을 알아야 예지가 밝아 힘을 얻을 수 있다.

> 미오는 자신에 있지 다른 이를 말미암음이 없으며
> 단지 게으르지 말고 도리어 관조하라.
> 스스로 행하고 닦고 증득하는 곳에
> 마음의 경을 독파하는데 어려움이 없다.
> 迷悟在身無由他
> 只有不怠反觀照
> 自行自修自證處
> 無觀讀破心中經

 깨치고 못 깨치는 것은 자기의 역량에 있는 것이다. 단지 자기 마음을 찾아 보는 것 즉 눈으로 앞만 보는 게 아니고 뒤에도 눈을 가져 보아 자기 힘으로 행하고 부지런히 닦아서 깨쳐야만 심경을 읽어내는데 아무런 이상이 없다.

 부처님의 법신체와 마음은 육안으로 보는 게 아니고 마음의 경 즉 심경으로 읽고 보아야 한다.

 또한 화두는 어느 정도 잡고 다그쳐보면 알음알이가 생긴다. 자기 나름대로 '실제이다' 싶은 자부심이 생겨, 옳은 것 같은 생각이 들겠지만 실은 옳은 게 아니다.

자기의 망상으로 판단되어지는 이치는 아니다. 모든 분별이란 견해
도 자꾸 볼려고 해서는 안 된다. 진짜 알고 진짜 깨치는 것은 자기가
알았다는 생각도 없어야 하고 깨쳤다는 생각도 없어야 진짜 아는 것
이고 깨친 것이다. "이렇게 아니까 내가 옳은 게다." 이런 생각도 떨
어진 자리라야 한다.

> 깨달은 자리는 원융하여 미오가 없고
> 아주 허명하여 시방세계를 다 비추고
> 일체 만법이 출몰하는 것은 이중이라
> 문득 이 진법풍을 크게 떨칠 것이다.
> 覺性圓融無迷悟
> 虛明自照十方界
> 萬法出沒於此中
> 便是大作震法風

> 마음을 가지고 보는 게 바로 망상만 더하고
> 깨끗함에 깨끗한 것은 또 경계를 짓고
> 본래 걸림이 없는 원명한 경계는
> 어찌 문득 별천지를 설할까.
> 將心看心是添妄
> 以淨取淨又作境

本來無碍圓明界
何故更說別天地

　모든 것은 다 마음이 근본이 되고 마음으로부터 일어나서, 마음 외에는 다른 것이 없다고 하니까 덮어놓고 마음에만 집착이 되어서 "마음이 곧 부처이지 부처가 따로 있나." 이런 소식도 나온다. 알기를 바로 알아야 한다. 자기 자신의 마음자리가 어디에 있는지에 대해 실마리를 풀기가 어렵고 논리적으로 아무리 옳게 설해도 안되며 오직 할 수 있는 것은 그야말로 스스로 꾸준히 함으로써 매듭이 풀리고 힘이 생긴다.

화두란 대체 무엇인가?

　화두에 대하여 많은 말이 있지만 간단히 요약하면 자기 마음 하나 깨닫는 것뿐이다. 부처님께서 많은 법을 설하신 것도 단지 마음 하나 깨달으라고 한 방편에 지나지 않는다. 말하기를 해인사 장경각의 경판은 다 마음 심(心)자 하나 해석하는데 불과하다고 했다.
　마음이라는 이름만 들었지 실제로 보기는 어렵고 어느 곳에 있는지도 모른다. 혹 있다는 장소를 머리라고 생각해도 안되고 배, 가슴, 몸 전체라고 할 수도 없다. 도저히 찾을 수 없는 것이다. 그저 떼어 놓고 말로만 마음, 마음이라 한다. 그러기에 깨달으려면—마음 있는 자리를 아는 것—무수한 각고의 노력이 있어야 한다.

　우리 신체는 법계와 같다. 인간의 작은 체구에 그런 거대한 이치를 포함하고 있지만 깨닫기 전에는 모른다. 깨달은 후에는 마음의 범위가 이렇게 넓다. 이런 넓은 자리가 머리, 배, 가슴에 있다고 할 수는 없다. 왜 그러냐 하면 자기 몸 하나 체험해보더라도 아플 때나 가려울 때의 감각은 어디를 만져봐도 느끼는 것은 같지 않은가. 그러기에 어느 한부분에 있다고 하면 맞지 않다. 어디나 다 통하기 때문이다. 깨친분 상에서 보면 범위가 온 세계를 둘러싸고도 남는다. 부처님 당시에는 근기가 수승하여 마음이나 행동으로써 가르치면 다 알아들었는데, 차츰 차츰 내려오면서 근기가 하열하여 그렇게 해서는 알기 힘들어서 염불, 참선, 주력, 간경, 기도 등의 여러가지 방편으로 깨달음으로 나아가게 되었다. 그 중에서도 가장 대표적으로 염불, 참선 두 가지를 이용했다. 옛날에 근기가 수승 했을 때에는 따로 앉아서 하는 게 아니고 일상생활을 통해 오고 가면서 깨닫고, 알고 했다. 그 후 근기가 약해져서, 그냥 앉아 있는 것으로는 그래도 잘 알기 어려워서 화두법이 생겼다.

　'화두'란 글자 그대로 말의 머리다. 누군가 요긴한 말을 하는데, 이를테면 미리 이야기를 다 들었을 경우 그 요지가 어디 무엇에 촛점을 두고 말하는지 짐작이 간다. 그런데 미처 촛점이 나오기 전에, 말을 딱 끊어 버렸다면 듣는 사람이 얼마나 궁금해 하겠는가. 무슨 말을 하다가 하지 않고 끊어 버리는게 바로 화두다. 말을 하다가 딱 끊어 버리니까 그 뒤에 무슨 말이 나올까 의심이 생긴다. 화두도 마찬가지다. 화두는 1,700여 가지나 된다. 여러가지가 있지만 말은 달라도 뜻은 같다. 예를 들면 "달마가 서쪽에서 온 이유는 무엇입니까? (如何是祖師西來意)"라고 물었을 때에 "마당 앞에 잣나무다(庭前栢樹子)"라고 하고, 또 "모든 중생은 모두 불성이 있다(一切衆生 皆有佛性)." 하고서 마당에 개가 지나가기에 "저 개한테도 불성이 있습니까 없습니까?(狗子無佛性也)" 하니까 "없다(無)"라고 답하거나, 아니면 "어떤 것이 부처입니까(如何是佛)?"하니 "마삼근(麻三斤)"이라고 답한 것에서 보면 이상하다 해도 이만저만 이상한 것이 아니다. 이것은 완전히 뚱단지 같은 답이다. '도저히 이해하지 못하는 왜 그런 답을 했을까?' 하고 의심이 생기지 않겠는가. 의심하는 것은 다른 게 아니고 다른 생각을 못하게 붙들어 매어 놓는 것이다. '이런 엉뚱한 대답을 왜 했을까?' 하는 것에 마음을 붙들어 놓으면 된다.

화두에 의심을 걸어서 자꾸 의심만 하고 앉아 있으면, 그것을 하기 위해 딴 생각을 할 여지가 없다.

비록 처음에는 의심하다가 딴 생각을 하게 되지만 자꾸 의심을 챙겨서 조금씩 나아가면 없어지곤 하니까 끌어다 붙여야 한다. 자꾸 하면 숙달이 되고 날이 가고 달이 가다 보면 가는 줄도 모르고 앉아 있다. 가고 오는 것을 안다면 그것은 벌써 번뇌망상이다. 번뇌망상을 떨쳐 버리고 의심에만 몰두해 버리면 뭔가 생긴다.

쉽게 설명하자면 심우도(尋牛圖)를 보면 알 수 있다. 마음 찾는 것을 소 찾는데 비유한 것인데, 산은 몸이고 소는 마음이다. 아주 높고 험한 깊은 산 속에서 소를 잃어버렸는데, 그것을 찾는다는 것은 얼마나 어려운 일인가. 산이 작으면 찾기가 쉽지만 그 큰 산 어느 구석에 있는지 알 수가 없다. 하지만 처음부터 차근 차근 유심히 찾아다니다 보면 서너 군데 발자국을 볼 수가 있다. 발자국이 흙 위로만 계속 이어졌다면 쉽게 찾을 수 있지만 우거진 수풀이나 돌, 나무 사이로 지나가 버렸기 때문에 어디로, 언제 지나갔는지 모른다. 그렇지만, 소가 있다는 확신은 분명하지 않겠는가. 이곳 저곳 헤매다 보면 저쪽 어디에선가 궁둥이가 보인다. 이젠 발자국만 보는 단계보다는 한결 나아지지 않았는가. 이젠 완전히 확신이 선다. 그 방향을 자꾸 쫓아가 보면 멀리 떨어져 있기는 하지만 소 전체를 볼 수 있을 것이다. 그런데 소가 가만히 서 있으면 붙잡기 쉽지만 자꾸 달아나려고 한다. 잡으려 하면 어려움은 이루 말할 수 없다. 그러나 여러 해를 쫓아 다니다 보면 소와 낯이 익어 사람을 덜 무서워 해 풀을 뜯어주거나 문질러 주어도 달아나지 않는다. 그런 기회를 보아 끈을 준비해 코를 끼워서 달아나지 않게 두고 길을 들이면 된다. 이토록 소를 찾아 붙잡아서 기르는 것까지를 비유함이 바로 화두법이다.

또한 소가 길이 들었다 해도 소 주인이 없으면 달아나기도 한다. 차즘 익숙해지면 잘 따라다니게 되므로 끈이 필요없다. 화두도 이와 같이 부지런히 챙겨 달아나는 것을 붙잡으면 나중에 확실한 자기 자신의 본래면목인 실체를 볼 수 있다. 또 화두가 여러가지인 것은 소를 메는 말뚝이 많은 것과 같다. 말뚝에는 풀, 나무, 돌 등 여러가지가 있듯이 화두는 단지 소가 달아나지 못하게 하는 말뚝과 같은 역할이다. 즉 말은 달라도 의심하는 것은 같다. 말뚝의 선택은 자기의 근기에 따라 달라진다.

화두는 소의 말뚝에 지나지 않는다. 말뚝은 단지 못가게 하는데 있지 그 외는 아무런 기능이 없다. 그만큼 마음을 붙잡는 데 요긴하게 쓰이는 것이 바로 화두다.

이 화두를 깨면 누구나 온 우주 법계를 꿰뚫어 볼 수 있는 지혜가 생긴다는 사실을 알 것이다.

우담바라   꽃

우리 부처님께서 6년 간의 설산고행으로 도를 이루시고 법륜을 굴리신 이후, 33조사를 통해 불법은 이심전심 전해졌으며, 이것은 각국으로 전파되어 각각 여러 종파를 이루었다. 이렇듯 불법의 전래과정과 이어져 내려온 불맥을 우리는 흔히 우담바라라 표현하고 있다. 그런데 이 우담바라라는 꽃은 중생들의 육안으로는 그 실체를 파악할 수 없고, 오직 혜안이 밝은 이나 법안을 가진 사람만이 그것을 볼 수 있다. 우리의 우담바라는 33조사를 통해, 그리고 이후 수많은 나라의 스님들이 갈래갈래 꽃잎을 피워 지금에 이르렀다. 또한 앞으로도 각국을 통해 꽃잎 하나하나에 빛을 더하고 그 꽃에 생명력을 더할 스님들이 계속 나오게 될 것이다. 부처님 법은 우리나라에서도 여러 갈래로 나누어져 있는데, 만약 종이와 먹으로서 부처님의 종지를 나타내고자 한다면, 보조일종(普照一宗)은 이 땅에 떨치고도 남음이 있을 것이다. 이러한 가운데 묘리가 있으며, 우리는 그 의미를 깊이 새겨 보아야 한다.

법당은 깨치기 위한 방편으로서 존재하는 것이다. 수행을 하는 스님들과 부처님을 따르는 이들을 위하여 세워진 것이지, 여기에서 무슨 종을 나타내는 것은 아니다. 종(宗)이라는 것은 눈에 보이는 것도 아니요, 그 보이지 않는 가운데 궁극에 위치한 깨우침의 거처인 것이다. 그러기에 설사 절이 없어져도 부처님의 종지는 없어지지 아니하고, 더하고 모자람도 없으며 그대로 이어져 내려오는 대로, 보이지 않는 우담바라는 그 어디에나 존재해 있게 되는 것이다.

총상적으로 볼 때 온 세상이 한 송이 꽃이라면 각국에 퍼져나간 불맥은 꽃잎이라 하겠다. 법당을 놓고 보더라도 총상적으로는 우담바라 꽃이요, 별상적으로는 기와 한장, 서까래, 기둥, 문짝 등등이 그 꽃잎에 해당된다고 하겠다.

  우리가 수행하는 방법도 마찬가지다. 어떤 이는 불법에 많은 방편과 1700가지의 공안이 있고, 팔만 사천 세행이 있다고 하지만, 개별적 견지에서 본다면 그 모두는 각각 총체적 불법을 표현하고 있는 것이다. 우리는 우담바라 꽃을 눈으로 보고 손으로 잡으려 한다.

  그러나 그것은 마음의 눈으로만 보여지고, 마음의 손으로만 거머쥐어야 그 실체를 획득할 수 있다. 지금도 우담바라의 광명은 시방세계에 두루 변조하며 모든 중생들이 그 혜택을 입고 있지만 눈 어두운 이 보지 못하고, 귀 어두운 이는 듣지 못하고 있다. 부디 온 중생들이 모두 자신의 자등화(自燈火)를 밝혀 시방세계에 두루 반조하기 바란다.

뜻을 세워 용맹정진하라

중생과 더불어 부처는 같은 뿌리에서 나왔으나
한 생각이 그릇떨어지면 오온산이 된다.
衆生與佛同根生
一念誤落五蘊山

마치 땅에다가 종자를 심어놓은 것과 같아서 부처님은 먼저 심어서 싹을 틔워 결과를 보신 분이고 우리는 심어서 모든 주위 여건의 도움으로 아직 재배하는 과정에 있으니 선후 차이라는 것은 깨치고 못 깨친 차이가 있는 것이다.

마음이 있음을 알지 못한고로 육체에 취중해서 한 세상 살다보니 끝없는 윤회에 벗어날 길이 없다.

어리석은 사람은 스스로 화탕지옥을 지으니
길이 사는 것도 탄식하고 또한 죽는 것도 탄식하네.
迷人自造火蕩國
長嘆生耶又死耶

누가 지옥으로 끌어가는 것도 아니고 또한 밀어 넣는 것도 아니다. 스스로 지옥보를 짓고 받을 뿐이다. 우리는 의·식·주 3건사에 업을 지어가지고 그것을 고통인줄 모르고 육체를 중심으로 생활하니 고통 아님이 없다. 죽음 또한 말해서 무엇하랴.

누가 말하기를 속가에서는 수도하는 것이 방해스럽고
금싸라기 일찍이 거사신이 됨이로다.
誰言在俗妨修道
金粟會爲居士身

속가에 있다고 해서 수도가 안되는 것이 아니고 절에 있는 사람만이 수도가 잘 되는 것이 아니다. 단지 자기의 마음을 발견하고 수련해서 깨치는 데에 있는 까닭에 사람이 따로 있는 것이지 처소가 따로 있는게 아니다. 다만 분주하고 엉크러진 마음을 놓아서 쉬는 데에 있다.

그래서, 정법에 있어서는 출가, 재가가 따로 없다. 금싸라기는 본래 변하는 것이 아니고 언제나 금자체는 부증불감이다.

> 망망한 우주 안에 사람 수가 없을진대
> 몇 사람의 남아가 이 장부냐.
> 茫茫宇宙人無數
> 幾箇男兒是丈夫

이 우주 안에 항하사 수와 같은 많은 사람 가운데 과연 대도를 깨친 성인이 몇 분이나 되는가?

> 어떠한 신하의 용맹한 맹장이 지금 어디 있느냐,
> 만리청풍 다만 스스로 알뿐이다.
> 謀臣猛將今何在
> 萬里淸風只自知

그 용맹스러운 장수와 유명한 신하가 어디 따로 있는 것이 아니라 다만 자기 스스로의 용맹심이 되는 것이고 자기 스스로의 지혜를 개발함에 있는 것이니 조사, 선지식의 가르침과 오도의기연 훈습도 결정적인 역할을 하지만 그보다 더욱 중요한 것은 얼마나 수도자 자신이 3요를 발해서 용맹정진 하느냐에 따라서 일대사인연이 해결되는 것이다.

전륜성왕 세 치 지휘봉을 내버리면
바야흐로 알라 온 천하가 이 칼과 창이다.
抛出輪王三寸鐵
方知遍界是刀槍

화두라는 것은 소를 길들이는 말뚝과 같음이니, 즉 범부의 망념을 없애기 위해서 1700 공안 가운데 하나를 택하여 의심을 일으켜서 공부를 지어간다.

화두 자체에 좋고 못함이 없으며 또한 화두에서 뭣이 나오는 것이 아니고 다만 어떤 화두이건 의정이 일념이 되어 시절인연이 도래하면 본성을 보게 되는 것이다.

천석꾼 되는 꿈 설하는 망상을 쉬어라
뉘집 부엌 속에 불없고 연기없는 집이 어디 있느냐.
暴富乞兒休說夢
誰家竈裡火無煙

화두가 타파되면 일없고 행행자유하고 무슨 신통이 생긴다느니 하는 어리석은 수행자가 있다면 일을 크게 그르침이니 이러한 삿된 망념을 쉬고 다만 화두만 의심할지어다. 사람마다 다 불성을 갖추었건만 선근이 없어 불법을 알지 못하는고로 고해에 허덕이는 것이다.

밑빠진 광주리에 흰 달을 담고
마음에 없는 발우에다 청풍을 쌓음이로다.
沒底籃兒盛白月
無心椀自貯淸風

이러한 글구가 진리설이요, 골수법문이요, 조사 스님네들의 어구다. 우리의 근본자리는 표현할 수 없고 육안으로 볼 수 없고 손으로 거머쥘 수 없는 까닭에 구구히 게송이 많다. 바로 증득한 자라야만이 알 수 있다. 자, 오늘부터 결정한 입지를 세워서 한바탕 멋지게 용맹정진해야 할 것이다.

찾을 것도 살필 것도 없구나

1년에 두 번씩 결제이지만 근래에 와선 신통한 성과없이 해제를 맞고 결제에 임하곤 한다. 각자가 결제를 임하는 마음은 어떠하든지, 이번 철에는 결단을 내야겠다고, 이번 철을 마치고는 걸망메고 돌아다니지 않겠다고 마음을 먹지만 또다시 해제철이 되면 결심과 정진심이 흐지부지해져 세월을 보내게 된다. 이렇게 하기를 벌써 몇 해가 되는가?

옛날 스님들은 이렇게 보내는 시간 속에 단지 아침에 떠올렸던 생각이 저녁에 성과가 없음을 한탄하며 두 다리를 뻗고 서럽게 울곤 했다고 한다.

깨달았으되 일컬어 행함이 없는 그것은 지견이요
지견은 깨달음이 아닌 구두선이라.
구두선으로 어찌 감히 죽고 사는 것을 파할까?
능히 생사를 부수는 것은 바른 생각에 있다.
稱悟無行卽知見
知見非悟是口禪
口禪何敢破生死
能破生死在正念

68

스스로 깨달았다고 하는 사람이 많이 있는데 그렇게 말을 하면서도 행이 없는 사람을 본다. 그런 사람을 지견(知見)이라고 한다. 깨달음과 지견은 많은 차이가 있다. 지견이란 깨달은 것이 아닌 구두선(口頭禪)과 같다. 구두선을 가지고 생사를 파할 수 있겠는가? 그럼 정념(正念)이란 무엇인가? 마음에 망상이 없어 화두일념인 경지에 이르러야만 정념이라 할 수 있다.

구경에 이르는 여러 말들 중에서 삼마지(三摩地)를 찾아야 하는 것이 있는데, 첫째, 유심유사삼마지정심(有尋有伺三摩地定心)이라. 살필 것도 있고 찾을 것도 있다는 것인데 살피겠다고 하는 것은 자기 뜻으로 하여 생각하는 것이고 찾는다는 것은 형상을 지어 즉, 좌선을 한다고 하여 앉아 모든 의식을 갖는 그것이 될 것이다. 삼마지정심을 화두로써 연구하는 것이다.

둘째, 무심유사무유중심(無尋有伺無有中心)이라. 찾을 것은 없지만 살필 것은 있다는 것이다. 우리 자신의 심성 또한 물질로 표현할 수 없는 것이기에 찾을 수는 없지만 살필 수는 있다는 말이다.

셋째, 무심무사정심지묘(無尋無伺定心至妙)라. 찾을 것도 없고 살필 것도 없다는 것이다.

어떤 형상과 같이 모양을 지어 그렇게 되는 것이 아닌 시간 속에서 이런 것 저런 것이 모두 필요없는 경계에 이르게 되는데 이러한 경계에 이르러서야 정심이 묘에 이른 것이 된다. 이것을 삼마지경계라고 하는데 이것처럼 스스로의 마음을 깨닫고 찾는데도 이런 복잡한 과정과 절차가 있는 것처럼 상당히 힘들고 어려운 일이다. 결국 정념, 정심에서 묘에 이르러야 한다는 것이다.

> 종자가 없는 신묘한 싹은 불 속에서 자라고
> 입을 열어도 혀 위에 있는 것은 아니다.
> 無種靈苗火裡栽
> 開口不在舌頭上

씨앗이 없는 묘종을 불 속에 심었다고 입을 열어 이러쿵 저러쿵 하는 것은 화두를 논해 봐야 소용이 없다는 뜻이다. 그것이 혀 위에 있다고 하지 않았는데 그것이 어디에 있느냐 하는 것은 지견으로써 안다고 해도 옳지 않다.

> 시냇물 소리가 문득 이 장광설이요,
> 산의 색깔이 어찌 청정한 몸이 아닐까보냐.
> 溪聲便是廣長舌
> 山色豈非清淨身

어디에 있다는 것을 아는 사람은 문득 시냇물 소리가 부처님 법문 같이 들리고 산빛이 부처님을 뵙는 것 같아 보인다는 뜻이다.

진리는 상이 없다

　오늘의 해제는 그 전과 달리 위패가 많이 봉안해졌고, 조상의 천도를 겸한다. 본래 해제 때 천도하는 날짜를 잡은 것은 부처님이다. 그 당시 목련존자가 자기 모친을 천도하는데 무슨 날로 하면 좋겠느냐고 부처님께 여쭈니 백중날로 정해 주셨다고 한다.

　따라서 위패에 모셔놓은 영가분들과 청법대중 모두 오늘의 해제를 맞이하게 된 것이다.

> 밝고 밝은 백 가지 풀 끝에
> 밝고 밝은 조사의 뜻이로다.
> 明明百草頭
> 明明祖師意

　이 게송은 방거사라는 처사가 한 말인데, 그는 자기집과 있는 재산을 모두 나누어 주고 가족과 함께 산골짜기에 토굴을 묻고 공부를 하다가 성불을 했다고 한다.

　그런데 그 당시 그의 딸이 부친에게 묻기를, 부처님께서 정법안장이라는 말씀을 많이 하셨는데, 도대체 무엇을 일컫는 말이냐고 물으니 그 대답이 바로 이 게송이었다. 그가 대답하니 그 딸이 말하기를,

연세도 많고 공부도 많이 한 분의 대답이 너무 시시하다 했다. 그래서 부친은 그럼 너는 뭐라고 했으면 좋겠느냐고 하니 그의 딸은 그냥 지나가는 말로 하지 말고 정식으로 물으라 했다. 그러나 딸의 대답 역시 대답은 똑같았다. 그런데 그 뒤에 처사가 하는 말이,

> 일을 마친 한가한 사람이 아니면
> 등에 원상이 있을 것이다.
> 不是了事閑人
> 背在圓相

　요사한인이란 일을 다 마치고 더 이상 공부를 할 것이 없는 한가로운 사람이란 뜻이다. 그런 사람이 아니면 등에 원상이 있다 했다. 그런데 이 원상이란 부처님이 아니면 거의 없는 것인데, 혹 그림에 보면 나한님이나 보살님이 있는 수도 있지만, 역시 부처님이라야 옳은 원상이 있기 마련이다. 그러니까 이것도 옳게 평을 한 것과 못한 것과의 우열을 가릴 수 있는 뜻이 담겨 있다. 그러므로 아주 분명하게 판단할 수 있는 힘이 있어야 우리가 안거에 고생한 보람이 있을 것이라는 뜻이다.

> 만약에 몸 밖으로 향해 달리 신그러움을 구한다면,
> 성로는 허현하고 만나도 보지 못한다.

若向身外求他神
聖路虛玄逢不見

　우리는 자기 몸이 관조하는 것이 아니고 달리 부처님의 신통이라든가 하늘에서 광명이라도 나올 수 있는가를 늘 회구한다. 그러나 진리(聖路)라고 하는 것은 허현이다. 즉 형상이 있는 것이 아니라는 뜻이다. 허현하다는 것은 뭐라 표현할 수 없지만, 마치 허공을 가리켜서 허공이 뭐냐하면 공중을 가리키는 것과 같이 물체도 아무것도 없는 것이다. 성로라고 하는 것도 그와 같으므로 봉불견(逢不見), 즉 만나도 보지 못한다는 뜻이다. 눈 앞에 있어도 보지 못하고 자기 몸으로 부딪쳐도 모른다는 것이다. 그것은 자기가 몸에 지니고 있으면서 깨닫지를 못하고, 몸 밖에서 신그러움을 구함과 같다. 깨닫고, 못깨닫는 것은 자기 역량에 있는 것이며 깨달음 자체도, 깨달음의 목적지도 자기에게 있는 그 길을 가리켜서 성로라고 한다.

　　어리석은 사람 앞에서 꿈이야기를 하지 말며,
　　사람도 모르고 얼굴도 모르고 그 마음도 모른다.
　　癡人面前不說夢
　　不知人面不知心

　꿈이야기라는 것은 현재 수도자 입장에서 참선을 한다, 기도를 한다, 불사를 한다, 등등 자기가 깨치기 위해하는 방편들을 말한다. 그러니까 어리석은 사람 앞에서는 꿈얘기를 못한다는 것인데, 왜냐하면 깨달음의 자리는 허현한데 그 여러 방편들이 최고인 듯 집착을 하기 때문이다.

부지인면부지심이란 우리 육안이라든지 육체적으로 쓰는 그것을 알 수도 없고, 마음 자체도 깨닫기 전에는 모른다는 것이다. 그만큼 참선과 알려는 것은 어렵다.

그러므로 우리는 한해 두해 세월만 흘려 보낼 것이 아니라 자신의 노력으로 이치와 당체를 구할 수 있도록 정진해야 한다. 그렇지 않고 부처님께 매달리고 부처님의 위신력을 구하는 경우가 많은데, 공덕도 자기가 만드는 것이며 죄도, 업도 자기를 떠나선 도저히 있을 수 없다는 것이다.

마음에 걸림이 없으면
신그러움에 통하지 못함을 근심할 필요가 없다.
但自心無碍
何愁神不通

심무애란 아무 구애됨이 없는 것, 즉 자기가 깨달아서 모든 것을 판단할 수 있는 지위에 이르게 되면 그 위에 더 구할 게 없는 상태를 말한다. 그런 입장에 이르면 하수신 불통이라, 즉 신그러움에 통하지 못함을 근심걱정할 필요가 없다는 뜻이다.

> 열심히 해서 마음의 이치를 깨닫고 확인되면
> 기이한 말이나 묘한 글구가 소용이 없다.
> 一念未形前薦得
> 奇言妙句盡爲虛

우리가 말하는 법신, 보신, 화신의 자리는 막연하다. 문헌에 보면 법신이란 일념불생만연공적(一念不生萬緣空寂)이라, 즉 한 생각도 나지 않는다. 만연이 공하고 적적하다는 것으로 법신 자체와 형용이 그러함을 말한다. 비유해서 말하면 허공은 보이는 것도 아니고 물체도 없지만 다 통하는 것과 같이 법신의 이치도 공기가 통함과 같다. 어디든지 다 통하는 이것을 일념불생만연공적이라 한다.

또 화신은 선대제법실개평등(善對諸法悉皆平等)이라. 이것은 모든 법을 잘 상대하되 평등하게 본다는 것이다. 가령 땅이란 차별심이 있어서 누구의 땅에는 농사가 잘되게 하고 어디에는 못되게 하는 것이 아니라, 어디에든 이용하는 사람의 능력에 따라 가치있게 할 수 있다는 뜻이다.

화신이란 따로 있는 것이 아니라 3천 년 전에 석가여래가 태어나 육체를 가지고 있던 그 자체다. 화에서 생기고 화에서 없어지는 것, 육체를 그대로 화신이라고 한다. 화신의 의의는 승본원력소응작사(乘

本願力所應作事)라, 승본원력이란, 원력을 세워서 원력을 타고 부처님이 중생을 제도키 위해 노력했다는 것이며, 소응작사는 응할 바 복을 위해, 사업을 위해, 병을 고치기 위해 부처님께 드리는 정성은 다르지만 그것에 응해서 일을 짓는다는 것이다. 소응작사라고 해서 부처님이 직접 정성의 대가를 주는 것이 아니라 자신의 노력에 따라 감응을 입는다는 것이다.

　　법신은 상이 없지만 물을 응해서 밝힌다
　　반야도 상이 없고, 지혜도 마음에서 나오는 것이며
　　인연에 따라 비추어진다.
　　法身無相應物彰
　　般若無智隨緣照

　법신은 아무것도 없지만, 중생 쪽에서 법신을 알려고 노력하는 데서 구해진다. 개인으로 보면, 개인이 난관에 부딪치면 고심으로 해결되는 것이 아니라 그런 환경이 닥치더라도 스스로의 판단에 의해 해결되는 것이다.
　따라서 항상 화두를 열심히 잘하면 지혜가 생기고, 지혜가 생기는 반면 업장소멸이 다되어 확철대오가 된다. 우리 행상역으로 보아 십신(十身), 십주(十住), 십행(十行), 등각(等覺), 묘각(妙覺) 등의 순으로 올라가는데 이런 절차 없이는 안 된다. 이런 절차를 밟는 것은 자신의 노력이며 노력해서 어느 정도에 해당되겠다는 것을 알 수 있으나 말은 쉽지만 굉장히 어렵다. 부처님께서 그 절차를 밟는데 삼아승지겁이 걸렸다고 한다. 그런 시간을 요하지 않고는 안 된다. 그러나 용맹정진하여 서서히 밟아가는 계단을 단축시켜 빨리 올라서는 수도 있지만 그 계단을 거치지 않고는 안 된다.

 다시 말하지만 한해 두해 세월만 흘려 보낼게 아니라 좀더 열심히 정진해야 한다.

 흔히 말하기를 집에서 절에 오면 출가했다 하는데, 출가에는 세 가지가 있다. 앞에 말한 것이 첫 출가이며, 용맹심을 내어 선방에 나가는 것이 재 출가요, 삼 출가는 선방에서도 온갖 망상과 남에게 지기 싫어하며 양보할 줄 모르는 것을 말한다. 그것은 출가가 아니다. 그런 것을 모두 떨쳐 버릴 수 있는 용맹심을 가지고 정진하는 자세, 그것이 진정한 수도자의 길이다.

수행의 길

 요즘은 결제, 해제를 의식적으로 찾고 있지만 문헌에서 보면 발심해서 공부하는 것이 결제이고 생사의 대사를 마치는 날이 해제라고

하기도 한다. 해제가 되면 어디로 갈 것인가 하면서 해제 며칠 전부
터 부산스러운 것이 요즘의 풍속이긴 하지만…….

영취산에 맑은 바람이 불어도 다함이 없고
푸른 가운데 날으는 새는 스스로 오고 간다.
산은 높고 물은 깊어 항상 적적하고
모든 풀잎 위에는 만 가지 법이 피는구나.
靈鷲淸風吹不盡
山高水長常寂寂
綠中飛鳥自去來
百草頭上萬法花

별다른 말이 아닌 것 같은 이 말 속에도 깊은 뜻이 있다. 이 뜻은 바
로 참구하는 데 있다. 하다 보면 잡히는 게 있고 느껴지는 게 있는데
여기에서 힘을 얻는 것은 매우 어렵다.

공부를 잘하든 못하든 간에 일생을 바치겠다고 큰 결심을 한 분도
도중에 마음이 변하는 수가 있는데 호기심으로, 경험으로, 수양삼아
하면 오래가지 못한다.

발심하여 일생을 이 길로 나서겠다는 깊은 각오와 결심을 가진 분
은 만사를 제쳐놓고 걸망 하나를 전재산으로 안다.

사교입선(捨敎入禪)이라 해서 교를 버리고 선에 들어간다는 말이

있지만 대체로 실천하는 스님이 적다. 강원 이력을 마치고 선방에 들어 그 뜻을 향해 나아가는 것이 사교입선이 된다. 부처님이나 보살님, 조사 스님의 행적을 배우고 알았으면 실천하거나 아니면 흉내라도 내어야 한다. 배워서 실천하지 않으면 아무런 의의가 없다. 고행을 새기고 견디면서 부처를 찾는 것은 소승의 표현이다. 고행이란 말은 쉬워도 행하기는 매우 어렵다. 어떤 스님은 고행을 열심히 하는데 어딜가나 걸망 속에 돌을 가득 넣어 다녔는데 걸망이 크기로도 유명했다. 돌을 넣어 땀을 뻘뻘 흘리면서 "너는 왜 자꾸 편하려고 하느냐?"며 스스로를 꾸짖었다. 어떻게 보면 어리석기도 하고 우습기도 하지만 근본정신을 고찰하면 그것은 어렵고도 힘든 일이다. 남방불교 즉, 소승불교에서는 지금도 부처님 당시의 모습이나 행동으로 살아가는 것을 적자(適者) 또는 비구라 하면서 숭앙한다고 한다. 북방불교 즉 대승불교는 지역적 여건으로 형식을 중요시 여기지 않고 깨달음에 이르는 것을 중요시한다. 대승은 견성만 하면 되고 소승은 도를 통하여 도인이 되기도 하지만 결코 비구라 하지 않는다. 비구의 모습이 아니기 때문이다. 부처님 당시의 유마거사도 도를 통하여 진리를 알았지만 거사지 비구라 할 수 없다. 계(戒)와 율(律)의 내재가 있는 까닭이다.

생사를 초월해야

엇그제가 해제 같은데 벌써 결제라 하니 해제 때 가진 마음 텅텅비워 버리고 결제다 하는 마음을 깊이 좌복에 깔자.

용맹한 범은 범상한 고기를 돌아보지 않고
용광로에는 주머니 속의 송곳을 녹이지 않는다.
猛虎不顧凡常肉
洪爐豈鑄囊中錐

범이란 놈은 아주 용감하기에 달아나는 놈을 잡지, 가만이 있는 놈은 거들떠 보지도 않는다. 또한 용광로는 큰 쇠만 녹이지 아주 작은 것은 녹이지 않지 않는가.

용맹스런 장군이 어찌 집에서 죽으랴.
호봉은 예전의 집을 생각하지 않는다.
猛將豈在家中死
胡蜂不戀旧時巢

호봉(백수벌)은 작년에 살던 집을 거들떠 보지도 않는다. 낯이 익어 그대로 살면 안되나 하지만 기질이 매우 뛰어난 놈이기에 새로운 곳에 살았으면 살았지 그전에 살던 곳에는 살지 않는다. 이게 바로 용맹스런 수좌의 기질이다. 항상 이와 같은 기질을 키워서 생사를 초월한 입장으로 안일한 생각을 버리자.

> 문 앞에 푸른 나무에는 새가 울지않고
> 뜰 앞에 푸른 이끼에는 꽃이 떨어진다.
> 門前綠樹無啼鳥
> 庭下蒼苔有落花

참선은 용맹스러워야 하고 모든 형상을 초월해야 한다. 인정도, 예의도, 절차도…… 또 범부의 안목에는 맞지도 않아 이상하게 여길뿐이고 같이 어울릴 수도 없다. 옛 조사의 말씀에 수좌는 눈썹과 같다. 눈썹은 몸에 필요도 소용도 없다. 단지 없으면 보기 싫을 뿐이다. 참선하는 이는 이같이 세상만사의 인연에 치우치지 말 것이며 조그마한 끈이라도 있다면 도를 이루지 못한다. 오늘부터 무슨 일을 해도 매듭이란 매듭은 단호하게 풀어버리자.

시간이 가면 갈수록 마음이 해이해지지만 이 일은 노새를 끌고 우물에 들어가는 것과 같다. 참선하는 건 이렇게 힘이 든다. 어렵다고 하지말고 여러 날 하다보면 뭔가 생긴다. 오래하다 보면 말할 게 있고 자부심이 생긴다.

밤중에 강한 바람이 창문에 이르니
이것이 눈인지 매화인지 알 수 없다.
夜半和風到窓紙
不和是雲是梅花

참선을 하다 보면 눈인지 매화인지, 옳은지 잘못된 것인지 속 시원
하게 말해주지 못 하지만 오래하면 말할 가능성이 있다. 부처님 당시
에도 그 많은 대중이 부처님과 함께 지냈지만 부처님을 아는 이는 가
섭존자뿐이지 않았던가. 언제나 힘을 길러서 스스로 해야지 남의 말
만 듣고 해서는 안 되는 일이 아닌가. 모든 수행은 마음에 달려 있다.

낙양노상에서 서로 만났으니
다 경상으로 파고사는 사람이다.
落陽路上相逢著
悉是経商賣買人

우린 부처님을 시봉하고 믿는 사람이 아닌가. 부처님의 말씀에 따
라 배우고 익혀 깊은 심신으로 용맹스럽게 무슨 일이라도 미루지 말
고 서둘지 말고 이 생사를 초월하는 길목에 서서 용맹스럽게 파고 들
자.

더욱 더 큰 용맹심

옛날에는 반결제가 되면 미흡한 공부 때문에 울기도 많이 했다고한다. 무슨 수를 쓰더라도 굳은 결심과 각오를 흐트리지 않고 정진을해야 하며 그냥 정해진 시간이나 채워서는 안 된다.

옛날 어른들은 묻는 것도 격식이 있어야 하고 답하는 것도 격식에맞아야 한다고 했다. 요즘 겨울은 겨울 맛이 나지 않고 춥지도 않다.훈훈한 봄바람 같은 바람이 분다. 시절이 좋으려고 하는지, 나쁘려고하는지……. 추울 때는 추워야 하고 더울 때는 더워야 하는게 당연한이치인데 요즘은 시절이 그래서 그런지 절기도 그전과 같지 않다.

바람에는 봄바람, 여름바람, 가을바람 등 많은 바람이 있으나 바람은 한 가지다. 다만 춥고, 덥고 하는데서 4계절을 구분할 뿐이다. 선문에도 봄바람의 무게가 얼마나 되느냐는 것이 있다.

(잠시 대중을 굽어보시고) 봄바람의 무게가 몇 근이나 되느냐?
(한 수좌가 일어나) 3근 반입니다.
하필이면 3근 반인가.
(주장자로 법상을 세 번 치시고 송하시되)

종자없는 영묘를 불 속에 심는 것이요,
입을 열어도 설두상에 있지 않다.
無種靈苗火裏栽
開口不在舌頭上

봄바람이 몇 근 나간다 하면 벌써 설두상에 잡혀 있는 것이다.

묘를 설하고 현을 하는 것은 태평성쇠의 도적이요,
봉을 치고 할을 내리는 것은 어지러운 시대의 영웅이다.
說妙談玄太平姦賊
行棒下喝亂世英雄

참선은 의단(疑端)을 일으켜 화롯불을 꺼지지 않게 하는 것과 같이
계속해서 다그쳐야 한다. 이런 저런 생각 속에서 이것일 것이다. 저
것일 것이다. 하는 생각도 버리고 비교 검토해서는 더욱 안 된다.

앞마당 잣나무는 조사의 마음이 아니요,
음양이 이르지 않는 곳에 한 조각의 좋은 풍경이다.
庭前柏樹子 不是祖師心
陰陽不到處 一片好風光

정전백수자는 정전백수자지, 그것이 어떻게 조사의 마음인가. 조사의 마음을 깨달아 모든 분별심이 다 없어진 여여한 자리가 바로 조사의 마음이다.

화두는 여여한 자리와는 다르다. 그 여여한 자리를 찾는 게 화두다.

그대로 여여한 자리로 보아서는 안 된다. 또 마음자리를 확실히 깨달으면 그 자리가 음양이 아니다. 안목이 있는 이가 보면 대번에 안다.

뜻을 어디에 두고 하는 소리인지를, 말도 많고 글도 많고 또한 선문에도 많이 있지만 전체 촛점은 같다. 안목이 있는 이는 낱낱이 읽어 보지 않아도, 첫구절만 들어도 어디에 촛점을 두고 있는지를 안다.

법과 법이 본래 둥글게 이루어서
생각마다 모두 다 갖춰 있다.
法法本自圓成
念念悉皆具足

본래 자기가 가지고 있는 마음자리라는 것은 본연적으로 있는 것이지 그냥 만들어지는 것도 금방 생겨 없어지는 것도 아니다. 어떤 종자가 있어 씨를 뿌리고, 거름 주고, 김 매고, 열매 맺는 과정에서 우리의 공부도 이러함을 알 수 있다. 자꾸 생각하고 닦으면 좋은 시절이 온다.

눈이 있어도 일찍이 보지 못하고
귀가 있어도 일찍이 듣지 못하도다.
달이 떨어져도 못에 그림자가 없고
구름이 생기니 산에 옷이 있더라.
有眼不曾見　有耳不曾聞
月落潭無影　雲生山有衣

　이것이 무슨 소리인가? 그냥 새기면 말의 뜻이 맞지 않다. 이것은
눈을 가지고 있지만 외형이나 소리에 이끌려 실제를 보지 못한다는
뜻이다.

　구름이 산에 있으면 저절로 산이 된다. 우리의 육체는 시중에 있지
만 마음만은 훨훨 이 산 저 산을 돌아보아라. 그러다 보면 내가 있는
곳은 바로 산인 것이다.

　병과 약도 마찬가지다. 병도 자기가 만들고 그 병을 낫게 해주는 약
도 자기가 만든다. 다른 이가 주는 것이 아니다.

　모두 스스로 만든 병이다. 스스로 약을 만들어야 하고 낫도록 해야
한다.

　쓰라린 경계를 지나지 않고는 어렵다. 어렵게 생각지 말고 더 큰 용
맹심으로 정진하자. 무언가 분명히 있다.

성수(性壽) 스님

성수(性壽) 스님

1923년 경남 울주에서 태어남.
1944년 출가득도.
1967년 조계사 주지, 범어사 주지, 해인사 주지.
1981년 조계종 총무원장.
현재 조계종원로의원, 경남 산청 해동선원 주석중.

사찰의 관문

　절을 향하는 산굽이를 돌다보면 흐르는 맑은 물을 가로질러, 자그마한 다리가 있는 것을 많이 보았을 것이다. 그러나 그 다리의 뜻은 고사하고 이름만이라도 알고 건너는 사람이 얼마 되지 않는 것 같다. 다리의 명칭은 섭진교(涉眞橋)이며 이름이 보여주듯 속세를 건너 진실세계로 간다는 뜻이니, 다리 밑을 흘러가는 맑은 물에 이제껏 가지고 있던 온갖 번뇌 망상을 깨끗이 씻은 뒤에 밝은 도량으로 들어가는 첫번째 관문이다. 이 다리를 지나 얼마쯤 가다 보면 일주문(一柱門)이라 써 붙인 현판이 눈을 끌게 된다.

　다리를 지나 몸과 마음을 깨끗이 씻어 냈으니 이제 그 마음에 중심을 세워 성지에 들어설 자격을 갖춘다는 엄숙한 기분으로 한 발 한 발 정확하게 밟아나가야 한다.

　이 문을 지나면 바로 앞에 사천왕문(四天王門)이 자리하고 있는데 이곳을 들어갈 때는 자신의 모든 오점을 가려 탐진치의 진망(眞妄)을 심판하는 데니, 앞의 관문 두 개를 지날 때보다 더욱 조심스럽게 지나야 한다.

이 문을 지나면 중생의 때를 거의 벗었다고 해도 과언이 아닐 것이며, 앞서 세 개의 관문을 무사히 지나면 다음 불이문(不二門)이 기다리고 있다. 이곳에 들어서면 곧 성인이요, 한 발 나오면 범부가 되니, 성인과 범부의 차이는 단지 밝고 어두움의 차이뿐이라 상하를 막론하고 알고 모름이 끊어진 자리를 뜻하여 불이문이라 하였다. 문 안에 들어와 이제 성인까지 되었으니 남은 것은 해탈뿐이다.

이같은 생각 아래 좌우를 둘러보면 얼마 안되는 거리에 해탈문(解脫門)이 자리잡고 있음을 보게 될 것이다. 이곳은 범부와 성인이 다르지 않고 사바와 극락이 다하여 영생불멸을 구할 수 있는 문이므로 이제는 부처에 더욱 가까워졌으리라 생각한다. 오대문을 지나는 동안 수없이 많은 그릇된 습관이 모두 쉬어지니, 바로 부처가 되어 앉아 있을 수 있는 대웅전이라!

운치있는 모습에서 우리들 가슴은 만덕존상의 자비와 서기가 스며들게 된다.

대웅전 근처만 와도 이렇게 느끼는 이것이 바로 부처님의 자비가 아닌가!

이와 같은 대웅전의 참 뜻은 큰 영웅이 사는 집이라는 뜻인데, 그 영웅이란 속세에서 말하는 무력으로 남의 영토를 차지하는 사람을 말하는 것이 아니라 정반 왕자와 같이 자기세계 팔만 사천 마군 번뇌를 지혜칼로 항복받아 완전무결하고 자비하신 영웅이 되셨음을 말하는 것이므로, 우리가 흔히 알고 있는 영웅이라는 개념과는 다르다.

그와 같은 분이 계시는 곳을 대웅전이라 이름하니 이곳에 들어갈 때는 숙연한 마음에서 나도 부처님을 닮아야겠다는 생각을 가져야 한다. 그리고 법당문을 열기 전 마음을 가라앉히고 정숙하게 문을 열며 들어가서는 정중히 반 배한 뒤 향불을 올리고 정성을 다하여 부처님을 우러러보며, 현명하고 거룩하신 부처님께 공경 예배한다. 예 받는 부처님과 예 올리는 나의 몸과 마음이 한데 뭉쳐 올리는 한 번의 예배가 정신없이 하는 천만 번의 예배보다 좋은 예배가 될 것이다.

자연의 가르침

춘하추동 사계절이 그대로 진리를 보여 주고 있다. 봄에는 만물이 소생하고 여름에는 소생한 만물이 무성하게 자라며 가을에는 결실을 맺고 겨울이 되면 만물은 휴식을 취하게 된다.

사람도 이와 같아 처음 20년은 태어나서 자라고, 그 후 20년은 젊음이 왕성하고, 그 후 20년은 인생의 내리막이며, 마지막 20년은 매우 침체되어 원점과 같아지므로 1년 사절기가 그대로 우리의 인생을 보여 주건만, 어리석은 사람은 이 몸이 영원불멸한 것으로만 알고 있으니 보통 문제가 아니다.

사람이 사람으로서 움직일 수 있는 기간은 봄, 여름, 가을에 해당하는 60년에 불과하고 남은 생은 겨울처럼 차고 메마른 시절이란 것을 알아야 한다. 봄이 되려고 따뜻한 기운이 발동하면 차가운 기운이 역반응을 일으켜 더욱 발악을 하고, 가을 소식이 오면, 더위가 한층 기승을 부린다.

한 계절이 들어오고 나갈 때도 서로 상응하는 기운이 성하니, 사람도 그 계절에 따라 몸에 변화를 일으키며 적응이 안 될 경우 몸살 등을 앓는다. 수도인이 공부하는 것도 이와 같아서 보통 땐 아무렇지 않다가도 공부만 하려면, 태산 같은 수마와 망념이 찾아오게 된다. 그러나 생각해 보면 이같은 수마와 망념도 도를 닦는 사람에게나 오는 것이지, 그냥 사는 세인에게는 올 리가 없다.

도란 닦으면 닦을수록 장애가 많은 법이니, 도인이 되기 전에 먼저 진인을 만나는 것이 매우 중요하다, 그것은 만물이 성장하기 전에 인연토(因緣土)를 만나는 것이 중요한 것과 같다. 천씨, 만종자(萬種子)라도 인연토를 못만나면 자랄 수 없고, 제아무리 훌륭한 인재라도 눈 밝은 지도자를 못 만나면 능력을 발휘하기 어렵다. 한 알의 씨앗이 싹트기 위해, 하룻밤 동안 천상에 열두번을 오르내리며 원을 세워 빈다는 말이 있듯이, 사람도 눈 밝은 스승을 만나려면 백 리 천 리를 무릅쓰고 찾아나서서 일보일배하면서 정성을 다해 원을 세워야 한다.

이처럼 도를 닦기란 시작부터가 어려운 것인데 진인만 만나면, 시작이 반이라 도를 이루기는 한결 쉽다. 무릇 모든 씨앗이 석 달 기원 끝에 인연토를 만나 눈을 떠서 자라기 시작하는데 그 때부터의 애로 또한 적지 않다.

연약한 촉이 땅을 뚫으려면 돌과 나무에 걸리는 숱한 장애가 많지만 수화풍(水火風) 삼합의 장애없이, 석 달간 일취월장 잘 자라면 힘 있는 줄기가 생긴다.

그후 석 달은 줄기에서 봉우리가 맺은 다음 애써 노력해야 쉽게 꽃을 이룰 수 있고 핀 후에는 또 석 달간 열매를 맺는다. 불철주야 노력 끝에 좋은 결실 맺어 놓으면 인연있는 중생은 그릇대로 얻어가니 한 알의 씨앗은 12개월 동안에 자신의 일을 다 마친다.

이처럼 모든 만물을 자신에게 주어진 수명을 알고 그 한계를 분명히 지키는데 하물며 도를 구하겠다는 구도자가 어찌 무작정 선방에만 앉아 아까운 시간을 허비할 것인가!

불자가 도를 알려면 처음 석 달은 백일기원으로 일보일배하여 선지식을 만나야 한다. 그래서 생사 윤회 밖의 것을 묻고 배우며 빈틈없이 경책 받으면 어느 틈에 그대는 눈을 뜨게 될 것이며, 그 때 비로소 바른 길을 찾은 수행자라 하겠다.

그후 석 달은 눈 밝은 종사를 찾아다니며 조금도 어그러짐 없이 묻고 배우되 자기 허물을 돌아볼 줄 아는 참다운 불자가 되어야 한다.

누구라도 묻기를 게을리 하면 손해 뿐이며 주야로 묻고 배워 용맹정진하면 어린 싹에서 힘있는 줄기가 나듯 조사(祖師)에 이르게 된다.

그후에도 석 달간 전심전력하면 좋은 봉오리가 맺어지고, 맺어진 봉오리는 얼마 후에 활짝 피어나므로 그 때가 바로 보살이니, 억조창생이 좋아하며 환희심을 내준다.

보살꽃은 마지막으로 불과(佛果)를 맺는데, 불과맺기란 그리 쉽지 않으니, 삼천대천(三千大天)의 기운이 다하고, 준동함영(蠢動含靈)이 다하여 대신심(大信心), 대분심(大忿心), 대용맹심(大勇猛心)을 내서 투철한 지혜로 마군을 막고 알뜰하게 기르다보면, 어느덧 불과를 증득하게 된다.

이와 같이 부처님이 12년 만에 성불하신 것은 본래에 500생 동안 닦은 덕이 쌓인 결과다. 부처님도 그랬을진대 범부인 우리야 얼마를 닦아야 성불할 수 있겠는가!

무량겁을 닦아도 될지 말지 한 일을 어찌하여 툭하면 마음이 부처라 함부로 입을 떼는가!

비단같은 말로만 자칭 견성도인되고 산 부처란 존칭을 받아 염라대왕이 부를 때는 어찌 면할 것인가!

우리 범부들은 삼생(三生)을 잘 닦아서 선지식이 된 후에 또 삼생을 부지런히 닦아야 조사가 되고, 조사가 삼생을 빈틈없이 잘 닦아야 보살이 되며, 보살이 삼생을 불철주야 용맹정진했을 때 비로소 부처가 되니, 중생은 12겁을 헛점없이 잘 닦아야 부처가 될 수 있다. 자연, 그들은 12달에 결과를 맺고, 세존은 12년 만에 성불하셨으며 우리들은

12겁도 헛점없이 닦아야 하니, 어서 어서 서둘러 본래자성(本來自性)을 밝혀야 한다.

대지만물 사계절에 실천수행 다하였고
석가세존 어김없이 십이년에 마쳤으니
우리범부 헛점많아 천만년을 닦았어도
수행도인 하나없네 제몸하나 믿고사는
우리범부 나그네야 나무돌이 소리치며
미소하니 일어나소
무정물은 어디서나 자기걱정 열심인데
어리석은 중생들은 남의걱정 일삼누나
자기노력 열심하는 무정물의 세계보소
아무장애 없건마는 남의걱정 소일하는
유정들이 사는데도 별별장애 많고많네

구도자에게

도를 닦자면 제일 먼저 발심이 중요하다.
흔히 입으로는 발심하는 척하면서, 행동은 엉뚱한 곳으로 흘러버리는 경향이 많다. 적어도 도를 닦자면 발심이 문제인데, 발심이 무엇인지도 모르는 처지에 도를 닦는다니 나무와 돌이 비웃을 수밖에 없다.

　수행자에게는 발심은 왜 하며 도는 왜 닦아야 하는지, 또 누구를 위해서 닦고 무엇 때문에 도를 닦는지가 우선 문제점이다.

　도를 꼭 알고자 하는 마음이 있다면 왜 미루고 있는가? 할 것이냐? 안 할 것이냐? 분명히 흑백을 가려서 하는 쪽으로 마음이 굳어지면 우물쭈물하지 말고, '쇠뿔은 단김에 빼라' 했듯이 하고자 하는 마음이 간절하다면 한걸음 옮기기 전에 해결지은 후 걸음을 옮겨야 한다. 도를 모르고 걷는 걸음 밑에는 사지(死地)가 기다릴 뿐이니 어디로 옮겨놓을 것인지 막연하다. 또한 숨을 들이쉬고 내쉬기 전에 해결짓겠다는 단호한 결심 아래 닦아야 하는데, 우물쭈물 미루다 보면 억만 겁이 지나도 도(道)와의 거리는 십만 팔천 리라, 불조들이 '찰나간이며 여반장(如反掌)이라.' 역설한 것은 이를 두고 하신 말씀이다. 도는 익혀서 연습하는 것이 아니고, 이것이냐? 저것이냐?를 일도양단(一刀兩斷)하는 것이다.

　단, 생사장야(生死長夜)의 꿈을 깨느냐? 못 깨느냐?가 문제이니, 올바른 길을 선택해야 한다. 발심은 따로 생기는 것이 아니고, 자신이 스스로 만들어야 한다. 요즘은 인생은 60부터라고도 하고, 90장수도 보통이 되었지만 인생의 전성기는 60년으로 한정되어 있는 것인데, 이를 모르고 천지회말(天地回末)토록 살 것이라고 생물체를 태산 같이 믿고 기대를 거는 이를 미혹한 중생이라 하며, 이같은 어리석은 중생심을 돌파하여 꿈을 깬 이를 소위 발심한 이라 한다.

60년이면 다 산 것인 줄도 알고, 하면 되는 줄도 알면서, 제 발로 가지 않는데는 아무 소용이 없다. 말과 생각만으로 되는 것이 아니니, 실지 생사가 고(苦)인 줄 분명히 알아서 1초도 늦추지 말고 용기와 분심을 내어, 수미산을 뛰어넘은 후에 비로소 도 맛을 조금 알 수 있다. 이렇게 하는 것에 발심이 중요한 동시에, 도를 어떻게 닦느냐의 방법도 중요한 것이므로 천하 불자들은 도를 닦기 전에 닦는 법을 배워야 한다. 집을 지으려면 목수에게 배우고 글을 알려면 학자를 찾아야 하듯이, 도를 닦으려면 우선 명안종사를 만나야 한다.

그후 자기의 근기에 따라 화두를 받고 언하에 즉시 깨쳐 생사 밖의 도리를 얻고보면, 49년 설하신 부처님의 교훈이 자기 손바닥 위에 있고, 억만의 불조가 내 눈 안에 있노라고 사자후를 하게 될 것이다.

도를 깨닫기도 어렵지만 선지식 만나기는 더욱 어려우니, 구도자는 명안종사 만나기를 서원하여 첫 계단부터 차근차근 밟아야 한다.

밥도 급히 먹는 밥이 체하는 것처럼 계단을 건너뛰면 밑으로 구르게 마련이다. 구도자들의 가장 큰 병은 도를 쉽게 얻으려는 것이니 진정으로 생사 해탈의 도리를 알려면 천만 리도 좋으니, 눈밝은 선지식을 찾아서 오십삼 선지식을 친견한 선재동자처럼, 변함없고 쇠함이 없는 보물을 얻어야 한다.

요즘 흔히 보면 진정한 발심없이 자비의 집에 들어 온 사람이 아무

뜻 없이 받은 화두가 자다 먹는 떡과 같아, 아무 맛을 모르고 좌복이나 지키며 세월만 보내니, 행여 어느 부처가 도를 일러줄 줄 아느냐!

오호 애재라! 부처님도 49년 하신 말씀 마지막엔 한 말씀도 설한 바 없다고 변명하기 바빴으며, 염화미소 또한 잠꼬대라 하셨다. 참으로 알고 보면 교나 화두라고 하는 것은 달을 가리킨 손가락에 불과한 것인데, 달을 봐야지 손가락만 붙들고 있어봐야 아무 소용이 없다. 손가락에 가리워진 달을 보지 못하니, 한평생 고민하고 퇴굴심에 병만 들어 일생을 망치는 사람이 얼마나 많은지 모르겠다.

이것이 정말 일 중에도 제일 큰 일이다. 자기 병도 제대로 모르는 선지식에게 화두 아닌 화두를 받아쥐고 일념병에만 사로잡혀 있으니, 일생은 고사하고 오랜 세월이 지나도 구제할 길이 없다.

수도 하기 전에 먼저 자기 마음 속의 탐진치를 제거해야 한다. 옛날에 부처님이 말씀하시기를 마음 그릇 비우고 와서 나의 법을 배우라 하셨고, 과거의 모든 선지식들이 쉬어가라 했으며, 끝없는 세월 동안 익혀온 나쁜 버릇을 고치면 된다 하셨으니, 우리도 나쁜 업을 녹이면 성인이 될 것이다.

그런 다음에야 원효 스님이 뒤웅박을 차고 방방곡곡을 다니며 무애춤을 춘 참뜻을 알게 된다.

부디 부탁하노니 자기의 금강반야의 칼날같은 지혜로써 탐진치를 여지없이 베어버리고 금강 보리좌에 올라 앉으소서!

우리중생 그누구가 본래부처 아니었나
중생놀음 즐기다가 이모양이 되었구려
어화세상 사람들아 귀를열고 눈을떠라
듣는모두 묘음이요 보는전부 부처로다
성인들이 하신말씀 부처만이 부처보고
도인만이 도인안다 이를두고 하신말씀
만천하의 불자들아 도를닦아 알고보면
부는바람 물결일고 오는구름 비내리네
우주만물 모두모두 내것아님 없건마는
찾고찾는 나그네야 앉은자리 본인것을
몇생이나 찾았더냐 이제보니 한바탕의
꿈을꾸고 있었구려

자모에게

이 세상 부모들 중에 자기자식 훌륭하게 되기를 바라지 않는 사람
은 없을 것이다.

그러나 훌륭한 자손 이전에 훌륭한 부모만이 훌륭한 자녀를 길러낼

수 있다. 마음은 한결같이 가지고 있으나 실천수행을 하지 않으니 별 도리가 없는 것인데, 잘되면 자기 힘이고 못되면 조상 탓이라는 말처럼 자녀의 그릇됨을 부모가 서로 미루다가 나중에는 자식에게 원망이 돌아오니 이를 보고 적반하장이라 하는 것이다.

자식을 낳을 때, 내가 이 아이를 낳으면 어떻게 키우리라는 계획과 책임감을 깊이 느끼고 훌륭한 기질됨을 바라면서 낳는 사람이 과연 얼마나 될 것인지…….

한 아이를 낳더라도 일당백인(一當百人)이 되어 세상에 이름을 드날릴 수 있는 위인을 길러야만 올바른 부모이며, 현명한 어머니라 할 수 있다.

옛날 성현의 어머니를 보면, 사랑스러운 자식이기 때문에 세상 세파에 부딪혀서 단단한 바위가 될 수 있도록, 교육을 시켜 어느 곳에서나 뛰어날 수 있는 자질을 살려 주었다.

예를 하나 들자면, 옛날 두 부부가 말년에 이르도록 자식이 없어 탄식하던 차에 느즈막이 아들을 두게 되어 금지옥엽으로 키우던 중 어머니가 말하기를 기왕지사 포기했던 아들을 가졌으니 없는 것으로 생각하여 부처님 제자로 바치자고 간청을 했다.

이에 아버지는 질색을 하며 극구 반대를 하게 되니, 어머니는 "우리가 이 아들을 꼭 훌륭히 지도할 수 있다는 보장도 자신도 없으니 만약 하나밖에 없는 아들이 잘못되면 그 죄를 어찌 다 받을 수 있겠소. 차라리 부처님 제자로 바쳐 도인으로 키웁시다."라고 조르게 되니,

아버지는 하는 수 없이 승낙을 하고 말았다. 그리하여 아들의 나이 칠세가 되던 해에 그곳에서 멀지 않은 절을 찾아 상좌로 바치게 되었다.

그후 얼마간의 시간이 지나 소문이 들리기를 아무개의 아들은 절에서 중 노릇을 어찌나 잘하는지 모든 사람에게 칭송을 들어 귀여움을 한몸에 받고 있다고 했다. 이에 어머니는 아들의 모습을 보려고 절에 가니 뜻밖에도 소매를 걷어 올리고 상머리에 서서 수저를 차례로 놓고 있었다. 이 모습을 보던 어머니는 가차없이 회초리를 내리치면서,

"이놈! 내가 중노릇을 잘하라고 절에 보냈지 이런 것 하라고 보냈느냐."

하며 호통을 치고는 그 길로 내려가 버렸다. 그후 어린 소견이나마 어머니의 마음을 상하게 한 것이 죄송하여 만나는 스님마다 올바른 중이 되려면 어떻게 하느냐고 묻자, 한 스님이 경을 많이 배워 법사가 되면 그것이 가장 훌륭한 스님이라고 했다.

아이는 그 말을 듣기가 무섭게 경전을 찾아서 불철주야 배우는데 몰두하니, 그의 나이 십오세가 되었을 때는 법상에 앉아 대중이 우러러보는 가운데 법문을 하기에 이르렀다.

이러한 소문이 귀에 들어오자 어머니는 나무막대를 들고 절에 와서 가사장삼을 수하고 법상에 앉아, 유창한 설법을 하고 있는 아들의 어깨를 내리치며,

"중노릇을 하라고 했더니 쓸데 없는 곳에 눈을 팔아 중노릇을 그르

쳤구나! 당장 집어치우고 중다운 중이 되어라."

라고 벼락을 친 뒤 가 버렸다. 아들은 이제는 어머니 마음이 흡족하시리라 믿었는데 이번에도 어머니의 뜻을 받아들이지 못하고 어긋나게 되니, 더욱 걱정이 되어 노스님께 중다운 중이 되는 법을 아무리 물어도 모른다는 말 뿐이니 드디어는 근심걱정 끝에 마음 병을 앓게 되었다.

이렇듯 몸과 마음이 쇠진한 생활로 얼마간 지내던 중 하루는 누더기 차림의 노스님 한 분이 와서,

"젊은 중은 어디가 아픈가?"

하고 물었다. 이 말에 그는 전후 사정을 이야기한 뒤에 그 스님께 어머니가 바라는 중이 어떤 것이냐고 묻자 스님께서는 그 어머니는 정말 훌륭한 분이라고 하며, 그 방법은 참선을 하여 부처님의 뜻을 아는 것이라고 한 뒤 경문이나 외어 법문하는 것은 원숭이에 지나지 않으니 참선을 하여 도를 알게 되면 중다운 중이 되리라고 하셨다.

그는 이 말을 듣자마자, 깊은 산중 암자로 들어가 부처님의 뜻이 무엇인지 노심초사하여 몰두한 나머지 사람의 오감도, 배고픔도, 모두 잊고 앉아만 있게 되었다. 이렇게 되자, 뉘집 아들은 절에 가더니 어머니로 인해 등신이 되어 사람도 몰라본다는 소문이 퍼졌다. 이 말을 들은 아버지가 어머니에게 몹시 원망을 하니, 어머니가 태연한 기색으로 직접 보고와서 말을 하라고 했다.

그래서 아버지는 먹을 것을 싸들고 아들이 거처하는 암자로 갔다.

그곳에 가니 아들이 반갑게 맞으며 인사를 하는 것이었다. 이것을 본 아버지는 '아! 들리는 말은 헛소문이구나' 하며 안심을 했는데, 식사를 대접 하겠다고 물을 끓이러 나가서는 도무지 들어오지 않자 궁금하여 나가보니 아들이 불씨를 손에 든 채 눈을 뜨고 서 있으면서 아버지의 기척을 느끼지 못했다.

이에 아버지는 크게 놀라 정말 아들이 등신이 되었구나 싶어서 한 달음에 집으로 달려와 어머니에게 당신 때문에 하나밖에 없는 아들이 등신이 되었으니 어찌하겠느냐고 야단을 치자, 어머니는 당연하다는 기색으로 내가 가보고 오겠다는 말을 하며 먹을 것을 가지고 절을 향했다. 한편, 불씨를 들고 섰던 아들은 그 불씨에서 불꽃이 일어나는 순간, 활연대오(豁然大悟)를 하기에 이르렀다.

그리하여 어머니가 오는 것을 알고 십리 밖까지 마중을 나오니, 모자는 함께 무애춤을 추며 기뻐했다는 이야기가 있다.

그리고 가락국 수로 왕의 부인 허씨는 아들 아홉 명 중 일곱 명을 부처님 제자로 바쳐 칠불을 탄생시켰으니, 이 얼마나 자녀에 대한 사랑이 숭고하고 거룩하게 승화되었는가! 또한 밀양 손병사 모친이 어렸을 때 하루는 동네 아이들과 어울려 송아지 한 마리를 잡아먹고 돌아오니, 모친은 야단을 쳤으나, 부친은 나의 소견보다 훨씬 낫다고 칭찬을 했다.

그후 결혼하여 임신을 하였는데, 하루는 꿈에 악귀가 나타나서 너의 뱃속에 든 아기는 두 살이 되는 해에 내가 잡아가리라 하니, 그가 대답하기를 귀신한테 잡혀갈 아기는 나도 키울 생각이 없으니 잡아가도 좋다고 호통을 쳤다고 한다.

진묵 대사의 모친은 임신중 대청에 누워있으려니, 뱀이 그의 배 위로 지나가려 하므로,

"네 이놈! 이 배 안에는 대인이 들어 있으니, 저 발 아래로 돌아가거라."

하고 점잖게 말을 했다고 한다. 한편, 율곡 선생의 모친은 인물이 없는 이 나라의 앞날을 걱정하시고 10년의 기간을 마련하여 대인을 낳기 위해 남편과 함께 도를 닦아서 율곡 선생을 낳게 된 것이다. 신라 시대에 선덕여왕은 자장법사를 모시고 우리나라에서 명안종사와 많은 도인이 나올 수 있는 곳을 찾아 대가람을 설립했으니, 나라의 앞날을 생각하는 그 마음이 현대 여성은 감히 생각지도 못할 차원을 가지고 있었다.

이와 같은 여중 군자의 재목은 어릴 때부터 뛰어난 포부와 앞을 내다보는 안목이 밝았으니, 백성들 사이에는 한가문에서 도인 재목감 하나를 발탁하여 온갖 정성을 다 바치고 원력을 세워서 도인으로 키우게 되면 그 가문의 자자손손에게 자랑이 되었다 한다. 이와 같이 가정에서 훌륭한 자손 키우기에 여념이 없었으므로 나라는 자연히 태평성대가 되어 점점 번영하는 신라의 면목을 보여주게 되었다. 이렇듯 위대한 인물이 나오려면 온 가족이 협심하여 좋은 환경을 만들어주고, 어린 아이의 근기를 알아서 그에 맞도록 지도해야 한다. 나

라가 잘 되려면 한 가문에 도인이 한 사람이라도 나와서 미혹한 중생을 구제하고 이끌어 갈 수 있어야 한다. 간절히 부탁하노니 우리 불자 자모들도 물질에만 눈을 뜨지 말고 대인을 길러내는 데 전력하여 옛날 군자들의 만분의 일이라도 따라야 하며, 모든 종자의 품질을 개선하듯, 우리들도 성인군자로 도인 부처로 화하는 터전을 만들 줄 아는 자모가 되어야 하며, 공자, 맹자의 모친과 같이 입에는 세 개의 자물쇠를 채워 굳게 닫아 놓고, 오직 행동으로만 가르쳐야 한다. 세 개의 자물쇠란 헛말, 불필요한 말, 안 해도 좋은 말에 대한 자물쇠를 말한 것이다.

이같이 철저한 무언의 행동으로써 자손을 가르친 깊은 뜻을 이해해서 우리 자모들도 현명한 어머니가 되어 진정으로 자녀를 위할 줄 알고 도인을 낳아서 길러낼 수 있는 역량을 갖추어야겠다.

병든 중생에게

이 세상에 병과 걱정없는 사람은 보기 어렵다. 병이 천가지면 약은 만 가지나 되나 병은 나기는 쉬워도 낫기는 어렵다. 몸의 병은 삼일, 오일, 칠일 내로 또는 한두 달이면 나을 수 있으나 정신과 마음의 병은 한두 달, 이삼 년에도 어렵다. 몸의 병은 적절한 약으로 치료가 가능하지만 마음의 병은 약으로 치료가 불가능하다. 원래 마음의 아픔에 물체가 없기 때문에 이물질인 약이 당해낼 길이 없다.

전세계 의학박사나 병원에서도 마음의 병을 치료하는 일을 제일 어렵게 생각하고 있다.

옛 속담에 맺은 자가 풀어야 한다는 말과 같이 이 마음의 병은 어느 누구도 가져다 준 물건이 아니고 자기자신이 만든 병이기에 자신의 능력으로서 치료할 수밖에 도리가 없다.

그리고 몸에서 생기는 병은 일초지간에 일어나고 마음병은 자신도 모르게 3년이 되고 남이 알 수 있을 정도로 병이 깃들면 수십 년이 지난 때이다. 몸의 병은 남에게 알려서 자랑해야만 쉽게 낫지만 마음의 병은 모양도 형체도 없기 때문에 자랑도 보일 수도 없어서 자기자신만 알고 앓는 무서운 병이다. 의원도 의사도 고치기 어려운 병, 나를 잡아가는 자신의 병이다. 역대 영웅, 달사도 이 마음의 병에는 모두 지고야 말았다.

그러나 석가세존만은 팔만 사천 마군의 병을 조복받아 무량겁으로 편히 사시니 그를 왈, '극락'이라 하는 것이다. 자! 우리도 탐심병, 진심병, 치심병의 세 놈의 노예가 되지 않으면 마음의 병도 없어진다. 그리고 보다 더 큰 병은 과거에 지은 업병, 이것은 대 성자이신 부처님께 참회해서 업이 녹아나야 낫느니라.

방 생

방생의 원 뜻은 모든 중생의 고통을 덜어 준다는 거룩한 마음에서 우러나오는 정성이 근본이건만, 세월의 흐름에 따라 방생의 참뜻이 오인되고 있는 것 같다. 요즈음 방생은 사치와 복을 받는다는 허영에 치우쳐 부처님의 교훈은 간데없고 한낱 여행놀이에 지나지 않거니와, 절에서는 방생을 빙자하여 수입만을 생각하니 통탄해 마지 않는다.

또한 방생을 핑계로 공연한 돈을 없애고 시간을 낭비하며 중생에게 고생만 더해 주니 이 얼마나 죄스러운 일인가!

우리가 진정한 불자라면 이런 겉치레의 방생보다는 고기를 먹지 않겠다는 생각을 갖는 편이, 훨씬 현명한 자세라 하겠다.

방생을 할만큼 마음이 자비롭다면 한 발 앞서 어찌 그들의 살을 목에 넘길 수 있겠는가!

그럼에도 불구하고 집에서는 하루 세 끼 고기를 먹으면서 방생한다고 설치는 것을 보면 정말 가관이다. 만약 방생하는 날마저 고기를 먹는다면 이는 불자의 자격을 망각한 사람이라 하겠다. 지금부터라도 어리석은 생각에서 헤어나와 방생의 의미를 되새겨 불자로서의 자리를 오염시키지 말아야 하겠다. 한편 축생의 방생에만 치우칠 것이 아니라 자신의 마음속 욕심을 털어버릴 수 있는 아량이 정말 가치

있는 방생이다. 고기를 풀어 줄 수 있는 아량은 있으면서 자신의 오점을 알고도 모르는 척 버리지 못하고 감추려고만 하니, 이것 역시 모순이 아닐 수 없다. 자신의 잘못도 방생하지 못하면서 감히 축생을 방생한다니 고기들이 비웃을까 두렵지 않은가!

자신의 오점이 완전히 소멸되었을 때 비로소 방생에 대한 올바른 판단력이 나올 수 있는 지혜를 갖게 된다. 중생과 부처의 다른 점은 오직 헛점이 있느냐 없느냐의 차이이니, 우리 불자들은 한 발자국이라도 부처에 가까워질 수 있도록 노력해야 한다. 진실한 마음에서 자신의 모든 헛점을 방생할 수 있는 소견을 가졌다면 구태여 강변에 나가 축생의 방생을 하지 않아도 부처님께서는 기특하게 여기시어 제자로 인정하실 것이다.

열반 법회

부처님 열반제일을 맞아 열반의 근본 의미에 관해 말해 보자.

탁자 위에 등상불 그 자체가 열반인데, 열반의 참 뜻을 이해하지 못하고 따로 무슨 수가 있는 줄 아는 것 같다.

열반을 열반이라 이름지을 때 그것은 이미 열반이 아니다.

부처님의 열반은 이미 수 천 년이 지났으나 우리 모두는 그 날을 잊지 않고 있다.

우주의 삼라만상 자연 그대로가 모두 열반인데, 싣달 태자만의 열반인 줄 아는 것은 잘못이다. 열반에서 열반을 찾으려고 해선 안 된다.

모든 번뇌와 환상이 끊어진 그 자리가 바로 대 열반이며, 보고 듣는 이 밖에 따로 열반이 없으니, 만물 그 자체가 바로 열반이다.

우리 모두는 열반세계에 들어 있으며, 살고 있지만 항상 그 세계에만 있는 것이 아니니, 그것은 어리석은 중생심으로 인하여 번뇌망상의 구정물이 수없이 일어나고, 옳고 그름의 분별망상이 생겨 중생세계가 벌어졌기 때문이다. 우리는 항상 열반 자체를 피할 수도 버릴 수도 없는데, 어리석은 중생은 잘난 척하며 서로의 언쟁으로 세월을 보내고 있다. 열반을 잠시만 떠나도 호흡조차 할 수 없는 것이니 열반을 구하는 것도 구부득고(求不得苦)가 되고 불법을 따로 닦는 것 또한 마찬가지다. 모든 것 이대로가 열반이며 불법인데 다시 닦아야 할 것이 무엇이냐. 닦겠다는 그 정신이 벌써 군더더기일 뿐……

부처님이 쉬어가라 하신 뜻은 중생이 일으킨 번뇌망상을 잠시만이라도 잊으라는 것이다. 어지러운 번뇌망상에 쌓여 자기 정신을 망각함이 곧 중생이고, 번뇌망상 쉬어지니 산 부처세계 그대로가 대열반이다. 우리는 모두 부처님 품 안에 놀고 열반 속에 살지만 물속에 사는 고기가 물을 보지 못하듯이 열반 속에 사는 우리는 열반을 모르고 있다. 중생은 부처인 실달 태자에게만 열반이 있고, 우리 같은 범부는 꿈도 꿀 수 없다는 중생심을 머리 속에 항상 가지고 있으니 중생을 면할 수 없는 것이다. 한 생각 쉬면 그대로가 열반인데 그것을 쉬지 못하니 중생 세계에서 허덕일 수밖에……

닭이 먼저냐? 알이 먼저냐? 하면 닭이 먼저라는 사람이 있는데 그것은 오답이다. 알 없이 닭이 될 수 없으니, 알은 닭이 되기 위해 노력하며, 중생과 부처 사이에는 중생을 여읜 부처가 있을 수 없으니 중생에서 부처가 나온 것이다. 그렇다면 중생이 불철주야 노력했을 때 부처가 되니, 무한한 노력이 필요하다는 것을 암시하는 것이다. 초지한 장 차이도 말로 만들어진 것이니 모두가 한통속이지만 그 속에서도 거리는 십만 팔천 리다. 부처와 중생은 단지 견해차이 뿐이니 어리석은 마음 쉬지 못하면 거리는 점점 멀어지게 된다.

누군가를 바라보는 그곳이 바로 열반이요, 보여 주는 사람과 보는 사람이 다르지 않고 둘이 아니건만 안에 두고 밖만 보니, 업은 아이 3년을 찾는다고 했다. 이것을 볼 때 옛말 그대로 다 도담(道談) 아닌 것이 없다.

자기의 싱싱한 보물은 썩혀두고 남의 재산 탐내지만 내것이 될 수 없고, 자기보물 찾아내면 나눠 주고 보여 줘도 줄지도 변하지도 않으며, 사대문 활짝 열어놓아도 감히 가져갈 수 없다.

스스로 얻어서 맛을 본 사람만이 알 수 있고 대적(大賊) 같은 욕심이 있어야 조금 엿볼 수 있는 것이다.

우리가 현재 보고 듣는, 이 자리 밖에서 따로 구해선 안 된다.

보고 듣는 그대로가 부처이며 열반인데 이것을 두고 따로 인식하기 때문에 거리가 멀어지니, 나 이대로가 부처라는 자부심을 가져야 하지만, 중생이 깨달아야 부처가 되니 깨닫지도 못하고 내가 부처라 하는 것은 어리석은 짓이며 구업을 면할 수 없다.

어두운 그대로를 일러 오늘이라 하지 않고 어둠이 밝아야 오늘이 되고, 어제와 오늘이 다른 것은 없으나 어둠이 밝아진 것만은 사실이듯이, 부처와 중생이 보는 대상은 같지만, 깨달았느냐 아니냐의 차이뿐이다. 열반에 대해 멀리 보지 말고 가장 가까운 그대로 인식하면 우리도 열반에서 살림을 할 수 있다.

옛날에는 열반제라 하여, 2월 2일부터 15일간 대 선사들의 열반법문이 행해졌다. 부처님이 열반 당시 걱정하여 말씀하신 것은 내가 입적한 후 말세가 되면 내 법을 훔쳐다가 제것처럼 쓰는 중생이 많을 것이며, 내 법은 내 제자들이 망칠지언정 외도에 의해 망치지 않음을 설한 것이 바로 열반경이다. 사자가 죽어있는 곳에 외충은 침범치 못하고, 그 속에서 생겨난 벌레들이 사자를 먹어 치우듯 불법은 불자가 망치는 것이다.

부처님께서 열반시에 가장 큰 문제로 여기신 것은 부처가 아니면서 부처라 하는 것이 내 법을 제일 많이 상할 것이고 다음에는 본 것을 안 보았다 하고, 안 본 것을 보았다 함이 또한 내 법을 망칠 것이라 하시며, 걱정이 되어 여러 방편으로 설법해서 낭비를 막으려 애쓰셨고 말세에는 비구들도 자기의 의식주를 해결할 수 있는 자립성을 지녀야 한다고 하셨으며, 한 신도에게만 신세를 지지 말라 하셨으니, 그 이유는 한 사람의 많은 물질에 얽매여 후생에 그 신자집 마당의 소가 되어 빚을 갚아야 하기 때문이다. 열반세계를 확실히 알려면 부처님의 법을 먼저 알아야 한다. 말세라 근심하여 봉행하지 않음과 불법을 모르면서 안다는 이는 부처님의 제자가 될 수 없다.

지금 세대에는 허위가 많은데 특히 불과를 증득했다, 또는 도를 안다는 등의 헛소리를 하는 사람은 많고 실속있는 제자는 드문 것 같다.

불법의 근본이치는 한 번도 알려고 하지 않고 공양 한 그릇 올리고 복은 태산같이 바라며 남은 상관없이 나와 내 자손만 잘 되게 해 달라는 허영이 많은데 불자라면 이타행을 할 줄 알아야 한다. 다른 이의 어려운 일을 도와 주고, 양보할 줄 알며, 돌보아줄 줄 아는 것이 곧 열반정신이다. 말세에는 진실로 불법을 알려하는 사람이 극히 드물어 부처님 법을 바로 가르쳐 이해할 수 없다고 하셨으니, 부처님 뜻 바로 배워 이해가 된 후 절을 하면 부처님도 비로소 내 뜻을 아는 제자가 오니 우담바라 꽃이 피었구나! 하시며 기뻐하실 것이다. 이 때 탁자 위에 모셔진 등상불과 대화가 되니 부처님이 중생에게 큰 거울이 되셨음을 알게 된다. 그 뜻은 중생의 업에 비추어 마음먹은대로 나타내 주시기 때문이다.

열반의 근본 이념은 크게 깨닫는 것을 원칙으로 하여 생사 해탈을 목적으로 하는 것이다. 선업과 수행, 그리고 도 닦는 것만으로는 생사 해탈을 이룰 수 없으니 어느 곳을 갈 수 있겠는가!

그래서 중생 걸음은 자국 자국이 사지이며 평생을 살아온 결과는 죽음 뿐이라 했다. 만물이 자라서 꽃피고 열매를 맺어 시들어 가는 것을 보니 우리 인생과 다를 바가 없음을 느끼고, 싣달 태자는 십구 세가 되어, 남은 여생을 생각할 때 허망하기 짝이 없고 다가오는 변이 두려웠다. 그로 인하여 부처님은 죽기 싫은 생각이 간절히 떠올라 성을 넘게 된 것이다. 죽음에 대한 두려움을 여러 번 이 산승이 이야기 했지만, 죽기 싫은 마음 낸 사람은 하나도 없는 것 같다. 정말 죽기 싫은 마음이 간절하다면 밥 먹고 변소 갈 시간조차 없어야 하는데, 생사가 시급한 이때 무슨 여유가 있으랴! 이런 정신으로 철두철미하게 파고 들면 3일 이내에 가장 큰 도를 깨달을 수 있다. 이와 같이 깨달은 후에 하는 것이 진실한 공부이며, 그전에 하는 것은 아무리 애를 써도 남의 다리 긁는 것이며 수박 겉핥기에 지나지 않는다.

또한 물을 거슬러 오르는 배는 암초에 부딪쳐도 크게 다칠 위험이 없으나, 물결따라 내려가는 배는 작은 암초에 걸려도 배가 크게 상하게 되니, 깨달은 뒤가 이처럼 더욱 조심스럽고 어렵다는 뜻임을 알아야 한다. 선악과 생사가 둘이 아니고, 본연 그 자체가 열반이니 부처 세계가 따로 있다고 생각한다면 그것은 잘못 생각한 것이다.

행주좌와(行住坐臥), 어묵동정(語默動靜), 이대로가 원각세계(圓覺世界)이며 열반이고 부처며 나의 세계이지만, 깨달은 후에 해당하는 이야기일 뿐, 깨닫기 전에 이런 말을 입에 올리면, 구업을 짓게 된다. 이런 이유 때문에 말만을 앞세우면, 안되는 것이다.

갈 때는 호흡이라도 자재해야 하니, 이것이 자재될 때 기한이 자재하고, 그런 후에야 생사가 자재된다. 그렇지 못하면서 말만 앞세우면, 나를 속이고 남을 속이는 것이니, 이보다 더 큰 죄가 어디 있을까! 부처님이 49년간 설하신 끝에는 한 말도 설한 바 없다고 변명하셨듯이 나 또한 거짓말이라 변명할 수밖에 없다.

마지막으로 우리 불자들은 부처님 열반제일을 축하하러 다니기보다 자신의 열반제일을 만드는 것에 신경을 써야 한다. 몇 십 년씩 부처님 열반제일만 축하하러 다니고 자신의 것은 만들지 못한다면 그 얼마나 부끄러운 일인가!

'그렇지' 스님

경북 태백산 동암에는 십팔 조사가 나온 대명당이라 많은 수좌들이 좌선을 하고 있으나, 항상 식량이 넉넉지 못하여 그 중의 한 스님은 늘 걸망을 지고 마을로 다니면서 식량을 구하러 다녔는데, 그 스님이 일평생 한 말은 한 마디뿐이었다. 문전에 가서 서 있기만 하면 아이나 어른이나 "동냥 줄까요."하고 물으면 "그렇지."하는 대답 뿐이었다.

 언제나 먼저 하는 말은 없고 고하 노소를 막론하고 물으면 "그렇지."할 따름이었다. "쌀을 드릴까요."하여도 "그렇지.", "보리쌀을 드릴까요."하여도 "그렇지.", "소금을 드릴까요."하여도 "그렇지." 일평생을 주는 대로 "그렇지." 하고는 가져간다. 하루는 짓궂은 농부가 물이 가득찬 논에서 벼를 베다가 이 벼 한 단 져다가 부처님께 공양을 올려 달라고 농담으로 말했다. 스님의 "그렇지." 하는 대답에 볏단을 일부러 크게 묶어서 무논에다 둥글 둥글 굴려 물을 흠뻑 적셔 논둑에다 내어 주었다. 스님은 "그렇지." 하고는 태백산 동암까지 하루 온종일 지고 올라갔다. 그 때부터 스님을 천진불이라 불렀다고 한다. 그렇게 천진불이라고까지 불리던 스님도 탁발을 하여 가지고 절에 돌아왔을 때, 대중이 말없이 조용히 공부를 잘 하고 있으면 무거운 걸망을 후원에다 조용히 벗어놓고, 공부하는 방앞에 와서 합장 배례했지만, 만약에 문 밖에 이야기 소리가 들리면 걸망을 큰방 앞에다가 힘껏 던지면서 한숨을 산이 무너질 정도로 크게 쉬곤 하였다고 한다.

 공부하는 스님네의 식량을 일생 동안 탁발하여 대다가 하루는 대중 스님들을 모두 모셔다 놓고 평생 처음으로 입을 열되, 이 우치한 산승을 도솔천 내원궁에서 부르니, 하는 수 없이 대중시봉을 못하고 가게 되니 죄송하다는 말 한 마디를 남겨 놓고 열반에 들어 화장을 모시니 사리가 무수히 나왔다고 한다. '그렇지' 스님께서는 일생동안 "그렇지"란 말로 보내며 평생 좌복에는 한 번도 앉을 여가가 없었다 한다.

우리 사부대중도 이런 훌륭한 도인 스님의 행적을 거울삼아 우리 수행인에게 만분의 일이라도 도움이 될까 하여 이 글을 써보았다. 옛 스님들께서는 말없이 행동으로 근본 수행과 덕을 쌓은 것 같다. 우리 소인배들은 행은 외면하고 말이 앞서니 어느 누구도 믿지 않게 된다. 말 이전에 실천하기로 다같이 노력하자.

달마대사와 육조 스님

달마대사는 남인도 천축국 향지왕의 셋째 왕자로 태어났다. 어려서 출가하여 인품이 뛰어나고 매사에 투철했으며, 보는 이마다 위엄을 느꼈다고 한다.

그후에 동토 중국으로 들어가서 선법을 폈으나 인식이 잘 안되어 도의 힘이 약함을 느끼고 다시 소림굴에서 9년을 말없이 더 닦았다.

그 후에 제자 혜가를 비롯하여 많은 도인들이 쏟아져 나오자 이를 시기한 당시 중국 유교학자들의 반대 모략으로 왕명에 의해 산 채로

석암 속에 깊이 파묻혔다.

그 당시에 어느 대신이 외국사신으로 갔다 오는 길에 촉영에서 달마대사를 만났다.

그 대신은 달마대사가 생매장당한 줄도 모르고,

"왜 대사님은 우리나라에 더 계시면서 많은 중생을 제도하지 않으시고 어디로 가십니까."

하고 애원하니 달마대사가 말했다.

"동토와의 인연이 다하여 가노라."

하는데 보니 신 한 짝만 어깨에다 메고 가시는 것이었다. 본국으로 와서, 그 대신은 오는 도중 촉영에서 달마대사를 만나 작별인사를 하고 왔다 하니, 임금이,

"왕명으로 생매장하였는데 무슨 거짓말이냐."

고 했다. 대신은 깜짝 놀라,

"신 한 짝만 메고 가더라."

는 말까지 했지만 임금을 속인 죄로 사형을 받게 되었다. 그러나 억울한 대신이 계속해서 참말이라고 애원하자, 달마가 생매장 당한 곳을 파 보고 죽이기로 했다. 무덤을 파보니 과연 달마대사는 흔적도 없고 신 한 짝만이 남아 있어 양무제 천자는 물론 전국민이 감동하여 달마대사를 다시 모시기로 원을 세웠다고 한다.

그 후에 달마대사가 다시 동토로 오다가 광대한 벌판에 인가가 하나도 없는 것을 보고 왜 이 넓은 땅에 사람이 없느냐고 물었다.

"저 강 근처에 큰 뱀이 한 마리 죽어서 독하게 썩는 냄새에 사람이 모두 피신가고 이 넓은 땅이 비었다."

했다. 이에 달마대사는 자기 몸을 벗어 놓고 그 썩어가는 뱀 몸에 들어가서 그 몸을 끌고 황해바다에 밀어 넣었다.

돌아와 보니 자기의 선풍 도굴인 몸은 간데 없고 남의 영토를 많이 빼앗고 사람을 많이 죽인 무서운 장군의 몸만 남아 있었다. 그 장군은 일생을 심술궂게 살다 보니 어느 누구도 자신을 따르는 이도 없고 다 싫어해 도리 없던 차에, 지나다 보니 주인 없는 옥골 같은 선풍명관이 앉아 있어 재빨리 자신의 심술궂은 몸을 벗어 놓고 그 몸을 가져가버려 달마대사는 하는 수 없이 그 무서운 장군 몸을 가져야 했다.

이렇게 해서 무서운 모습의 달마대사로 형체가 달라지자 동토에서는 육신을 자유자재하는 도인으로 등장되기 시작했다. 이 분이 선종의 제1조이다. 그후 혜가선사가 제2조가 되고, 승찬선사가 제3조가 되고, 도신선사가 제4조가 되어 선종의 법통을 이어 왔는데, 그 증표로 달마대사가 제2조 혜가선사에게 물려 주신 가사를 전수했다.

제5조 홍인대사가 과거에 제4조 도신대사에게 도를 얻으러 가니, 몸이 늙었으니 바꿔오라고 하기에 가련한 처녀의 몸을 통해 다시 세상에 태어났다. 어머니와 얻어 먹고 다니던 어느 날 절에 가서 어머니가 잠시 구경하는 도중에 법당에서 똥을 쌌다. 스님들이 이 못난 거지야, 왜 이 아이를 잘 돌보지 못하고 법당에서 똥을 싸게 하느냐

하고 어머니를 야단쳤다. 그러자 이 아이는 그 어머니의 입장이 곤란함을 막기 위해서,

"이 중들아! 불심이 충만한 법계에 부처님 없는 곳을 일러 주면 그곳에 가서 똥을 누마."

하자, 많은 스님들이 모두 나와서 세살배기 어린 거지 아이에게 절을 한 후에 등에 업고 4조 도신대사께 가서,

"범상한 아이가 아니오니 수제자를 삼으시오."

하니 도신대사가 너무 어리니 어머니가 좀 더 키워서 달라 하자 그 아이 말이,

"이 중아. 언제는 너무 늙었다 하고, 이제는 또 너무 어리다 미루면 언제 법을 전할 것이냐."

고 야단을 치니, 4조 도신대사가 얼른 일어서서 반가이 수상좌로 맞은 후에 10년을 더 도를 닦게 하여 힘을 얻게 했다.

한편 얻어만 먹고 사는 어머니가 자신의 회상 부근에 살고 있다는 소문을 들은 아들 홍인스님이 시자를 보내어 모셔다가 공양을 대접하면서 어머니도 시주밥을 놀고만 먹으면 안됩니다 하며 견성을 권유하되,

"일주일간 문을 잠그고 밥을 굶으시어 견성하십시오."

했으니 스님이 어디 간 사이에 그의 어머니는 마음대로 얻어먹던 습성을 참지못해 3일이 지나지도 않아,

"이 중놈들아 문 열고 밥을 달라."

소리를 치니 시자들이 딱해서 문을 따고 밥을 먹게 했다. 그 아들 스님이 와서,

"어머니, 시주밥을 먹으려면 일주일간 굶고 견성을 해야 합니다. 그러고나서 시주밥을 먹기로 합시다."

권하니, 할 수 없이 얻어 먹는 것도 너무 고가 되니 아들 말을 듣기로 했다. 그러나 문을 잠그고 용맹정진하던 일주일 만에 그 어머니가 죽고 말았다. 도인났다고 구름같이 모였던 대중들은 실망하여 홍수같이 밀려 산 밖을 내려가니, 일주일만에 죽은 그 어머니 시신이 대중 앞 공중에 나타났다.

"굶어 죽은 것이 아니고 견성을 하고 보니 이 몸이 필요없어 버린 것이다. 우리 아들이 나를 굶겨 죽인 것이 아니다. 대중들아 가지 말고 아들 도인에게 견성하는 법을 배우라."

고 권유하고, 저절로 불이 일어나서 공중에서 화장을 마치니 사리가 비오듯 하였다.

한편 소문만 듣고 찾아왔던 대중들이 자기 어머니를 굶겨 죽이는 그에게 무슨 도를 배우겠나 해서 내려가다가 다시 돌아와서 다 결사 정진해서 득도하였다 한다. 그가 바로 5조 홍인대사이다. 다음은 그의 제자인 혜능대사의 발자취를 알아보자. 혜능은 세 살 때 아버지를 잃고 나무장사로 노모를 봉양하였다.

어느 날 나무를 지고 팔러 가던 중 스님의 경 외우는 소리가 들렸다. 머무는 바 없이 그 마음이 생긴다는 말이 뒷전에 역력하게 들리자,

나뭇짐을 벗어두고,

"스님, 마음이 머무는 바 없이 난다(應無所住而生其心)는 말이 무슨 말이요."

하고 묻자, 그 스님은 감내할 능력이 없어서 황매산 홍인대사에게 인도하였다. 노씨 총각이 홍인대사를 찾아가 말했다.

"마음의 도를 배우러 왔습니다."

"어디서 온 놈인고?"

"영남 서주에서 왔습니다."

"변방에 사는 놈은 불법을 알 수 없다."

"중생은 남북이 있을지언정 불법은 남북이 없습니다."

"네 이놈! 변방에서 온 놈이 말이 그리 많노. 저 방아나 찧어라."

수 개월 후, 홍인대사께서 대중에게 글을 지어 오라 하자 신수상좌가 글을 써서 감히 직접 바치지 못하고 벽에 붙였는데 대중이 외우는 이 게송을 들은 혜능이 흑백을 가려냈다는 소문을 들은 홍인대사가 주장자를 들고 가서,

"네 이놈 방아를 다 찧었는가?"

"예, 방아는 벌써 다 찧었습니다만 정미를 못했습니다."

했다. 그 날 밤에 제5조 홍인선사에게 혜능선사가 몰래 법을 받아서 남방으로 피신하던 중 황매산에서는 의발을 잃고 천여 대중이 사방으로 노씨 총각을 찾던 중에 혜명이란 사람에게 잡힐 듯하여 의발을 큰돌 위에 올려놓고 은신하고 있으니, 그가 와서,

"네가 황매산 의발을 훔쳐 도망을 가다니."

하면서 의발을 잡아들어도 움직이지 않자 혜명은 당황했다. 그러자 노씨 총각이 말했다.

"악한 마음도 내지 말고 착한 마음도 내지 말라."

혜명은 여기서 얻은 바가 있어 고이 물러섰다.

그 후에 노씨 총각은 의발을 가지고 15년간 도를 단련하다가 어느 인연에 도를 펴기 시작했으나, 청중이 많은지라 장소 부족으로 혼란이 와서 어느 장자집에 가서 조계산을 달라 청하니,

"얼마나 달라 하시요."

하고 묻자,

"가사 한 벌 펼만큼 달라."

했다. 쾌히 승낙을 하자 혜능대사가 가사를 벗어서 활짝 펴니 조계산 팔백 리 주위가 다 덮히며 가사 네 귀에는 사천왕이 엄중히 우뚝서니 그 장자는 스님에게 굴복하면서 그 넓은 조계산을 제공하였고, 그 산에서 일생 교화했었기에 조계스님이 되어 조계종 종주가 되었다. 달마로 인해 6조 혜능대사까지 동토에 선풍을 휘날려서 우리나라에 이르도록 많은 도사들이 배출되었으니 우리도 앞과 뒤를 생각해 보면서 다같이 노력하기를 바라는 마음에서 이 글을 쓴다.

청화(淸華) 스님

청화(淸華) 스님

1924년 전남 무안에서 태어남.
1947년 백양사에서 금타화상을 은사로 출가득도.
그후 40년간을 수행에만 전념. 태안사 조실.
2003년 11월 곡성 태인사에서 입적.

부처님 오신 날

  천상과 천하 온누리에서 가장 평화롭고 행복한 날은 부처님 오신 날이다.

  석가모니 부처님이 오셨기에 인간은 비로소 억겁으로 쌓인 무명과 번뇌를 벗어나서 참다운 인간이 되는 길을 알았으며, 생로병사를 비롯한 모든 인생고를 여의고 진정한 자유와, 평화롭고 안온한 영생의 고향을 찾을 수가 있었다.

  부처님의 가르침은 본래 나와 남이 없고 천지와 더불어 하나의 생명인 부처님이 되는 길이니, 서로 다투고 겨룰 상대가 없고, 탐욕과 분노가 일어날 까닭이 없으니, 이르는 곳마다 훈훈한 봄바람 부는 평화로운 행복의 낙토 아닌 데가 없다.

  그러나 부처님의 가르침을 외면하고 아집과 편견의 사슬에 얽매인 현대인들은 탐착과 반목과 싸움의 불구덩이 속에서 다만 찰나의 휴식도, 한 생각의 진정한 행복도 누릴 수가 없다.

  진정으로 온누리의 스승이시며 고해 중생의 대자대비하신 어버이신 석가모니 부처님은 2500여 년 전에 일체 중생을 구제할 큰 서원을 세우고 갖은 난행고행 끝에 마침내 인도 마가타국 보리수 아래서 위없는 깨달음을 얻어, 바로 천지의 스승이요 진리 자체인 부처님이 되셨다.

부처님이 되셨을 때 첫 말씀이 "참으로 기이하고 기이하도다. 일체 중생과 산하대지가 한결같이 모든 지혜 공덕을 원만히 갖춘 부처님 아님이 없도다." 하는 찬탄이었다.

부처님의 말씀대로 우리 중생의 집착과 편견을 여의고 인생과 우주의 실상을 바로 보는 정견만 얻을 수 있다면 인생과 우주만유는 그대로 부사의한 일체 공덕을 갖춘 일미평등(一味平等)한 법신 부처님이며, 석가모니 부처님은 이미 깨달은 화신 부처님이요, 우리 중생들은 장차 깨달을 화신 부처님이다. 이렇듯, 부처님에게는 영원히 변치않는 법신과 인연따라 일체만유로 전변(轉變)하는 화신의 양면을 갖추고 있어서, 천상과 천하 온누리는 오직 부처님뿐이며, 그러기에 부처님께서 탄생하실 때 사자후로 외치신 바 '천상천하 유아독존(天上天下唯我獨尊)'이 아닐 수 없다.

그러나 오늘날 부처님이 되는 행복한 생명의 길을 저버리고 물량의 노예가 된 중생들의 가슴은 나날이 멍들어가고, 가정과 학원과 사회는 서로 불신하고 반목하여, 사나운 아귀다툼과 처참한 아비규환의 참극은 바야흐로 인류파멸의 위기에 절박해 있다.

그리고 이러한 인간의 가파른 고난과 끝없는 시련은 흡사, 굴러내린 무거운 돌을 간신히 언덕 위에 올려놓으면 이내 다시 굴러내리고 안간힘을 써서 올려놓으면 이내 다시 굴러내리곤 하는 '시지프스의 영원한 형벌'과도 같이, 부처님의 가르침을 등지는 한, 중생계의 처참한 참극은 그 파멸의 날까지 벗어날 기약이 없는 인과의 형벌인 것이다.

이러한 고질적 병폐는 공산주의와 같이 인간의 고귀한 자유와 존엄성을 유린하고 온세계를 살벌한 수라장으로 만드는 사나운 무리들이 구제할 수는 없으며, 그렇다고 이성적인 도덕적 자제도 없이 관능의 자유와 해방을 부르짖는 물질문명의 병자들에게 우리들의 운명을 맡길 수도 없다. 또한, 인생과 우주의 실상도 모르고 다만 외곬으로 자기네 종교만이 절대유일의 진리이고 다른 가르침은 모조리 사마외도(邪魔外道)라고 훼방하여 갖은 술수로 온인류를 옹졸한 자기네 울안으로 몰아세우는 그네들 편에 끼어, 가뜩이나 시달린 인생을 더욱 옹색하게 할 수는 없다.

그런데 부처님의 가르침 곧 부처님이 되는 길, 오직 그 한 길만이 인간성의 본질과 우주의 실상을 깨닫는 길이요, 영원히 자유롭고 평화로운 끝없는 지평선으로 통하는 대도이며, 우리 인류가 무궁한 번영을 누리는 탄탄하고 번뇌에 물들지 않는 청정백도다.

우리 중생들이 비장한 결단으로 이 대도에 들어설 때, 비로소 너와 나, 우주만유와 내가 본래 하나의 생명이라는 동체대비의 진정한 사랑이 우러나오는 것이며, 그리고 이러한 가장 궁극적이고 보편적인 인생관과 그에 따른 순수한 도덕적 행위에 의해서만 진정으로 평온한 가정과 예지에 빛나는 학원과 정의롭고 평화로운 복지사회의 이상향을 이룩하게 되는 것이다. 법화경 상불경보살품에 보면, 과거 무량겁 이전 위음왕 부처님이 계셨을 당시, 교만하고 사나운 무리들이 마치 현대와 같이 들끓고 있을 때 상불경 보살이란 비구 스님이 있었는데, 이 스님은 어느 누구를 보든 가리지 않고 만날 때마다 절을 하고는 "내가 당신을 공경하고 감히 가벼이 여기지 않노니, 당신은 마땅히 보살도 실천하여 반드시 부처님이 되리라."고 하였다. 그런데, 그 스님은 경전도 읽지 않고 오로지 사람들을 예배만을 하였으며, 사람들이 멀리 있을 때에는 일부러 달려가서 먼저와 같이 예배 찬탄하였다.

그러나 사람들 중에는 도리어 성을 내어 "이 무식한 중이 터무니없이 날더러 부처가 되리라고 허망한 예언을 하나, 나는 그따위 황당한 군소리를 곧이듣지 않는다."고 쏘아대곤 했다.

이와 같이, 여러 해를 거듭하여 갖은 조롱과 훼방을 받았으나, 그 스님은 조금도 동요하지 않고 여전히 사람들을 예배 찬탄하였으며, 장난이 지나쳐 막대기나 돌멩이로 때릴 때에는 피해 도망가면서도 더욱 큰 소리로 이전과 같이 예배하고 찬탄하였다. 그런데, 그 스님이 임종할 때에는 허공 중에서 위음왕 부처님의 위없는 설법을 듣고 진리를 확연히 깨달아서 수많은 사람들을 위해 감로수 같은 은혜로운 설법을 했다. 그래서 전에 짓궂게 비아냥거리던 무리들도 모두 다 상불경 보살을 흔연히 예배 공경하고 깨달음을 얻었다는 귀중한 설화가 있다.

오늘날 치우치게 발달한 물질문명에 메마르고, 어줍잖은 지식의 축적과 편견으로 교만해진 현대인들에게는 가장 슬기롭고 너무나 인간적인 상불경 보살의 거룩한 행지(行持)는 파멸의 기로에 서성대는 인류가 살아남기 위한 최선의 귀감이 되지 않을 수 없다.

아아! 부처님이 오신 날, 만중생이 저마다 진리로 태어난 지혜의 날, 그리고 이웃을 위하여 생명을 바치고도 호리 회한이 없는 대자대비로 태어난 사랑과 봉사의 날, 이날은 바로 인간의 진정한 존엄성을 찾은 천부적인 인권의 날이며, 모든 불행의 씨앗인 억겁으로 쌓인 번뇌를 모조리 해탈하는 자유의 날이다. 그래서 우리 가슴마다에 자비와 지혜로 아롱진 등불을 켜들고, 온누리의 구석구석을 찬란하게 비추며 환희용약하는 영원히 행복한 광명의 축제다.

부처님의 일대사인연

인간을 비롯한 우주만유의 모든 존재들은 저마다 그 인연에 따른 목적이 있고, 삶의 의미가 있다.

그런데 최상의 성인이시며 사생의 어버이시고 삼계의 스승이신 석가모니 부처님께서 출현하신 서원과 목적은 크고 깊어서 이루 헤아릴 수 없으나, 그것을 한 말로 요약하여 '일대사인연(一大事因緣)'이라고 한다.

정작 부처님께서는 모든 중생으로 하여금 인생의 고난을 벗어나서 해탈의 바다에 노닐게 하시기 위하여, 짐짓 고생바다(苦海)인 사바세계에 화신의 몸을 나투신 것이다.

그런데 부처님께서 49년 동안 설법하신 가르침, 곧 일대시교(一代時敎)는 중생들의 근기에 맞춘 이른바 팔만 사천법문인데, 이를 세 가지 시기로 나누어 삼시교판(三時敎判)이라 한다. 그 중에 제 1시교(時敎)란, 이를 유교(有敎)라 하여 나와 너가 실제로 존재한다고 하는 범부중생의 뒤바뀐 생각을 깨우치기 위하여, 우리 인간이란, 물질인 사대(四大)와 마음 작용인 사온(四蘊)이 인연 따라 잠시간 화합한 것에 지나지 않으니, 필경 나와 너의 인간존재는 무상하고 허무하여 다만 사대와 오온 등의 법만이 실재한다는 가르침으로써, 이는 근기 낮은 중생들을 일깨우는 소승교(小乘敎)라고도 한다. 제 2시교란, 이를 공교(空敎)라 하여 물질과 마음의 온갖 현상을 만드는 사대오온의 법이 실제로 있다고 집착하는 소승들의 소견에 대하여, 일체 만법의 모두 공(空)하다고 부정하는 제법공(諸法空)의 가르침으로써, 반야심경이나 금강경 등의 요지인 반야사상을 의미한다.

제 3시교란, 바로 중도교(中道敎)로서 제 1시교와 같은 너와 나의 실재를 고집하는 편견과, 제 2시교에서 말하는 바, 일체 만법이 다만 허망무상하다고 하는 공의 한편만을 집착하는 그릇된 견해를 다시 부정하여, 인생과 우주의 참다운 실상은 유의 개념과 공의 개념을 초극한 중도의 묘한 이치, 곧 진공묘유(眞空妙有)의 불성경계를 말씀하신 가르침이다. 오랜 인류를 통하여 가지가지의 고난과 갈등과 불안의 어두운 그림자는 다만 한 시도 개일 날이 없었으나, 그것은 마치 물에 비친 달이나 거울에 나타난 현상이 실상이 아님을 모르고 실재한 사실로 착각하는 것과 같은 무명과 번뇌의 소치가 아닐 수 없다. 그러나 유무의 집착을 여의고 중도의 진여실상(眞如實相)을 깨달은 성자의 경계에는, 우리 인생의 모든 고난과 생로병사의 한계상황마저도 한결같이 꿈과 거품같고 허깨비같고 그림자같이 허망하고 무상하여, 그 어떠한 현실적 시련도 마음을 얽어매는 밧줄이 될 수는 없다.

일찍이 중국의 승조 대사가 억울한 누명을 쓰고 31세의 젊은 나이로 형장의 이슬로 사라질 때, 그 마지막 게송에서,

"사대로 이루어진 몸은 원래 주인이 없고, 의식의 작용인 오온 또한 본래 비었거니, 이제 퍼런 서슬 아래 목이 내미니, 봄바람 베는 듯 무심하여라(四大元無主 五陰本來空 以首臨白刃猶如斬春風)."

라고 초연한 자세로 애꿎은 죽음의 인연을 흔연히 받아들였다.

또한, 범신론의 위대한 철인으로서 신에 도취하였다고까지 일컬어지는 스피노자는 말하기를,

"영원한 상념으로 현실을 관찰하라, 그러면 우리의 마음은 그때그때 영원에 참여하리라."
하였다. 이렇듯 우리들이 허망한 상대적 현실에 집착하는 편견을 떠나서 매양 중도실상의 바른 인생관으로 현실을 살아갈 때, 정치적 경제적으로 사뭇 술렁거리는 삶의 현장에서도 오히려 순간순간 영생의 삶을 창조해 나갈 수가 있는 것이다.

그리고 그러한 진실한 깨달음으로 살아가기 위해서는 우선 먼저 자기 마음과 우주만유가 본래 진선미를 원만히 갖춘 동일한 불성임을 굳게 신인(信認)하고, 우주적 대아인 불성에 걸맞는 무아 무소유의 생활을 애써 지속할 때, 편견과 집착으로 굳어진 업장의 응어리는 무너지고, 인생과 우주의 본래 고장인 장엄한 연화장세계 곧 극락세계의 영원한 지평이 거침없이 열리게 되는 것이다.

그와 같이 영생불멸한 진여자성(眞如自性) 곧 부처님을 순간 찰나에도 여의지 않는 생활은 그것이 바로 순수한 참선생활이요, 진정한 염불 생활이며, 거기에 우리 종교인의 숭고한 자랑과 솟음치는 환희와 초인적인 강인한 힘이 있는 것이다.

의상 조사 법성게의 끝 부분을 보면,
"중도실상의 도리를 사무쳐 깨달음이 영원히 변치 않는 부처님 경계로다(窮坐實際中道床舊來不動名爲佛)."
라고 원만한 깨달음의 경지를 찬탄하였다.

그 어디에도 치우침이 없고 그 무엇에도 걸림이 없는 지혜와 헤아릴 수 없는 공덕을 두루 갖춘 영원히 변치 않는 중도 실상의 법성의 지혜, 곧 부처님의 일체종지(一切種知)를 나와 남이 다 함께 깨닫게 하는 '일대사인연'이야말로 바로 우주 자체의 목적이요, 삼세 모든 부처님이 출현하신 인연이며, 우리 삶의 가장 순수하고 고귀한 구경(究竟) 목적이기도 하다.

부처님의 마지막 설법

부처님께서는 열반에 들으시기 위하여, 구시나가라 성 밖에 있는 발제하(跋提河)의 맑은 시냇물이 속절없이 흐르는 강언덕에 우거진 사라수 나무 숲으로 들어가셨다. 그리고는 아난으로 하여금 사라쌍수 나무 사이에 베개를 북쪽으로 향해서 자리를 잡도록 하시고, 머언 여행길에 피곤하신 몸을 오른쪽으로 두 발을 포개고 누우셨다.

그 때에 사라쌍수 나무는 때아닌 하얀 꽃이 피고 꽃잎이 떨어져, 부처님의 몸 위에 눈같이 쌓이고, 허공에서는 만다라화, 만수사화 등 하늘나라 꽃들이 부처님의 몸에 비오듯이 내리며, 애틋하고 평온한 하늘음악이 은은하게 울려 퍼졌다.

이러한 침통한 분위기 속에서 아난은 부처님의 침상을 등지고 하염

없이 흐느끼며 슬픈 상념에 잠겼다.

'부처님께서는 어찌하여 이렇게 빨리 열반에 드신단 말인가, 나는 누구보다도 부처님의 가르침을 가장 많이 듣고 배우지 않았던가. 그런데 나는 아직도 깨달음을 성취하지 못한 몸이니, 부처님께서 열반하신다면 장차 어떻게 깨달음을 얻을 것인가, 아아! 참으로 애달픈 일이로다.'

이 때 부처님께서는,

"아난아, 내 곁으로 오너라."

라고 부르시어 아난을 위로하셨다.

"아난아, 그렇게 한탄하고 슬퍼하지 말아라. 사람은 누구나 다 사랑하는 이와 이별하지 않을 수 없고, 이 세상에 존재하는 모든 것은 한결같이 인연 따라 이루어진 허깨비 같이 허무한 가상에 지나지 않으니, 필경 허물어지고 만다고 일러 주지 아니하였더냐. 아난아, 너는 나를 섬긴 지 20여 년 동안 지극한 정성으로 여래인 나를 보살펴준 공덕이 그지없으니, 부디 게을리하지 말고 공부에 진력하여라. 그러기만 하면 머지않아서 번뇌의 습기를 없애고 반드시 해탈을 얻으리라."

아난은 가까스로 마음을 수습하여 바른편 무릎을 꿇고 왼편 무릎을 세워 합장하여 여쭙기를,

"부처님께서 생존해 계실 때는 부처님을 스승으로 삼아왔으나, 열반하신 뒤에는 누구를 스승으로 삼으오리까?"

"아난과 여러 제자들은 잘 듣거라. 내가 열반에 든 뒤에는 이미 설법한 교법과 계율을 스승으로 삼도록 하여라."

"부처님이시여, 저희들은 앞으로 공부하는 수행방법을 어떻게 하오리까?"

"그대들은 다 함께 깊이 새겨들어라. 그대들이 의지할 수행법은 주로 사념처관을 닦도록 하여라. 그것은 첫째로 신념처(身念處)로서, 이 육신은 살과 뼈와 피와 고름 등 여러 더러운 것들이 인연 따라 잠시 모인 것이니, 부정(不淨)하다고 관찰하고, 둘째는 수념처(受念處)로서, 중생들이 낙(樂)이라고 여기고 집착하는 재물이나 음행이나 권속이나 권세 등은 진정한 행복이 아니고, 필경 고통의 결과를 맺는 근원으로 관찰하고, 셋째는 심념처(心念處)로서, 인간의 마음은 잠시도 쉬지 않고 항시 전변하여 마지않는 무상한 것이라고 관찰하며, 넷째는 법념처(法念處)로서, 일체 모든 것은 허망하고 무상하기 때문에 고정된 실체가 없고 자재로운 것도 아니니, 나라고 할 것이 없는 무아이며, 나의 소유란 아예 없는 무소유임을 관찰하도록 하여라."

"부처님이시여, 부처님께서 열반에 드신 후에, 저 난폭한 육군 비구들이 번번히 나쁜 짓을 저지르면, 그들을 어떻게 징계하고 대처해야 하옵니까?"

"그러한 사나운 무리들이 아무리 충고하여도 뉘우치지 않고 그 버릇을 고치지 않을 때에는, 그대들은 그네들과 절교하고 모든 일에 상대하지 않으면 종단에는 뉘우칠 것이니, 이른바 침묵으로 다스리는 묵빈대치(默擯對治)를 하도록 하여라.

"부처님이시여, 부처님께서 설법하신 교법을 모아서 정리하여야 하겠사온데, 그 경전 첫머리와 끝말에는 무슨 말로써 적으오리까?"

"이와 같이 내가 들었었다(如是我聞). '어느 때 부처님이 어느 곳에서 설법할 적에 모여든 대중들은 누구누구임'을 밝힐 것이며, 끝말에는 '여러 대중이 환희심으로 법문을 듣고, 믿고 받들어 수행할 것을 다짐하고 물러갔느니라'고 적도록 하여라."

이와 같이 부처님의 간곡하신 마지막 설법은, 인간과 천상 등 모든 제자들의 흐느끼는 오열 속에서 진행되었다. 부처님께서 열반에 드시는 이 날 2월 15일, 숲 속의 보름달도 비창한 눈물에 어리고, 엄숙하고 처량하게 슬픈 침묵이 흐르고 있었다. 부처님께서는 차례대로 사선정을 거쳐 멸진정에 드시어, 영영 대반열반에 들어가시고 말았다.

이때, 애끓는 슬픔을 참고 참았던 모든 제자들은 땅을 치고 하늘을 우러러 통곡하여 마지 않았다. 진여법성의 바다, 해탈의 고향에서 화신을 나투신 석가모니 부처님! 그 님은 가셨다. 그러나 가고 옴이 없고 생사가 없는 법신 부처님은 어느 때 어느 곳에나 시간과 공간을 초월하여 영원히 살아있는 생명의 실상이며, 바로 우리 인간의 참다운 자아이다. 이제, 사뭇 술렁거리는 위험한 현대를 사는 우리들이 부처님께서 마지막으로 타일러 주신 사념처관의 바른 인생관으로 우리들의 착잡한 현실을 통찰할 때, 역사적 사회에 전개되는 그 모든 것은 다 한결같이 무상하고 허무하여 나라고 고집할 실체가 없고, 내 것이라고 우겨댈 엉터리가 없다.

　따라서 너와 나의 분별망상으로 꾸며낸 얼키고 설킨 주의 사상이나, 이데올로기의 갈등이 싹틀 이유가 없으며, 야당과 여당의 적대하고 질시하는 반목과 자본가와 노동자의 살벌한 시비가 생겨날 겨를이 없을 것이며, 늙고 젊은 세대 간의 생혼이 일어날 까닭이 없다.그러기에 우리들이 진정한 자아인 부처를 성취하고 고해에 헤매는 이웃들을 또한 부처님이 되게 하는 가장 공변되고 보편타당한 영원히 행복한 길, 그 길을 가는 일보다 더 급박하고 더 소중한 일은 있을 수가 없다. 정녕, 부처님이 되는 길이 아닌 그 어느 길도, 오직 한번 살다가는 우리 생명을 낭비하고 불태울만한 값어치는 없는 것이다.

안심법문

　벌써 가을이다. 북녘에서 자란 호마(胡馬)는 북풍이 불 때마다 고향을 그리워 한다고 하였는데, 이제 선들바람이 가슴에 스며올 때 잊어버린 마음의 고향을 그리는 근원적인 향수를 지울 수가 없다.

일찍이 달마대사(?~528)는 인도의 향지국 왕자였는데, 제 27조인 반야다라존자(?~457)를 스승으로 하여 진리를 깨닫고, 바른 불법을 중국에 펴기 위하여 천신만고 끝에 중국 광주 땅에 도착하였다.

그때 중국 불교는 경론의 교리에만 집착하고 정작 마음 공부는 소홀히 하여 달마대사를 알아보지 못하였다. 그래서 대사는 숭산 소림사 뒷산에 있는 석굴에 들어 앉아 걸식하러 나가는 외에는 밤낮을 가리지 않고 벽을 향하여 바윗덩이처럼 깊은 선정에 잠겼다. 이러구러 9년 세월 동안 말 한 마디 없는 벙어리로 일관하였다.

이 때, 신광이라는 젊은 스님이 달마대사의 위대함을 전해 듣고 눈보라를 무릅쓰고 소림석굴을 찾아왔다. 그래서 신광은 달마대사의 등 뒤 석굴 어귀에 꿇어앉아 휘몰아치는 눈보라 속에서 한밤을 지새웠다. 눈발이 무릎을 덮고 온몸이 얼어붙어 사뭇 저려왔으나, 죽음을 각오한 신광의 뜨거운 구도의 열기는 추호도 움직이지 않았다.

이렇듯, 호젓한 침묵 가운데 하루 해가 지나자, 그토록 목석 마냥 앉아만 있었던 달마대사는 넌즈시 돌아앉아 신광을 굽어 보았다. 신광은 반색하여 큰절을 올리고 나서,

"스승님, 이 어리석은 제자가 법을 구하고자 왔습니다. 불쌍히 여기시어 거두어 주옵소서."

달마대사는 오랜 침묵을 깨뜨리고,

"위없는 대도는 엷은 지혜나 가벼운 덕으로는 얻을 수 없는 것이니라."

이에 신광은 비장한 마음으로 허리춤에 차고 있던 칼을 빼어 단숨에 왼팔을 잘라서 달마대사께 바치는 것이었다. 솟음치는 선혈로 하얀 눈은 붉게 물들고 이내, 상처에서 희뿌연 것이 솟아나와 상처를 아물게 하였다. 이 때 사납게 울부짖던 눈보라도 숨을 죽이고, 달마대사의 엄숙한 표정에도 깊은 감동의 빛이 역력하였다. 그리하여 신광의 지극한 구도의 정성은 받아들여졌다.

그러나 신광의 마음은 좀체로 안정을 얻을 수가 없어서 스승 앞에 나아가,

"스승님, 저의 마음은 아직도 편안하지 않사옵니다. 자비를 베푸시어 제 마음을 다스려 주옵소서."

"그러면 편안치 못한 그대 마음을 가져오너라, 내가 편안케 하여 주리라."

그러자 신광의 마음은 당혹하여 어리둥절하였다. '본시 마음이란 형체가 없거니, 불안한 마음이나 흐뭇한 마음이나 간에, 마음이란 아예 형상화 시킬 수 없는 것이 아닌가?'

"스승님, 마음이란 모양이 없사옵기 드러내 보일 수도 얻을 수도 없지 않사옵니까."

"그렇다, 마음이란 필경 더위잡을 자취가 없는 것이니라. 그것을 분명히 깨달았으면 그대 마음은 이미 편안해졌느니라."

이리하여, 어두운 무명에 갇힌 신광의 불안한 마음은 활짝 열리고, 맑은 하늘같이 넓은 마음으로 정진을 거듭하여 마침내 대도를 성취

하여 제 2조 혜가대사(487~593)가 되었다.

그 뒤에, 혜가대사의 회상에 오랜 병마에 찌들어 몹시도 초췌한 젊은 수행자가 찾아와서 여쭙기를,

"스승님, 저는 죄업이 무거워서 불치의 풍병으로 여러 해를 앓는 몸입니다. 아무쪼록 불쌍히 여기시어 저의 죄업을 소멸하여 주시고, 가엾은 목숨을 구제하여 주옵소서."

"정작 그렇다면 그대의 죄업을 이리 내놔보게, 내가 바로 소멸시켜 줄터이니."

이에, 말문이 막힌 젊은이는 잠시 생각에 잠겼다. '마음이란 본래 허공과 같이 텅 빈 것, 이미 마음이 그 자취가 없거니, 죄업인들 어디 흔적이나 있을 수 있겠는가?' 그래서 젊은이는 여쭙기를,

"죄업을 아무리 찾으려 하여도 도무지 그 형상이 없사옵니다."

"진정, 그러하니라. 마음이란 본래 비어있어 형체가 없고 이름 붙일 수도 없는 것이니, 그대를 괴롭히는 죄업 또한 그 뿌리가 없느니라. 그대가 정녕, 그러한 도리를 깨달았으면 이미 그대는 죄업을 참회하여 소멸해 버렸느니라."

이 말씀에 총명한 젊은이의 마음은 활연히 열렸다. 그래서 젊은이는 혜가대사에게,

"스승님, 저는 앞으로 스승님을 섬기려 하옵니다."

"그대같은 풍병환자가 나를 따른들 무슨 소용이 있겠는가?"

젊은이는 말하기를,

"몸은 비록 병에 있사오나, 제 마음은 스승님의 마음과 조금도 다르지 않사옵니다."

그래서 혜가대사는 그를 대견하게 받아들이니, 젊은이는 차차 건강도 회복하고 더욱 정진하여 드디어 제 3조 승찬대사가(?~606)가 되었다. 몇십 년의 세월이 흘러 승찬대사가 환공산에 머무를 때, 아직 13세의 영특한 사미동자가 찾아왔다. 그는 큰절을 하고 대뜸 여쭙는 말이,

"스승님, 자비를 베푸시어 저에게 번뇌를 해탈하는 길을 일러 주옵소서."

승찬대사는 기특하게 여긴 나머지,

"누가 너를 속박하였기에 풀어달라고 하는 것이냐."

동자는 불현듯 가슴이 막혀 잠시 생각에 잠겼다. '참으로 생각해 보니 스승님의 말씀대로 그 누가, 그 무엇이 내 마음을 구속했단 말인가? 그저 마음 안에서 공연스레 일고 스러지는 번뇌망상이 아닌가? 마음 자체가 형상이 없고 가뭇없으니, 대체 번뇌망상이 그 어디에 존재할 수 있단 말인가?'

"스승님, 아무 것도 제 마음을 속박하는 것이 없사옵니다."

"속박하는 것이 없다면 다시 무슨 해탈을 구할 필요가 있겠느냐."

이 한 마디에 갸륵한 동자는 문득, 본래 비어 있는 허공같이 장애 없는 마음자리를 훤히 깨달았다. 그리고 이 동자가 장차 대도를 성취하고 제 4조 도신대사(580~651)가 되었다. 도신대사는 출가하여 60여

년 동안이나 밤낮을 가리지 않고 정진하여, 아예 자리에 눕는 일이 없었다. 평소에 눈을 감은 듯 지냈으나 눈을 바로 뜨고 사람을 바라보면 그 위엄있는 촉기에 사람들이 움추려졌다고 하는데, 그것은 깊은 삼매에서 우러나온 초인적인 도력인 것이다. 이와 같이 부처님의 정통법맥은 끊임없이 이어져 제5조 홍인대사(602~675)를 거쳐 제6조 혜능대사(638~713)에 이르게 되었다. 그래서 달마대사로부터 혜능대사까지는 오로지 순수하게 마음의 해탈만을 문제시하였다고 하여 순선(純禪) 시대라 하고, 그 무렵에 주로 제창한 법문을 안심법문(安心法門)이라 하는 것이다. 사실, 마음이란 허공과 같이 광대무변하고 무장무애(無障無碍)하여 그 무엇에도 걸림이 없고, 아무런 자취도 없는 것인데, 그렇다고 다만 허무하게 비어만 있는 것이 아니라, 그 실상은 무한한 능력을 원만히 갖춘 생명의 광명으로서, 바로 불성 곧 부처님인 것이다. 그러기에 경전에 이르신 바처럼 '마음이 바로 부처요, 부처가 곧 마음(心則是佛 佛則是心)'이다. 그리고 인간을 비롯한 일체만유는 모두 한결같이 불성의 광명으로 이루어진 화신 부처님이며, 우주의 실상은 바로 장엄 찬란한 연화장세계요, 극락세계인 것이다. 그런데 어두운 번뇌에 가리운 중생들이 그러한 자기 근원을 모르고 만유의 실상을 보지 못하기 때문에, 잠시 인연따라 이루어진 전변무상(轉變無常)한 가상 만을 집착하여 너요, 나요, 내 것이요, 하며 탐착하고 분노하고 아귀다툼하면서, 파멸의 구렁으로 달리게 된 것이다. 따라서 오늘날 온누리에 넘실거리는 역사적 위기를 극복하는 가장 근원적이고 유일한 길은, 이미 부처님과 정통 조사들이 순선시대에서도 극명히 밝히신 바, 중생 차원에서 인식하는 일체만법은 바로 그대로 비어있는 공한 도리, 곧 제법공상(諸法空相)을 번연히 깨달아서 우선 불안한 마음을 여의고 안심입명을 확립해야 하는 것이다. 그리고 다만 공만이 아닌, 그 공의 근본 성품인 부처님을 성취하기 위하여 공의 도리에 걸맞는 무아, 무소유의 생활에 안간힘을 쓰고 최선을 다 하는 것만이, 인류의 파멸을 면하고 진정한 자유와 평화를 약속하는 오직 하나의 청정한 백도인 것이다.

무량광불

소슬한 금풍이 산란한 푸념을 필경 돌아가야 할 머나먼 고향으로 실어 보내는 천혜의 계절이다. 관무량수경에 부처님께서 이르시기를 "법신 부처님은 법계를 몸으로 하는 것이니, 일체중생의 마음 가운데 들어 계시느니라."

하였듯이 우주만유가 그대로 부처님 자신의 몸이며, 나고 죽고 변천하는 일체만상 또한 부처님 자신의 심심미묘한 활동양상인 것이다. 그러기에 모든 중생들은 자기자신이 우주의 실상인 부처님과 하나임을 깨닫지 못하는 한, 인간의 근원적인 불안과 갈등은 영구히 해소할 길이 없는 것이다.

그런데 우주의 목적의지를 불교의 표현으로는 부처님의 서원이라하는데, 이를 간추리면 사홍서원이라 하고, 보다 구체화하면 아미타불의 48서원이 된다. 그리고 그 내용은 다 한결같이 모든 중생을 본래 자기성품(自性)인 부처가 되게 하는 광대무변한 원력으로 충만해있다. 특히 그 제3서원에서

"온세계 중생들의 몸이 모조리 진정한 금색광명이 되지 않는다면, 나는 차라리 부처가 되지 않으리라."

하였고, 제11서원에서는,

"온세계 중생들이 필경에 부처가 되지 못한다면, 나는 차라리 부처가 되지 않으리라."

하였으며, 제12서원에서는,

"내 광명이 무량무변하여 헤아릴 수 없는 모든 국토를 비출 수가 없다면, 나는 차라리 부처가 되지 않으리라."

하였고, 제18서원에서는,

"내 나라인 극락세계에 태어나고자 하여 환희심을 내어, 내 이름(아미타불이나 관세음보살)을 지성으로 다만 열 번만 외우거나 불러도, 그 소원을 이루지 못한다면, 나는 차라리 부처가 되지 않으리라."

하였다. 이와 비슷한 법문들이 여러 경전에는 이루 헤아릴 수 없이 많다. 그런데 그 상직적인 의미를 풀이한다면, 진실한 부처님 곧 법

신 부처님은 바로 우주 자체임을 설파하였으며, 그리고 그것은 온누리에 충만한 부사의한 생명의 광명임을 역설하고 있다.

그러기에 우리 인간을 비롯한 일체만유 또한, 깨닫고 깨닫지 못하는 차이는 있을지라도, 모두가 동일한 생명인 불성의 광명으로 이루어진 화신 부처님이 된다. 현대물리학의 양자역학에서도 밝히고 있는 바, 일체존재를 구성하는 근본요소인 양자, 전자, 중성자 등의 소립자란, 우주에 충만한 장에너지(Energy of Field)인 광명의 파동으로부터 인연 따라 이루어진 광명의 입자임을 증명하고 있으니, 일체 물질 현상은 그대로 광명의 형상화에 지나지 않는다.

일찍이, 석가모니 부처님께서 보리수 아래에서 큰 깨달음을 성취하시고 많은 사람들을 제도하시다가, 아버지인 정반왕의 간청으로 가비라 성을 떠난 지 12년 만에 귀성하게 되었다.

그 때, 부처님께서는 허공으로 솟아올라 자재롭게 거니시며 상서로운 광명을 발하시어 정반왕을 비롯한 모든 대중들을 환희에 넘치게 하셨다. 그리고 이내 좌정하시어, "일체만법이란 인연 따라 잠시 모였다가, 인연이 다하면 흩어지지 않을 수 없는 덧없고 허무한 것이니, 이를 집착하지 말고 오직 번뇌를 여의고 해탈을 구함이 인생의 정도"라는 해탈법문을 설하시어 모든 이에게 보리심을 일으키게 하셨다. 이 때, 정반왕이 부처님을 향하여,

"세존이 부처님이 되시어, 그 광명이 이렇듯 형언할 수 없이 장엄하거니와, 부처님이 열반하신 뒤에 말세 중생들은 어떻게 부처님의 한

량없는 광명을 알 수가 있으리요, 원컨대 세존께서는 나와 여러 중생들을 위하여 자세히 말씀하여 주소서."

그 때, 부처님께서 온누리에 광명을 충만케 하는 삼매(遍色身三昧)에 드시니, 홀연히 부처님의 입으로부터 청정 미묘한 5색 광명이 나와서 온세계를 두루하고, 다시 부처님의 정수리로 거두어 들어갔다.

그리고 가비라 성의 넓은 정원에 난데없이 금빛 찬란한 커다란 연꽃이 솟아오르니, 그 꽃잎이 일천 잎사귀며, 그 천 잎으로부터 천 갈래의 광명이 일어나고, 그 광명 가운데 천 분의 화신 부처님이 나투시어, 각기 부처님은 천 분의 시자와 함께하고 계셨다. 이 때 부처님께서 정반왕에게 여쭈시기를 "부처가 열반에 든 후에, 중생들이 애써 죄악을 멀리하고 생각을 오롯이 하여 한량없는 부처의 광명을 생각한다면, 부처가 생존해 있지 않더라도 부처를 보는 것이 될 것이며, 필경에는 반드시 위없는 진리를 깨닫게 될 것입니다."라고 하셨다.

참으로 번뇌를 여윈 성자의 청정한 안목에는 유정 무정 천차만별의 모든 존재들이 다 한결같이 청정미묘하고 영생 불멸하는 생명의 광명 아님이 없다. 그래서 무량수경에도 부처님의 광명을 12광불(光佛)로 찬탄하셨는데 부처님의 광명이 영원히 멸하지 않는다 하여 무량수불(無量壽佛)이요, 그 광명이 온누리에 충만하다고 하여 무량광불(無量光佛)이며, 그 무엇에도 걸리지 않는다 하여 무애광불(無碍光佛), 우주 만유가 오직 다만 생명의 광명뿐이기에 무대광불(無對

光佛), 활활 타오르는 불꽃같이 빛난다하여 염왕광불(焰王光佛), 미묘청정한 광명이니 청정광불(淸淨光佛), 모든 지혜공덕이 원만히 갖추어 있어서 지혜광불(智慧光佛), 끊임없이 언제나 빛나기에 부단광불(不斷光佛), 이루헤아릴 수 없는 부사의한 광명이니 난사광불(難思光佛), 해와 달빛으로 비교할 수 없는 영롱한 광명이어서 초일월광불(超日月光佛), 그래서 부처님의 광명은 바로 영원한 행복 자체이기에 환희광불(歡喜光佛)이라 찬탄하셨다.

이와 같이, 우리 인간을 비롯하여 일체 생명의 실상인 불성은, 모든 공덕을 갖추고 온누리에 충만하여 영원히 멸하지 않는 청정미묘한 광명인 것이다. 그러기에, 그림자같고 메아리같이 허망한 현상세계에 집착하는 번뇌만 소멸하면 우리 스스로 생명의 본질인 광명 자체 바로 부처님이 되어, 광명세계 곧 극락세계의 영생의 복락을 온전히 보고 느끼고 누리게 되는 것이다. 그래서 물질과 정신, 유와 무, 너와 나 등 일체 상대적 대립을 초극한 생명의 실상인, 광명세계의 상념을 굳게 지니고 올바른 도덕적 생활을 기조로 하여, 제각기 인연에 따라 주문을 외우든, 염불을 하든, 화두를 참구하든, 또한 명상이나 기도를 하든지 간에 모두가 다 한결같이 견성성불의 지름길인 선이 된다.

결국, 참선 곧 선이란, 우리 마음을 중도실상인 생명의 본질에 머물게 하여 산란하지 않게 하는 일상삼매(一相三昧)와 일행삼매(一行三昧)의 수행법이기 때문이다.

그런데 이러한 진실한 수행을 간단없이 지속할 때, 마치 흐린 물이

쉴새 없이 흘러가노라면, 그 자정작용에 의하여 저절로 맑아지듯, 어
두운 번뇌의 그림자는 가뭇없이 스러지고, 날로 생명의 광명인 부처
님과 가까워지며, 필경 부처님과 하나가 되는 생명의 근본목적을 달
성하게 된다.

이와 같이, 일체 존재의 동일한 성품인 불성을 자각하고, 그 불성에
입각한 보편적인 예지와 자비에 의해서만, 비로소 유물주의에 멍든
갈등과 분열의 역사적 위기는 극복되고 인류의 사무친 비원인 진정
한 자유와 평등과 영생의 행복을 얻을 수가 있을 것이다.

마음의 세계

우리는 흔히 말하기를 너그럽고 밝아서 트인 마음을 하늘같이 넓은
마음이라 찬양하고, 옹졸하고 막막한 마음은 바늘귀만도 못한 마음
이라고 꾸짖고 빈축하곤 한다.

그런데 우리 인간이 느끼고 생각하고 판단하는 일체 인식 작용이나
무의식 등 무엇이든 마음을 떠나서는 아예 이루어질 수가 없는 것이
다. 그러기에 화엄경에도 '일체 만법이 오직 마음뿐이요, 마음 밖에
따로 아무것도 있을 수 없거니, 마음과 부처님과 중생의 이 세 가지

가 차이가 없느니라(三界唯一心 心外無別法 心佛及衆生 是三無差別)'고 하였다.

이와 같이 비단 사람뿐 아니라, 일월성수나 삼라만상 일체 존재가 마치 바람따라 물 위에 맺혀지는 거품과도 같이 마음 위에 이루어진 현상에 불과하기 때문에, 경에도 우주 만유는 오직 마음으로 이루어졌다고 하여 일체유심조라 하는 것이다.

다만, 우리 중생이 무지와 무명에 가리워 일체만유의 실상인 마음 곧 불성을 깨닫지 못하고 그 현상인 상대적인 물질세계만이 실재한다고 집착하기 때문에 한량없는 번뇌 망상을 일으켜, 현대와 같이 불안하고 혼란한 사회현상을 자아내게 된다.

그런데 그러한 중생들이 생활하는 경계를 법화경에서는 그 번뇌의 정도에 따라서 십법계로 구분하고 있다. 우선, 번뇌와 업장이 가장 무거운 지옥세계로부터 일반 동물인 축생세계, 매양 굶주리고 헤매는 귀신세계, 힘이 세고 싸움만을 일삼는 아수라세계, 그리고 선악이 거의 상반되고 사뭇 분별이 많은 우리 인간세계, 선량하고 안락한 천신들의 천상세계 등 아직 마음의 진리에 어두운 여섯 갈래(六道)의 범부세계와, 마음의 실상을 깨달은 성자의 세계로서, 스승에 의지하여 깨달은 성문(聲聞)세계, 스스로 명상을 통하여 깨달은 연각(緣覺)세계, 자기 뿐 아니라 모든 중생을 깨닫게 하기 위하여 육바라밀을 닦는 보살세계, 그리고 지혜와 자비 등 일체공덕을 원만히 갖춘 바로 진여불성(眞如佛性) 자체인 부처님세계들이다.

그러나 이와 같은 구분은 우리 인간의 차원에서 분별한 방편적인 구분에 지나지 않으며, 마음의 본성 불성 곧 우리의 본래면목을 깨달은 성자의 청정한 안목에는, 위에서 열거한 지옥에서부터 부처님의 세계까지가, 다 한결같이 미묘청정한 불성으로 이루어진 불국토 아닌 데가 없다.

그것은 일체물질의 근본요소인 전자나 양자나 중성자 등의 소립자로부터 동물과 식물과 광물 그리고 하늘의 뭇별들에 이르기까지 모두 한결같이 마음이라 하는 가장 순수한 생명에너지로 이루어져 있기 때문에, 일체존재의 근본에 통달한 대아(성자)의 경계에서는 천지만물이 오직 마음뿐이요, 그 마음이 바로 부처님(진정한 의미의 하나님이기도 함)이기도 하는 것이다.

법화경 비유품에 이르기를 '어떤 가난한 사람이 부자 친구집에 가서 술에 취하여 잠이 들었는데, 주인 친구는 요긴한 일이 생겨 외출하게 되자, 그는 친구의 옷 속에 보배를 매어주고 떠나게 되었다.

이윽고 잠을 깬 가난한 사람은 그 사실을 모르고 하릴없이 유랑하면서 간신히 세월을 보내다가 얼마 후에 우연히 옛 친구를 만나게 되어 그 말을 듣고, 그 보배의 덕택으로 단번에 빈궁한 신세를 벗어나 행복하게 되었다는 법문이 있다.

그런데 그것은 우리 인간이 무지와 번뇌에 사로잡혀 그지없이 헤매다가 다행히 성자의 가르침을 만나서 자기가 본래부터 갖추어 있는 불성을 깨닫고 애꿎은 인생고를 벗어나 영생의 안락을 얻게 되는 간

곡한 비유담인 것이다.

이와 같이 우리 인간의 본성은 완전무결한 불성이기 때문에 우리들이 본래 성품인 불성을 등지고, 현상적인 물질만을 집착하여 탐내고 증오하는 생활을 되풀이하는 한, 마치 그리스 신화에 나오는 사뭇 허기진 탄탈로스의 사무친 기갈과도 같이 인간존재의 처참한 고난의 형벌은 영구히 가실 수가 없다.

따라서 오늘날 우리 인류사회가 당면한 인과응보의 고질적인 병폐와 역사적 위기를 극복하는 오직 하나의 확실한 대도는, 일찍이 수많은 성자들이 밝히신 바, 우주와 인생의 근본 생명인 불성 곧 부처님을 굳게 믿고, 스스로 부처님이 되기 위하여 마음에 순간 찰나도 부처님을 여의지 않으면서 공변된 도덕적 생활에 최선을 다 하는 데 있는 것이다.

그러한 영원히 행복한 길! 그 길을 위하여 무수한 성자들과 순교자들이 난행고행을 거듭하고 생명을 바쳐서 개척한 영생불멸의 고향으로 통하는 광명의 길! 유물주의의 탁류에 허덕이는 현대인들이 살아남을 오직 한줄기 이 구원의 길을 우리들이 마다할 아무런 이유도 없는 것이다.

금륜의 첫걸음

비록 몽매에 사무친 그리운 귀향의 길이라 할지라도 고달픈 나그네에게는 가파른 산넘어 아득한 마을일 것이며, 번뇌의 해탈과 영생의 행복을 지향하는 위없는 정도일지라도 삼독심에 얽매인 중생들에게는 천리만리 머나먼 꿈나라에 지나지 않을 것이다.

그러나 석가모니 부처님을 비롯하여 인생과 우주의 실상을 여실히 깨닫고 참다운 자아를 성취한 거룩한 성자들에게는 마치 닿기만 하면 황금빛으로 변한다는 그리스 신화에 나오는 헤르매스의 지팡이와도 같이, 영원히 행복한 금빛 찬란한 극락의 정토 아닌 데가 없다.

사실, 우리 인간은 본질적으로는 바로 행복 자체인 부처님이며, 우리가 살고 있는 사바세계가 그대로 극락세계인데, 인생의 모든 불행과 갈등은 참다운 진리를 깨닫지 못한 어리석은 중생들의 자업자득이 아닐 수 없다. 똑같은 하나의 사건도 역사적 사회적으로 그 처지와 경우가 다른 사람들에게는 각기 동일한 견해일 수는 없으며, 또한 차원을 달리하여 일체 욕망을 초월한 색계중생이나, 의식만이 존재한 무색계 중생들의 견해 또한 저마다 지은 바 행업에 따라서 천차만별이기 때문에, 중생들의 상호불신과 갈등과 불행은 필연적인 인과응보의 죄과인 것이다.

그러기에 우리 중생의 참 생명이요, 근본 고향인 부처님이 되지 못하는 한, 하염없이 인생의 불안과 짓궂은 생사 윤회의 멍에는 영구히 벗어날 기약이 없다.

그래서 석가모니 부처님은 과거 전생에 살타 왕자로 태어났을 적에는, 부처님 되기를 서원하여 굶주린 범에게 한 생각의 회한도 없이 자기 몸을 보시하였으며, 또는 설산동자로서 히말라야 산 중에서 수행할 때에는, 추호의 주저함이 없이 악마에게 몸을 던졌고, 또한 헤매는 중생을 연민하는 마음이 사무쳐 눈물이 마를 날이 없다는 상제 보살이었을 적에는, 해탈의 지혜인 반야를 얻기 위하여 흔연히 뼈를 부수어 골수를 꺼내서 팔기까지 하였다. 이렇듯, 갖은 난행고행의 시련 끝에 깨달은 부처님의 가르침인 불법은 심심미묘하여 이루헤아릴 수 없으나, 이를 요약하면 바로 육바라밀로서, 곧 마음에 집착없이 베푸는 보시와, 행동과 언어를 바르게 하는 계율을 지니는 지계와, 마음에 거슬릴 때 강인하게 참고 견디는 인욕과, 모든 선행을 한사코 끊임없이 닦아나가는 정진과, 애써 들뜬 마음을 거두어 근본 마음자리인 청정한 불심에 고요히 잠기는 선정과, 우주만유의 실상은 일체 지혜공덕을 원만히 갖춘 바로 부처님이라는 생각을 여의지 않는 지혜 등 위없은 최상의 진리다.

그런데 이 육바라밀을 더욱 간략하게 표현하면, 몸과 입으로는 올바른 계율을 지키며, 다만 순간 찰나도 생명의 실상인 부처님을 여의지 않는 가르침으로서, 참으로 영원한 행복에 이르는 성불의 지름길이 아닐 수 없다.

이러한 부처님의 교법이 구르고 굴러 모든 삿된 견해를 모조리 무너뜨리므로 법륜이라 하며, 바로 진리 자체이기에 진여라 하고, 일체 번뇌를 소멸한 영생의 고향이므로 열반이며, 인생과 우주의 본래 면목이기에 주인공이요, 모든 불안과 갈등이 없는 영생 안온한 이상향이기에 극락이며, 헤아릴 수 없는 모든 지혜공덕을 원만히 갖추고도 오히려 영겁토록 파괴되지 않는 영생불멸의 실체이기 때문에 금강륜(金剛輪) 곧 금륜(金輪)이라 한다.

이제, 우리 인류는 오랜 역사적 시련을 극복하고 진정한 자아인 부처님이 되고, 최선의 이상향인 극락세계를 이룩할 시절과 인연이 성숙하였다.

그래서 3천 년 만에 오직 한번 피어오르는 찬란한 우담바라 꽃과도 같이 우리 금륜회보가 바야흐로 어기센 첫걸음을 내딛기 시작하였다.

우리 고해중생을 태우고 필경 돌아가야 할 성불의 고향으로 인도하는 세찬 금륜의 수레바퀴는 오직 아집과 법집을 여읜 육바라밀의 순수한 기름에 의하여서만, 장엄한 금바라 꽃이 만발한 해탈의 가향에 도달할 수가 있다.

숭산(崇山) 스님

숭산(崇山) 스님

1927년 평남 순천에서 태어남.

1947년 마곡사에서 출가득도.

1958년 화계사 주지, 조계종 종회의원. 불교신문사 사장, 동국학원 이사 역임.

1982년 미국 프로비던스에서 재미 홍법원 개설.

현재 화계사 조실로, 각국에 재미 홍법원 산하 80여 개의 선원을 개설,

해외포교활동에 주력함.

불교의 목적

불교의 목적은 무엇인가? '부처'라는 말은 인도 말인데 우리나라 말로는 '깨닫는다'고 풀이하고 있다. 무엇을 깨닫는다는 말인가? 빈손으로 왔다가 빈손으로 가는 인생, 무엇 때문에 왔다가는지 그것을 깨닫는다는 말이다.

도대체 인생은 어디서 왔다가 어디로 가는 것인가? 이것을 모르면 인생의 목적을 알 수 없다. 그러므로 불교는 곧 인생철학인 동시에 인생과학이요, 인생문학이다. 그러므로 불교를 하는 사람들 가운데서 철학, 과학, 문학인이 나와서 철학박사 학위도 받고 과학박사 학위도 받고 문학박사 학위도 받는데 요즘와서는 불교를 종합예술이라 하여 어느 것에나 연관시키지 않는 것이 없다. 그러면 그 어떤 점이 철학이요, 과학이요, 문학이요, 예술인가? 옛날 어떤 스님이 물었다.

"어떤 것이 불법입니까(如何是佛敎)?"

"봄 닭 우는 소리이니라(春日鷄聲)."

이게 도대체 무슨 소리인가? 불교가 무엇이냐고 물었는데 '봄 닭 우는 소리다.' '봄 닭 우는 소리'가 어떻게 불법이 된다는 말인가? 듣는 사람치고 의심하지 않는 사람 없으리라. 그러나 봄 닭 우는 소리를 알면 인생을 깨달을 수 있는 것이다. 불교는 깨닫는 것이라고 하지 않았는가? 닭 우는 소리를 깨닫는 사람은 곧 자기를 깨달을 수 있기 때문이다. 누가 닭 우는 소리를 들었는가? 내가 닭 우는 소리를 들었다. 어디로 들었는가? 귀로 들었다. 아니야, 그런 소리 마라. 죽은 사람은 분명 귀가 뚫려 있어도 소리를 듣지 못해, 그렇다면 누가 들었단 말인가? 이 120근 무거운 고깃덩어리를 끌고 다니는 놈, 하여간 그 놈이 어떻게 생긴 놈인지는 알 수 없지만 그 놈이 봄 닭 우는 소리를 들었다. 그러므로 불법을 알려면 봄 닭 우는 소리를 알아야 하는 것이며, 그 봄 닭 울음 소리에 불법의 적적대의(的的大義)가 들어 있는 것이다. 어떤 스님이 동산 스님께 물었다.

"어떤 것이 부처입니까(如何是佛)?"

"삼서근이니라(麻三斤)."

또 어떤 스님이 운문 스님께 물었다.

"어떤 것이 부처입니까(如何是佛)?"

"마른 똥막대기이니라(乾屎橛)."

부처님을 욕하여도 분수가 있지. 부처님이 마른 똥막대기라 했으니 이 어찌된 말인가? 점점 알 수 없는 말이다. 그러므로 결국은 그 말을 모른다는 것은 그 말을 한 놈, 즉 나를 모른다는 말이다. 내가 분명히 나를 안다면 내가 어찌 나의 말을 모를 것이며 저의 말을 모를 것인가? 모르는 원인은 결국 나의 마음을 모르는데 문제가 있는 것이다. 그러면 마음이란 있는 것인가 없는 것인가? 어떤 스님이 마조 스님께 물었다.

"어떤 것이 부처입니까(如何是佛)?"

"마음이 곧 부처이니라(心卽是佛)?"

"어떤 것이 마음입니까(如何是心)?"

"부처가 곧 마음이니라(佛卽是心)."

조금 쉬운 말이다. 누구나 할 수 있는 말이다. 마음을 깨달으면 곧 부처가 되고 부처가 되면 곧 사람은 사람이지만 깨달은 사람이므로 보통 사람이라 부르지 않고 부처님이라 부르는 것이다.

"어떤 것이 부처입니까(如何是佛)?"

"마음도 아니요, 부처도 아니니라(非心非佛)."

묻는 말은 한결 같은데 대답은 날마다 달라지니 도깨비에 휘둘리지 않고서야 그럴 수 없다. 그러나 그 말이 옳은 말이다. 여기 주전자가 있고 녹음기가 있고 마이크가 있고 컵이 있다고 하자. 그러나 이 녹음기, 마이크, 주전자, 컵은 본래부터 녹음기, 마이크, 주전자, 컵으로 뱃속에서부터 정해져 나온 것이 아니라 사람들이 그렇게 부르니까 그렇게 이름이 붙여진 것뿐이다. 원래 그것은 주전자도 녹음기도 마이크도 컵도 아니었다. 마찬가지로 우리의 마음도 그러한 것이다. 태양을 일본 사람들은 '다이요'라 부르고 미국 사람들은 'Sun'이라고 부르고 한국 사람들은 '해'라고 부르지만 실로 그 태양은 '해'도 '다이요'도 'Sun'도 아니다. 그러니 마음도 아니오, 부처도 아니라고 할 수밖에 더 있는가? 어제는 마음도 모르고 부처도 모르니까 마음과 부처를 통하여 불심을 깨닫게 한 것이지만, 오늘은 그 마음이나 부처에 집착하면 곧 본래의 마음을 깨달을 수 없으므로 마음도 부처도 아니라고 본 것이다.

그러므로 불교는 나를 깨달아 자기를 완성하는 것이다. 그래서 불교운동을 각(覺)의 운동이라 하는 것이다. 각은 깨달은 힘이 있어야만 되므로, 각의 운동을 역(力) 즉, 에너지 운동이라고 부르고 있다. 그 에너지는 곧 어두운 것을 밝히는 작용을 하므로 빛의 운동이라 부르기도 하고, 그 빛은 곧 진리의 광명에서 쏟아져 나오는 것이므로 진리의 운동이라 부르기도 한다.

따라서 불교의 목적은 인간의 목적을 밝히는 것으로서 삶의 의의를 포착하는 것이 곧 불교의 목적을 달성하는 것이 된다. 무엇 때문에 사느냐? 돈을 위해 사는가? 사랑을 위해 사는가? 명예를 위해 사는가? 아내를 위해 사는가? 남편을 위해 사는가? 자식을 위해 사는가? 어떤 사람에게 이렇게 묻는다면 그는 곧 자기가 좋아하는 것을 골라 나는 누구를 위해 무엇을 위해 산다고 지목하여 밝힐 것이다. 그러나 그것은 삶의 목적이 아니다. 삶의 방편이요, 수단이요, 의지이지 그것이 목적은 아니다. 결국 알고보면 인생은 자기를 위해서 사는 것이다. 자식을 사랑하고 명예를 존중하고 철학을 좋아하고 예술을 즐기는 것, 그 모든 것이 결국은 자기를 복되게 하고 지혜롭게 하며 행복하게 하기 위해서 하는 것에 불과하다. 그러므로 자기를 깨닫지 못하고 돈이나 명예나 사랑이나 기타 어떤 것이든 그것의 노예가 되어 사는 것은 결코 행복할 수 없는 것이다.

임제 스님이 모처럼 발심하여 황벽 스님의 제자가 되었다. 발심이란 최초로 자기를 알고 싶어하는 마음을 일으킨 마음을 말한다. '내가 누구인가', '어디서부터 왔다가 어디로 가는가?' 생각해 보니 앞길도 막막하고 뒷길도 막막하였다. 아버지의 아버지도 아버지이고, 그의 아버지의 아버지도 아버지이며, 어머니의 어머니도 어머니이고, 그의 어머니의 어머니도 어머니여서, 캐어 들어가면 결국은 한아버지 한어머니라 차라리 하나님이라 해버리고 마는 것이 낫겠다고 생각하는 사람도 있지만, 그렇다면 결국 그 하나님은 누가 낳은 자식이란 말인가? 계란 속에서 닭이 나오고 닭 속에서 계란이 나오니 계란이 닭이요, 닭이 곧 계란이라 구분할 수 없는 처지에 놓으면 아버지가 아들 같고 아들이 곧 아버지 같아 전혀 구분할 수 없게 된다.

이런 경지에 들어가서 3년을 꼬박 앉아 찾고 찾았는데도 결말이 나지 아니하였다. 입승이 가만히 뒤에서 보니 참으로 답답하기 그지 없었다. '저 사람을 어떻게 좀 도와야지.' 생각하고 가서 물었다.

"무엇을 그렇게 생각하고 앉았소?"

"좌선하고 있습니다."

"문답을 한 번이라도 해 보았소?"

"무엇을 알아야 물을 것이 있지요."

"허기야 그렇기는 하겠지마는 위의를 갖추고 황벽 스님께 찾아가서 불법의 적적대의를 한 번 문의하여 보게."

"그럴까요?"

그거야 별로 어려울 것이 없는 것 같았다. 임제 스님은 비로소 자리에서 일어나 가사 장삼을 입고 위의를 갖추고 황벽 스님께 찾아가 넙죽이 절을 하였다. 황벽 스님이 물었다.

"무엇하러 왔노?"

"불법의 적적대의가 무엇입니까?"

말이 떨어지기도 전에 황벽 스님은 들고 있던 주장자로 30방을 내려쳤다. 한두 방도 아니고 30방망이를 맞고나니 등허리가 누구러지는 것 같았다.

"도대체 이게 웬일인가? 내가 무슨 행동을 잘못했다는 말인가? 아니면 물음을 잘못했다는 말인가?"

잔뜩 의아심을 품고 내려오니 입승이 물었다.

"뭐라고 하시던가?"

임제 스님의 이야기를 듣고난 입승이 다시 말했다.

"그래요? 거 참 안되었군. 그렇지만 그 이유를 모르고서는 안되니 내일 한 번 더 가보게"

임제 스님은 그 까닭을 알 필요가 있다 생각하고 이튿날 또 위의를 단정히 하고 전날과 꼭 같이 물었다. 그랬더니 또 다짜고짜로 30방망이를 내려쳤다. 키가 8척에 덕이 좋은 임제 스님이기는 하지만 선머

슴 메치듯 30방망이를 맞고나니 정신이 핑 돌았다.

"왜 나를 이렇게 때리나?"

임제 스님은 속이 상당히 부릅트기는 하였지만 아직 그 내력을 모르는 이상 그냥 반기를 들 수는 없는 일이었다. 그러나 이유를 달만한 틈을 준다면 혹 한번 화를 내볼 여지가 있겠는데 전혀 짬을 얻지 못한 데다가 또 무슨 말을 했다가 다시 또 더 맞지나 않을까 겁이 나서 도망치다시피 뛰쳐 나왔다. 임제 스님은 무척 분했다. 코를 씩씩거리고 눈물을 흘리며 나오니 또 입승이 물었다.

"무슨 말씀이 없던가."

"말씀은 무슨 말씀입니까? 등허리에 피가 맺히도록 맞기만 했습니다."

"거참 이상도 하네. 이유없이 매를 때릴 리가 없는데? 삼 세 번이라 내일 한 번만 더 가보게."

그리하여 임제 스님은 세 번째 황벽 스님을 찾아갔다. 그런데 황벽 스님은 여지 없었다. 여전히 30방을 내리쳤다. 연 3일 90방망이를 맞고나니 아주 정이 뚝 떨어졌다.

"이런 막 판에서 무슨 공부냐." 하고 그는 바로 지대방으로 들어가 짐을 챙겼다. 입승이 왔다. 이젠 쳐다보기도 싫었다.

"무엇하는가."

"짐을 챙깁니다. 가야지요. 이런 절에서 어떻게 삽니까?"

"이런 숙맥. 가르쳐 주어도 알지 못하니 별 수 없군."

혀를 톡톡 차며 입승이 말했다.

"이 절하고는 인연이 없으니 가야지. 그러나 3년 동안 밥만 얻어먹고 떠나게 되었으니 큰스님께 인사나 드리고 가게."

입승은 곧 바로 황벽 스님께 나아가 길을 인도하여 주시도록 간청하였다.

"임제가 떠난다고 합니다. 바른 길을 인도하여 주십시오."

황벽 스님은 아무 말씀하지 않고 있다가 임제 스님이 와서 절하자,

"어디로 갈 것인가."

하고 물었다. 임제 스님은 화가 난듯 말했다.

"집 없이 떠나는 사람이 정한 장소가 있겠습니까?"

"그렇다면 북쪽 대우에게 찾아가거라."

정작 갈 곳도 없이 떠난다고는 하였지만 매우 걱정하였는데, 마침 길을 인도하여 주니 매를 때리긴 하였어도 고마웠다. 며칠을 걷고 걸어서 겨우 대우 스님이 계신 곳에 나아가니 대우 스님께서 물었다.

"어디서 왔느냐?"

"황벽 스님 절에서 왔습니다."

"그래 황벽 스님께 무슨 법을 물었더냐?"

"3년 좌선 중에 3일 동안에 90방망이만 맞았습니다."

임제 스님이 매우 언짢은 기색으로 말했다. 그런데 그 스님은

"노파심절(老婆心切)이 그토록 친절하던가?"

하였다. 임제 스님은 그 말 아래 당장 깨닫고 말하였다.

"황벽 스님의 법문이 몇 푼어치 되지 않는군요."

"뭐 이놈. 황벽 스님 법문이 몇 푼어치 되지 않는다고?"

스님이 임제 스님의 멱살을 잡고 옆구리를 세 번 '꽝. 꽝. 꽝! 하고 내려쳤다. 그리고 말하였다.

"너 이놈 누구 앞에서 개소리냐. 어서 가서 황벽 스님께 감사하라."

하는 수 없이 임제 스님은 그곳에서 무엇을 깨달았는지 모르지만, 멱살을 잡히고 옆구리만 세 번 쥐어 박히고 돌아와서 스님께 문안드렸다.

"스님, 돌아왔습니다."

"응, 그래 올 줄 알았다."

스님께서는 이미 올줄 알고 계셨기 때문에 조금도 대수롭지 않게 생각하였다.

"그래, 대우 스님께서 뭐라고 하더냐?"

"스님께서 그렇게까지 친절하게 가르쳐 주시더냐고 하시면서 노파심절이 지나치시다 하셨습니다."

"뭐? 그놈의 늙은이가 입이 싸가지고, 그만."

스님께서 화를 벌컥 내었다.

"내 이놈, 오기만 하면 가만 두지 않으리라."

"가만 두지 않으면 어떻게 하시럽니까?"

"한 대 때려주지."

"뭐 그때까지 기다리실 것 있습니까." 하고 임제 스님이 황벽 스님

을 한 대 갈겨댔다. 황벽 스님이 화를 벌컥 내면서,

"야, 이놈. 여기가 어디라고 손찌검을 하느냐?"

"여기가 어디는 어디입니까? 황벽당이지."

하니 황벽 스님께서 일어서면서,

"여기가 바로 호랑이 굴이다. 호랑이 굴 속에 들어와서 호랑이 수염을 건드려?"

하였다. 그때 임제 스님이 벌떡 일어나 '어홍어홍' 하고 호랑이 흉내를 내면서 황벽 스님을 잡아먹을 듯이 달려 들었다. 스님은 급히 자리를 피하면서 소리소리 질렀다.

"애들아, 이 미친 중을 법당으로 끌고 가거라."

하여 법상을 차리고 대중을 모아 법을 전하니 이것이 황벽선사의 이심전심이다. 자기를 깨닫고 세상을 구하는 일. 이것을 불교에서는 '상구보리(上求菩提) 하화중생(下化衆生)'이라 한다. 중생을 버리면 불국토 건설이 이루어지지 않고 자기를 도외시 하면 '성불작조(成佛作祖)'가 멀어진다. 그러니 이들 중 어느 하나도 버릴 수가 없다. 이 두 바퀴를 한꺼번에 굴리고 가면서 열반피안(涅槃彼岸)에 이르는 것. 이것을 불교의 목적이라 한다. 불교는 배우는데 의미가 있는 것이 아니라, 실천하는데 의미가 있다. 팔만대장경을 외우고 외운다 할지라도 실천하지 못하면 아무런 소용이 없다. 백 번 듣더라도 실천함이 없다면 무슨 의미가 있겠는가?"

가령, 여기 주스, 설탕물, 꿀물이 있다.

"어느 것이 다냐?"

하고 물을 때 주스가 달다, 설탕이 달다, 꿀물이 달다, 이렇게 이야기하는 것은 이론에 불과하다. 그러나 그럴 때는 냉큼 주스나 설탕물, 꿀물을 입속에 직접 넣어본다. 그러면 맛을 알게 아닌가?

"아! 달기는 똑같이 달아도 단맛이 이렇게 다르구나!."

하는 그 '아!' 속에 벌써 진리는 체득된다. 소진장의의 구별과 용수보살의 총력을 가지고 주스, 설탕, 꿀맛을 이렇게 설하고 저렇게 말한다 할지라도 이론은 끝이 없고 언어문자를 가지고는 완전을 기할 수 없는 것이다.

그렇기 때문에 '수염이 석자라도 먹어야 양반이요', '먹어야 배가 부르다'는 말이 있는 것이다. 황벽 스님의 법문은 말이 아니었다. 직접 설탕물을 먹여 주고 주스를 먹여주고 꿀맛을 맛 보여준 것이다. 세상 어떤 사람이 환자나 갓난아이가 아니고서야 직접 숟가락을 들고 꿀물을 떠서 입에 넣어주는 사람이 있겠는가? 그러니 대우 스님은,

"너희 스님이 그렇게까지 친절하더냐?"

라고 되물을 수밖에 없는 것이다. 남녀 관계의 애인도 아니고, 앓아 누운 병자도 아니고, 그렇다고 숟가락을 들을 수 없는 아이도 아닌데 그렇게까지 친절하게 먹여주더냐는 말이었다.

그때 또 '이렇느냐 저렇느냐' 질문하고 대답하면 그 또한 학자불교다. 선은 학이 아니다. 학문은 지식을 배우는 것이지만, 선은 각성을 깨닫는 공부를 하는 것이기 때문이다. 그래서 강원에서는 옛 선인들

의 '이력을 본다'고 하는 것이다. 너무도 잘 아는 사실이지만 옛날에 백낙천이 소과선사를 찾아가 물었다.

"어떤 것이 불법입니까?"

"나쁜 짓 하지 않고 착한 일만 하고 그 마음을 깨끗이 쓰면 그것이 불법이니라."

하였다. 그러니 백낙천이 껄껄웃으면서,

"그까짓 것이야 3척 동자도 다 아는 사실이 아닙니까?"

"3척 동자도 다 알고 있는 사실이지만 80노인도 실천하기는 어렵다."

하였다. 그렇다. 불법은 행하는 데서 지혜가 생긴다. 아는 것은 아는 데서만 그치면 지식쟁이가 된다. 그러니 불교는 믿는 것이 아니라 행하는 것이다. 이미 믿는 것이 확실하게 되었다면 실천해야지 실천하지 않는 것은 그림의 떡이다. 진리를 알아야만 내 인생이 정립되고 우주관이 확립된다. 나는 왜 이렇게 여기 있으며, 이 세상에 태어나서 무엇을 해야 할 것인가를 말이다. 세계에는 종교도 많고 사상도 많고 지식도 많다. 그래서 그 모든 종교가들 사상가들 지식쟁이들이 각기 자기 것이 옳다고 주장한다. 그런데 깨닫고 보면 성경만 진리이고 불경만이 진리인게 아니라 개, 돼지, 소, 닭 어느 것 하나 진리 아닌 것이 없고 새 소리, 바람 소리, 물 소리, 비행기 소리, 자동차 소리, 기차 소리, 마차가 흔들리는 소리, 이 모든 소리가 진리 아닌 것이 없다. 그러므로 옛 사람들은 상여 나가는 소리를 듣고 인생을 깨쳤고,

어떤 스님은 청소하다가 주어서 버린 돌멩이가 대나무에 부딪치는 소리를 듣고도 도를 깨달았으며, 서산대사 같은 이는 닭 소릴 듣고도 발백심비백(髮白心非白)의 소식을 얻었다. 그러니 중요한 것을 깨닫는 것이다. 언제 어디에서나 자기의 입장과 처지를 분명히 깨닫고 자기가 해야 할 일을 알면 그 사람이 도인이요 철인이다. 그런데 여기서 가장 중요한 것은 그 깨달을 수 있는 마음의 준비가 시급하다. 어떤 사람인들 닭을 보지 않고 자동차를 보지 않겠는가마는 그것을 보고 깨달았다고 하는 것은 그 사람이 깨달을 수 있을 만한 마음의 준비가 갖추어져 있기 때문이다. 배부른 사람에게는 백 가지 음식이 있어도 아무런 소용이 없다. 그러면 그 마음의 준비란 무엇인가? 나를 버리는 일이다. 나를 내세우면 바람이 오다가 먼저 부딪치므로 바람 맞는 사람이 된다. 하지만 내가 없다면 허공 따라 흘러가는 바람 소리에 흥겨운 노래가 흘러나올 수 있다. 그렇기 때문에 소크라테스가 '너 자신을 알라' 하는 바람 소리에 흥겨운 노래가 흘러나올 수 있었던 것이다. 모든 제자들이 소크라테스를 향하여,

"당신은 당신을 아십니까?"

물으니,

"나는 나를 아직 모르지만 모른다는 사실은 내가 알고 있네."

하여 부지(不知)의 철학을 남겼다. 루소도 말하지 않았는가?

"대자연으로 돌아가라."

라고 말이다. 스펜서도 말하였다.

"제1의 원리를 깨달아라."

그 제 1의 원리가 무엇인지는 많은 사람들이 아직도 문제를 삼고 있는 바이지만 제 1원리는 곧 원점이요, 근본이다. 근본에 돌아가면 모든 것과 하나가 되고 원점에 이르면 피차가 둘이 아니므로 '상구보리 하화중생'이 둘이 되지 않는다. 자기 완성과 불국정토, 이것은 불교의 이상인 동시에 모든 인류의 이상이며 세계의 희망이다. 모든 인류가 너와 나를 함께 깨달아 절대적 자유와 절대적 평등 속에서 절대적 안락세계를 이룩할 때 불교의 목적은 달성되는 것이다.

선과 현대인의 자세

우리가 이 세상을 살펴보면 세 가지 세계가 있다. 첫째는 모양의 세계이고 둘째는 본체의 세계이고 셋째는 작용의 세계이다. 첫째 모양의 세계를 살펴보면 모양의 세계는 시간 속으로 흘러간다. '김 아무개 이 아무개가 이렇게 저렇게 살다가 어제는 죽어서 화장터로 갔다.' '그의 할아버지 묘지를 파 보았더니 뼈도 한줌의 흙이 되어 있더라.' '그 속에서 한 포기의 할미꽃이 나서 기름지게 자라더라.'

있는 것이 없는 것이요, 없는 것이 있는 것이다. 산이 그대로 물이 되고 물이 산이 된다. 이것은 반야심경에서는 '색즉시공 공즉시색'이라 하고 있다. '어제 어떤 사람이 과일 한 개를 줘서 먹었더니 그 과일은 간 곳이 없고 오직 이 몸만 남아 있다.'

'아침에 물 한 컵을 마셨더니 조금 있으니까 소변으로 그것이 나와 버렸다.'

과일 → 입 → 몸

물 → 입 → 소변

이런 식으로 세상은 돌고돈다. 상전이 벽해가 되고 벽해가 상전이 된다. 그러나 이렇게 변하는 가운데서도 변하지 않는 것이 있으니, '모란봉이 변해서 대동강이 되고 대동강이 변해서 모란봉이 되더라도 우리의 마음은 변치 말자'고 다짐한다.

이것이 순희와 복동이의 약속이다. 약속을 진실로 지키기만 한다면 변하는 세계 속에서도 이 마음은 변치않는 원리가 있다. 마음은 변하지 않기 때문이다.

물 → 얼음 → 수증기 → 구름 → 비 → 냇물 → 바닷물 이렇게 변해가도 H_2O 즉 산소와 수소는 변치 않는다. 그러니 모양은 변하여도 본체는 변치 않는다.

이것이 '산도 비고 물도 비었다' 하는 소식이다. 모양과 이름을 누가 지었느냐. 산, 물, 태양, 강, 고기, 모기, 깔다귀 — 이것은 모두 사람들의 생각 속에서 만들어진 것이다. 산이 '나를 산이라 불러' 물이 '나를 물이라 불러달라.' 하여서 물이 되고 산이 된 것이 아니다. 그러므로 생각이 끊어지면 이름이 없어진다. 이름이 없다면 있는 그대로의 모습이 진짜 모습임을 알게 된다. 생각이 끊어진 그 자리는 허공과 같기 때문이다. 그래서 옛사람이 불교를 알고 싶은 사람은,

"마땅히 그 뜻을 허공과 같이 하라."

하신 것이다. 허공과 같이 맑고 깨끗한 마음은 마치 큰 거울과 같아서 노란 것이 오면 노랗게 비추고, 빨간 것이 오면 빨갛게 비추고, 검은 것이 오면 검게 비춘다. 그러니까 산은 산이요 물은 물이다. 이 곗돈을 타서는 자동차를 한 대 사고, 반지를 하나 맞추고, 옷도 한 벌 해 입고 먹고 싶은 것도 한 번 사먹고…….

이렇게 하고 가다가 갑자기 '펑' 한다.

"여보, 정신 좀 차리고 다녀요 정신 좀."

하고 상대에게 혼이 난다.

"여자가 무슨 생각이 많아서 앞도 보지 않고 다녀."

창피스럽기 그지 없는 말이다. 무엇이고 눈에 안개가 끼이면 바로 보이는 것이 없듯 생각에 안개가 끼이면 정신이 미쳐버린다. 돈에 미친 사람은 산도 돈으로 보이고 돌도 돈으로 보이고 물도 돈으로 보인다. 사랑에 미친 사람은 새도 사랑으로 보이고, 꽃도 사랑으로 보이고, 벌 나비도 사랑으로 보인다. 꽃은 꽃이고, 벌은 벌이고, 나비는 나비인데 그것을 사랑으로 본다면 그들 사물을 사물로 보지 않는 것이 된다. 그런 사람이 어떻게 자동차를 굴릴 것이며, 비행기를 조정할 것인가?

인간이란 무엇인가? 시간과 공간 속에 존재하는 동물이다. 그래서 과학자들은 다음과 같은 공시계수를 만들어 놓았다.

시간 + 공간 = 인간(인과)

그래서 옛 물리학자들은 시간과 공간은 절대적으로 가치가 있는 것이라고 생각하였다.

그러나 요즈음 과학자들은 시간과 공간은 주관적 인식에 따라 이해가 달리되므로 진짜 중요한 것은 주관적인 인간이라 설명하고 있다.

왜냐하면 같은 시간도 사람에 따라 달리 인식되기 때문이다. 기다리는 사람은 1시간이 1천 년 같고 노는 사람은 시간이 어떻게 가는 줄도 모르고 바쁜 사람은 왜 이렇게 시간이 빨리 가느냐 성화한다. 그러니까, 길고 짧고 빠르고 느린 것이 시간에게 있는 것이 아니라 사람에게 달려있다. 공간도 마찬가지다. 어떤 사람은 20평 아파트를 보고도 크다 하는 사람이 있는가 하면 200평짜리 집을 쓰고 있는 사람도 답답해서 못쓰겠다 하는 사람이 있다. 뿐만이 아니라 동서남북의 관념 또한 아주 다르다. 한국에서는 미국이 서쪽이지만 미국에서는 미국이 중앙이다. 자기가 서 있는 자리가 언제나 지구의 중심점이 된다. 중국 사람들은 자기들의 나라가 세계의 중심부에 있다고 자랑하지만 인도 사람들은 자기들의 나라가 중앙에 있다고 주장한다. 둥글둥글한 공을 놓고보면 어느 곳이든 동서남북 안되는 곳도 없고 어느 곳이든 중앙이 되지 않는 곳도 없다. 그러니 이렇게 놓고보면 이 우주는 내가 중심이다. 시간도 그렇고 공간도 그렇다. 하나님은 하나님의 우주를 만들고 부처님은 부처님의 우주를 만들고 나는 내 우주를 만들었다.

기독교인들은 "왜 부자가 되느냐." 하면 "하느님이 그렇게 만들었으니까, 부자가 되었다." 말한다. 맞지 않는 말이다. 하느님이 어찌 그 사람만 부자되게 하고 다른 사람은 가난하게 만들 리가 있겠는가? 부자가 되는 것은 전생에 부자될 만한 인연을 많이 짓고나서 현생에서도 부자될만한 인연을 많이 만들고 있으니까 그렇게 되는 것이지 누구의 명령에 의해서 이루어지는 것은 아니다.

누구나 이 세상에 잘나고 잘살고 싶지않은 사람은 없다. 깜둥이 보고 물어보라.

"너는 전생부터 깜둥이로 태어나고 싶어했느냐."

그들은 비록 몸이 검지만 검은 것을 별로 좋아하지 않는다. 거지보고 물어보라.

"너는 어찌하여 거지가 되었느냐. 거지가 너의 평생의 원이냐?"

그 또한 원치 않는다. 대통령이 되는 것도 선생님이 되는 것도 모두 원인이 있어 되는 것이지 그냥 되지 않는다.

"왜 나를 이렇게 만들었느냐."

애들이 종종 부모님께 항의한다. 그러나 부모님인들 자식을 그렇게 만들고 싶어 만들었겠는가? 이왕이면 잘 만들어 훌륭한 사람으로 키우고 싶은게 부모님들의 생각이다. 그런데 어떤 자식들은 검고, 희고, 노랗고, 붉고, 잘 생기고, 못 생기고, 또 거기에 병신까지 끼어 있다. 누가 병신을 만들고 싶었겠는가? 술, 담배 많이 하고 마약하다 보니 약물 중독되어 그렇게 되는 놈도 있고, 전생에 남을 많이 업신여기면 땅딸보가 되고, 윗사람 공경하면 키다리가 되고, 냄새 좋아하면 코보가 되고, 구경 좋아하면 왕눈깔이 되고, 듣기 좋아하면 당나귀 귀가 된다. 스스로 짓고, 스스로 받은 것(自作自受)이다. 누구를 원망할 것인가? 그러니 왜 그렇게 만들어 놨느냐 원망할 것이 아니라, 나는 왜 그런 짓을 했느냐고 먼저 생각해 볼 문제다. 옳게 볼 줄 알아야 한다. 흑백, 염정, 전후, 좌우를 사심없이 옳게 보는 자는 올바른 육관을 갖춘다. 올바로 보는 사람이어야 생각을 올바르게 가질 것 아닌가. 누워서 자는 시간까지 이불 속에서 집을 천 채 만 채를 지을 필요는 없다. 차라리 그런 생각하고 있으려면 시장에 나가서 밤일이라도 해야 된다. 공상으로 돈이 생기는 것은 아니니까. 돈도 벌기는 힘드는 것이지만 쓰기는 더더욱 힘들다. 목탁을 들면 목탁을 칠 줄 알아야 하고, 시계를 보면 시계를 볼 줄 알아야 하고, 껌을 씹을 때는 껌을 씹을 줄 알아야 한다. 모르면 미국에 가서 아이들 과자 사준다고 고양이밥 사가지고 오는 격이 된다.

어떤 집에 가면 이것저것 오밀조밀 잔뜩 진열하여 놓고 '이것은 영국제, 이것은 불란서제, 이것은 미국제' 하고 자랑한다. 컵이란 아무리 문화재라 할지라도 마시지 못하면 그림의 떡이다.

그 돈을 가지고 어려운 사람 도와서 한 끼 밥을 사준다든가, 옷을 사준다든가, 아니면 집을 사준다든가 그렇지 않으면 만인이 공부할 수 있는 무슨 불사를 한다든가 하면 값어치가 있는 일일 것이다.

그런데 이건 전혀 반대다.

며칠씩 조용하다 갑자기 와서 불전에 얼마씩 갖다놓고는 큰절로 깎듯이 절을 하면서 '뭘해 주십시오, 뭘해 주십시오.' 산더미처럼 해달라고 한다. 아마 법당에 계시는 부처님이 사람이었다면 진작 놀라자빠졌을 것이다.

바꾸어서 생각해 보라. 여러분이 부처님이라고 생각하고 이런 모습을 본다면,

"에이, 이 쓸개 빠진 놈들아! 분수를 알고 살아라."

하고 당장 호통을 칠 것이다. 그런데도 우리 부처님은 아무 말이 없으시니 역시 부처님은 부처님이시다. 만일 그런저런 조건없이 베풀면 한량없는 공덕을 짓게 된다. 속이 아주 텅텅 비어 있으면 텅빈 속에는 우주도 들어가고 남으므로 만사가 다 형통하게 된다. 자리가 있어야 들어가는 것이니까, 꽉찬 밥그릇에 밥을 넣으면 얼마나 넣겠는가?

큰길에는 문이 없고 혀끝에는 뼈가 없다.
가는 곳마다 봄빛이 완연하니 버드나무는
푸르고 꽃은 붉도다.
大道無門說頭無骨
到處春色柳綠花紅

큰길에는 문이 없다. 기독교의 문, 불교의 문, 힌두교의 문, 회교의 문,장로문, 목사문, 스님문, 신부문, 법사문, 포교사문이 따로 없다. 오직 한 길—그 모든 분들이 한길을 향해 있다. 그러면 그 한 길이란 무슨 길인가? 착하고 아름답고 참된 길, 바른 길, 깨달음의 길—이 길을 두고 다른 길을 잘못 말했다가는 눈, 귀, 코, 몸까지 모두 병신을 만든다.

그래서 옛 사람이 혀끝을 조심하라한 것이다. 잘못하면 나라도 망치고 집안도 망치고 자기도 망하고 식구도 망친다. 혀는 화합의 명수도 되지만 싸움의 빌미도 된다. 싸움만 말리고 평화로운 미소만 지으면 좋으련만 그렇게 한참 이야기 하고 나면 또 맛을 따라 식당으로 간다. 중국 식당, 미국 식당, 불란서 식당—모두가 혀끝을 즐겁게 하기 위해서이다. 그리하여 모여 앉으면 '맛있다 맛없다.' 수다가 많다. 사실 이 세 치 혀 가운데서도 맛 그 자체를 아는 놈은 한 치 안팎인데 한 치 안팎의 혀를 즐겁게 하기 위해서 아침부터 저녁까지 동서남북을 뛰어다니는 것이다. 한 치만 넘어가면 끝나는 것을, 그렇게 말들이 많다. 그래서 입은 늘 바쁘다. 말해야지, 먹어야지, 씹어야지, 삼켜야지—코도 두 개이고, 눈도 두 개이고, 귀도 두 개이므로 이놈들은 이쪽으로 못하면 저쪽으로 하여 서로 분업을 하니 걱정이 없지만 입은 1인 3역, 4역을 하려하니 복잡하다. 이렇게 바쁘다 보니까 실수가 많다. 미국에 와 있는 한국 사람들이 한때 병이 많고 실수를 많이 한 이유가 어디 있는가? 돈이 없으니까 돈을 벌기 위해서 밤낮없이 너무너무 바빠 뛰다가 보니까 그렇게 된 것이다. 고단하면 사고가 나기 쉽다. 후진국 교통사고의 10분의 9가 과로에 있다고 하지 않은가. 그래서 옛 사람들이 '입은 병마개와 같이 꼭 닫아 놓아라' 한 것이다. 술병을 열어 놓으면 김이 빠져 못쓰게 된다. 평상시는 꼭 막아 놓았다가 피곤할 때 약으로 딱 한 잔하면 좋은 약이 되듯 입도 평상시는 꼭 막아 놓았다가 절실히 필요할 때 한 마디만 하라. 그렇게 하면, '한 마디 말이 천냥 빚을 갚듯', '한 마디 웅변이 나라를 구하듯' 감사하고 구원하는 언어로서 만인을 살피면 이것이 입을 지키는 것이고 입을 통하여 세상을 바르게 인도하는 길이다. 혹 뜻에 맞지 않는 일이 있다하더라도 '당신이 부처요.' 하고 생각하라. 그렇게 하면 마음이 편안해진다. 옛날 무학 스님이 이성계와 만나 농담을 한다.

"스님은 마치 물에 빠진 강아지와 같습니다."

"자네는 꼭 영산회상의 부처님과 한 가질세."

"아니, 농담을 하시기로 해 놓고 그런 말씀이 어디 있습니까?"

"이 사람 농담일세. 개 눈에는 개만 보이고 부처님 눈에는 부처만 보이는 것 아닌가?"

세상은 제 세상대로 살아가는 것이다. 기고나는 놈은 기고나는대로 걸어가는 놈은 걸어가는대로 제 세상을 살아간다. 마음 먹을 탓이다. 나를 욕하는 사람도 칭찬하는 사람도 결국은 다같이 나를 위해 욕하고 칭찬하는 것이다. 옛날 내가 서울에 있을 때 통합종단을 만들어

가지고 중앙 종회 의장을 하게 되었는데, 종단을 새로 만들어 선포하게 되니 말썽이 많았다. 옆에서 보고 듣고있던 친구가 말했다.

"스님, 스님은 마누라가 다섯이고 자식들이 열다섯이라고 없는 말을 퍼뜨리며 욕을 하니 어떻게 하면 좋겠습니까?"

"응, 내가 덕분에 유명해져서 좋지 않은가? 다른 사람들은 광고료를 들여가며 신문에도 내든데."

이렇게 생각하니 마음이 편하다. 한편 생각해 보면 사람은 남에게 욕도 먹어보고 시비도 생겨보아야 자기 반성의 길이 트이고 함께 일하는 사람들은 단합을 잘하게 된다. 시련을 겪다보니 발전이 있고 더욱 큰 단합을 하게 되는 것이다. 집안에서도 한사람이 사고가 생기면 온 집안이 다 모여 문제를 해결하고자 중의를 모으지 않던가? 사람도 아프다 보면 다른 사람의 아픔을 알 수 있듯이 어리석은 사람들은 더욱 그렇다. 한국 사람은 큰일이 터져야만 뭐가 된다. 평상시는 관심이 없다가도 큰일이 터지면 관심을 갖게 된다. 그래서 선악공사(善惡公事)라 하는 것이다. 선한 일이나 악한 일이 대중을 위해 새로운 일을 일으킨다는 말이다. 미국 사람들은 참선은 좋아하면서도 부모는 공경할줄 모른다. 부모에게 은혜를 갚을 줄 모르면 개 돼지나 같은데 부모는 공경하지 아니하면서도 참선을 하려고 한다. 그래서 나는 부모님께 감사하는 마음부터 가지는 선이 참선이라고 지도한다. 한 달에 한번 정도는 반드시 부모님께 편지를 쓰게 하고 부모님이 가까이 있는 분들에게는 직접 찾아가 공양을 대접하도록 가르친다. 사람은 자주 만나 대화를 해야 상대방의 허물을 이해하게 되고 더욱 다정하게 되기 때문이다.

한 번은 한 친구가 스님이 되어 중노릇을 하면서 학교에 다니고 있는데 15년 이상 떨어져 있던 아버지를 만나게 되었다. 그는 만나자마자 아버지께 말하였다.

"아버지, 불교 믿으십시오."

"불교가 무엇인데?"

"참선을 해야 지성인이 됩니다."

"힘들어서 하겠느냐?"

"염불을 하면 극락세계에 갑니다."

재미있는 이야기다. 한때는 교인이 되어 미치더니 이제는 불교인이 되어 또 미쳤구나, 하며 아버지는 도리어 자식을 가련하게 생각하였다. 그런데 이 스님에겐 큰 고민이 찾아왔다.

"내가 내 부모도 제도하지 못하는 주제에 누구를 제도한다는 말인가?"

얼굴이 누렇게 뜨고 고민이 많아지자 내게 털어 놓았다.

"나는 우리 아버지를 제도할 능력이 없습니다."

"그래, 어떻게 제도하였기에 제도가 안 된다고 하느냐?"

"불교를 믿고 참선 염불을 하라고 하였더니 도리어 나더러 미쳤다고 합니다."

"이놈아, 넌 염불 참선을 잘못하였구나. 염불은 부처님을 생각하는 것이니 너희 아버지를 부처님으로 생각하고 공경 공양하는 것이고, 참선은 마음을 평화스럽게 가지고 살면서 진리를 탐구하는 것인데 그냥 믿으라고만 하였으니 되겠느냐?"

"그럼 어떻게 해야 합니까?"

"아버지가 좋아하시는 것이 무엇이냐?"

"꼬냑입니다."

"그럼 꼬냑을 사가지고 가거라."

그래서 그달 마지막 일요일에 꼬냑을 사가지고 가서 아버지 앞에 내어놓으니 아버지가 힐끗 쳐다보고 웃었다.

"너 그걸 가지고 나를 홀리려고 하느냐?"

"아닙니다. 제가 그동안 불교를 잘못 이해하였습니다."

"어떻게 잘못 이해하였다는 말이냐?"

"이 세상 모든 것이 그대로 부처라면 그것을 부처로 보고 부처님 대접을 할 줄 알아야 되는데, 나는 아버지로 잘못 보았습니다. 이제부터는 아버지를 진짜 부처님으로 알고 잘 모시겠습니다."

"좋다. 그렇다면 술을 따라라."

아버지는 술을 마시고 기분이 좋아졌다. 여러가지 말씀을 하시는데 아들은 무조건,

"아버지 말씀이 옳습니다. 감사합니다."

하였다. 나쁜 말이든 좋은 말이든 계속 그렇게 하다보니 아버지께서 가만히 생각해 보니 잘못하면 자식 버리겠다는 생각이 들었다. 그래

서 아버지는 하루는 아들을 초대하고, 그동안 잘못된 것, 거짓말했던 것을 모두 고백하고 홀로 떨어져 사는 그의 어머니를 찾아 재결합하였다. 20년 동안 소원했던 가정이 다시 화기애애하게 되었다. 마음을 비워야 한다. 불도하는 마음까지도 속에 차 있으면 불도 때문에 다른 것들이 들어 오지 못한다. 지혜없이 불도공부만 하면 불교공부를 하여도 모래 알을 쪄서 밥을 짓는 것처럼 헛일을 하게 된다. 그러니 비우는 일부터 공부를 해야 한다. 나이가 많다고 불가능한 것은 아니다. 늙으면 깡탱이가 생겨 까다롭기는 하지만 한두 개 남은 이빨빼기가 더욱 쉽듯 깡탱이를 빼려하면 더욱 쉽게 뺄 수 있다. 그래서 금강경에 '4상을 버려야 보살이 된다.' 하고 '범소유상이 개시허망이니 약견제상이 비상하면 즉견여래라.' 하지 않았는가? 빈손으로 왔다가 빈손으로 가는 것(空手來空手去)인데 무엇을 집착할 것인가? 위험을 느끼면 보험 들면 된다. 자동차를 끌고 가다가 사고가 나면 보험 든 사람은 걱정 없이 모든 것이 처리되지만 그렇지 않으면 걱정이 많아진다. 불교를 믿는 사람은 불도보험에 들기만 하면 이 몸의 차가 망가지더라도 걱정할 것 없이 새 차로 바꿔 타게 된다. 그러면 불교에는 무슨 보험이 있는가? 염불보험도 있고 참선보험도 있고 진언보험도 있고 간경보험도 있다. 내생에만 좋은 게 아니라 현생에서 바로 평화의 보험을 타게 된다. 현대사회의 가장 큰 문제점은 핵무기다. 핵무기를 감축하자 없애자 하는 말은 벌써 수십 년 전부터 하고 있다. 하지만 그것이 그냥 없어지는 게 아니다. 없어지려면 그 핵무기를 만드는 사람들의 마음과 국가에서 근본을 찾아내야 한다. 무엇 때문에 핵무기를 만들었는가? 어디다 핵무기를 쓸 것인가? 그것을 쓰고 나면 어떤 일이 생길 것인가? 결과적으로 이 세계는 어떻게 될 것인가? 요즘 그러한 문제를 다룬 책들이 많은 반응을 일으키고 있다. 하지만 그것은 다 피상적인 처방이다. 근본은 망상을 놓아버려야 한다. 인류가 최초에 이 지구상에 생겨났을 때는 동물들에게 잡혀 먹히는 고난을 겪었다. 그래서 사람들은 서로 아끼고 사랑하고 돕고 공경하였다. 그런데 지금 인구가 한 40억쯤 되니 모두 천해져서 귀한 것이 없어져 버렸다. 짐승과 대결하는 마음, 짐승을 잡아먹는 야수성이 발달하면서 사람은 포악해졌고, 또 사람들에게 잡혀 먹힌 짐승들은 죽으면서도 원한을 가져 복수코자 그의 자손들로 태어난다. 원수가 태어났으니 좋은 결과를 가져올 리가 없다.

 언젠가 신문에 보니, 어떤 공무원이 하루의 일과를 마치고 테니스 치고, 저녁 먹고 자다가 갑자기 밤중에 일어나 총을 들고 그의 애들 셋과 부인을 죽이고 자기도 자살하였다. 멀쩡한 사람이 이런 일을 저지르는 것은 어떤 사람들은 사회적 병폐라 하고 있지만 불교식으로 이야기 하면 보업(報業)이다. 짐승들일수록 생각이 단순하여 화도 잘내고 따르기도 잘한다. 강아지를 발로 차면 금방 '앙'하고 달려들지만 쓰다듬어 주면 품안에 들어와서는 물지 않는다. 호랑이, 곰, 침팬지도 그렇고 심지어는 구렁이까지도 주인을 알아보지 않는가? 옛날 어떤 집에서 닭을 길렀는데 정오가 되면 암탉이 꼬꼬댁 하고 나오면서 알을 낳곤 하였다. 그러면 주인 할머니는 한번씩 찾아가서 그것을 가져다 먹었는데 며칠 전부터서는 그 시간에 나가면 분명 닭은 나왔는데 알이 없었다. '이상하다' 생각하고 하루는 창구멍을 뚫어놓고 보니 큰 구렁이가 와서 그것을 주어먹고 가서는 기둥나무에 몸을 감아 알을 깨뜨려 소화를 시켰다.

"요, 괘씸한 놈, 네가 내 알을 먹어?"

하고 할머니는 참나무를 깎아 알처럼 만들어 가지고 그 시간에 맞추어 계란과 바꿔 놓았다. 닭이 알을 낳은 후 2,3분이 지나 구렁이가 오더니 그 나무알을 삼켜버렸다. 먹고 나서는 여느 때와 같이 기둥나무에 몸을 감고 알을 터뜨리려 하였으나, 나무알을 먹었으니 쉽게 터뜨려질 리가 없었다. 뱀은 밑으로 내려와 풀밭에 들어가 다리를 틀고 좌선을 하였다. 그러고는 무슨 이유에선지 풀잎을 자주 뜯어 먹었다. 그리고 나서는 또 한참 똬리를 틀고 있다가 한일 자로 쭈욱 몸을 움추렸다 펴니 토막토막 알이 쪼개져 나왔다. 너무나도 신기하여 그걸 보고 있다가,

"짐승도 제 살 궁리는 하는데 사람이 이렇게 미련해서야."

하고 혀를 차고 일어났다. 사람 같으면 의사를 부른다 침을 맞는다 약을 먹는다 체를 낸다 야단법석이 났을 것이다. 그런데 이렇게 홀로 조용히 참선을 하여 그것을 그 작은 똥구멍으로 쏟아내어 버리니 어찌 뱀이 불성이 없다고 하겠느냐 말이다.

"콩 심은데 콩나고 팥 심은데 팥난다."

"아니땐 굴뚝에서는 연기가 나지 않는다."

"꽃이 피어야 열매를 맺는다."

"원인없는 결과가 없다."

많은 생물들을 제 욕심대로 잡아먹어 그들 원수가 아들 딸로 태어나니 말도 잘 듣지 않고 포악한 짓만 하고 다닌다.

"이 개새끼!"

"저 뱀새끼!"

"소새끼, 말새끼!"

사람들의 말이 이렇게 동물화되고 야수화된다. 동물들의 피가 속에 흐르고 있으니 그럴 수밖에 없다. 자식이 부모를 쏘아죽이고, 부모가 자식을 죽이는 일이 비일비재다. 그럴 수밖에 없을 것이다. 장마가 들려면 쥐, 개미 같은 것들도 이사를 할 줄 아는데 어찌 영식이 없겠는가? 더욱이 서양 사람들은 나면서부터 주식으로 남의 고기만 먹고 살고 있으니 포악하지 않을 수 없다. 그래도 우리는 밥을 중심으로 사니 짜증은 잘 내도 자비심은 서양사람보다 낫다.

세계평화를 가져 오려면 호오심(好惡心) 간택심부터 버려야 한다. 그래서 상대방이 무엇을 요구하고 있는가 알아야 한다. 물론 상대방이 잘못 생각하고 정견(正見) 정행(正行)이 없으면 바로 잡아야지— 하나 같은 식구끼리 화낼 것까지야 뭐 있겠는가. 백 년을 살 것인가 천 년을 살 것인가? 나를 버려야 한다. 지나고 나면 쥐꼬리만도 못한 생각, 그 생각이 대아를 막는다. 나보다는 우리를 생각하여야 하고 우리보다는 국가, 세계, 인류를 생각해 나가면 어디를 가든지 그런 소잡한 마음을 가지고는 살 수 없는 것이 이 세계라는 것을 깨닫게 된다. 예수는 나는 길이요, 진리요, 사랑이라고 했지 않는가? 똑같은 사람인데 예수님만 길이요, 진리요, 사랑일 이유가 있는가? 우리도 똑 같이 진리요, 사랑이다. 참선을 하려면 먼저 자기의 입장을 똑바로 알아야 한다. 어떻게 하여 내가 남자가 되었고 어떻게 하여 내가 여자가 되었으며 어떻게 하여 이 집에서 이렇게 만나 사는가?

　이것은 좋아하는 마음과 미워하는 마음 둘 중의 하나다. 그러기 때문에 효자가 있는가 하면 불효자가 있기 마련이다. 그러나 어떻게 되었든 한데 모여 살게 되었으면 8천생 이상의 인연들이 모여서 살고 있으니 그 인연을 잊어서는 안 된다. 남자는 여자를 알아주되 남자 도리를 다해야 하고, 여자는 남자를 알아주되 여자 도리를 다 하여야 한다. 서로 보호해 주고 사랑해 줄 때 원수가 생기지 않는다. 원수가 생기면 일이 잘 되지 않는다. 남자가 아무리 여자 같다고 하여도 애를 낳는 법 없고 여자가 아무리 남자 같다고 하여도 남자노릇 할 수가 없다. 세상은 다 내가 사는 대로 극락도 되고 지옥도 된다. 일체가 유심조이기 때문이다. 사람이 살다보면 투쟁 또한 없지 않다. 그러나 그 투쟁이 나를 위해서 있으면 행복이 오지 않는다. 가정과 국가 사랑을 위해서 주어질 때는 투쟁도 보살이 된다. 자기의 목숨을 위해서는 꿀물 한 그릇도 마시지 않으면서도 친구 도연명을 위해서는 손수 술을 빚어 대접한 혜원 스님도 계시다. 자기를 위해서는 당상벼슬도

싫다하신 분이 나라를 위해서는 창칼을 들고 만리 타국을 왕래한 서산, 사명대사 같은 분도 계시다. 거짓말, 살생, 도둑질이 좋지 않은 것이지만 진짜 중생을 위해 불가피할 수도 있다. 가령 포수가 토끼를 쫓고 있을 때 나무꾼이 토끼를 보았다. 포수가 물었다.

"방금 토끼 못 보았소?"

"못 보았소."

라며 거짓말을 하였다. 작은 것이지만 죽어가는 생명을 위해 한 거짓말은 거짓말이 아니다. 내가 지옥에 들어가는 한이 있더라도 억울하게 죽는 자는 마땅히 구원하여야 하기 때문이다.

밖에 있는 원자폭탄을 없애려면 마땅히 안에 있는 원자폭탄을 먼저 없애야 한다. 안에 있는 것부터 없애면 곧 밖에 있는 것이 저절로 없어지기 때문이다. 미국, 소련, 중국, 일본이 모두 하나가 되어 한 마음으로 통한다면 무슨 원자폭탄이 필요하겠는가? 그러니 이 문중에 들어와서는 이러쿵저러쿵 불법을 논하고 따지기에 앞서서 상식이고 지식이고 다 털어버리고 오직 열심히 인류평화를 위해서 정성을 쏟아야 할 것이다. 세계가 평화로우려면 먼저 자신을 찾고 자연을 보호하고 모든 생명을 존중하여야 한다. 인권만을 주장하면 동식물이 먼저 말라 죽어 인권보장의 자량이 송두리째 없어져 버리고 만다. 동물들의 욕하는 소리를 듣는가?

"너희들이 아무리 잘났다 하더라도 우리가 없으면 뿌리 없는 가지다."

깊이 새겨듣고 정토를 위해 소아를 버리고 대아에 들어가 묘유진공의 한량없는 공덕을 쓰는 사람들이 되자.

이 우주는 누가 만들었는가

이 세상 만물은 우연히 존재하는 것이 아니라 어떠한 조건이 있어 반드시 생기게 되어 있다. 머나먼 시간을 씨줄로 하여 그들이 살고 있는 장소, 즉 공간을 날줄로 하여 거기 인과의 무늬가 아름답게 수놓아진다. 불란서 파리에 가면 일류화가들이 걸레쪽지 몇 개를 드리워 놓고 헌 신짝 두어 개 놓아두고 천하제일의 예술이라 자랑한다. 굴러가는 개똥 쇠똥이 우리가 볼 때는 아무 의미가 없는 것 같이 느껴지지만, 그 자리 그렇게 있지 아니하면 아니될 여건이 있다. 이것을 불교에서는 인과법이라 한다. 그러니까 이 세상 모든 것은 시간과 공간과 인과, 이 세 가지에 의해서 존재한다. 보잘 것 없는 예술이지만 그것을 높이 잘 걸어놓고 음미하여 보면 이 세상 어느 것 하나 교훈 아닌 것이 없다.

어떤 사람이 캐나다 토론토에 왔다가 자동차와 부딪쳐서 다리가 부러졌다. 관상가나 점쟁이가 보고 당신은 그렇게 병신이 되게 되어 있다 하면 이 사람은 내 사주팔자가 그래서 그랬는가보다 하고 체념한다. 그러나 그 사주팔자를 누가 만들었는가? 한번 생각하여 보자. 나는 어찌하여 토론토에 왔으며, 어떻게 길을 가게 되었나. 물론 아들 딸 사위가 있어 그 힘에 의하여 토론토에 왔고 일가친척을 찾아보려고 거리에 나갔다. 하지만 내가 없는데 아들 딸 사위 친척이 있어도 차사고가 날 것인가 생각하여 보자. 내가 없으면 차사고는 커녕 캐나다라는 이름도 들어볼 수 없었을 것이다. 원인은 나다. 그러므로 이 세상의 모든 근본은 바로 나에게 달려있는 것이다. 태양이 언제부터 떠서 언제 질런지 모르지만 그 태양을 보는 사람이 없다면 태양 또한 아무런 소용이 없다. 그러므로 태양이 시방세계를 비추기 시작한 것도 내가 존재하므로부터 시작된다. 사람은 환경의 지배를 받고 산다고 한다. 하지만 만일 이러한 도리를 아는 사람이라면 도리어 환경을 지배하고 살 수 있다. 지구도 마찬가지다. 지금 이런 질문을 던졌으니 망정이지 지구가 1초 동안에 1.5킬로미터씩을 달리고 있다고 하는 사실을 아는 사람은 드물 것이고, 둥글둥글한 공처럼 생겨 허공 가운데 둥둥 떠 있었다는 것도 모르는 사람이 더러 있다.

그런 이야기를 하면 내가 지구 밑쪽에 들어갔을 때는 이미 땅밑으로 떨어지고 말 것인데, 어떻게 거꾸로 떨어지지 않고 살고 있느냐 반문하는 사람도 있다. 우리의 인력을 능가할 수 있는 힘이 있다면, 사람은 이미 허공 가운데 팽개쳐져서 이 지구처럼 돌고 있을 것이다. 이걸 모르기 때문에 중세기에 지구가 둥글다고 주장한 사람이나 지구가 돌고 있다는 말을 한 사람들이 종교재판에 의하여 산화된 것이다. 얼마나 어리석은 일인가?

지구가 언제부터 돌기 시작하였는가? 지구 그 자체는 한번도 돈 적이 없다. 다만 사람들의 마음이 돈 까닭이다. 시계가 언제부터 '땡'하고 쳤는가? 사람이 맞추어 놓고 치기를 기다림으로부터 친 것이다. 그러니 시계는 한 번도 친 일이 없다. 치게 만든 것도 사람이고 치는 소리를 들은 것도 사람이며, 쳤다고 생각하는 것도 사람이다. 시간과 공간이 이미 그렇다면 인간은 언제부터 누가 만든 것인가? 경전에 이런 말이 있다.

전생의 일을 알려면 금생에 사는 것을 보면 알고
미래 일을 알려면 금생에 사는 것을 보면 안다.
欲知前生事　今生受者是
欲知未來事　今生作者是

이렇게 보면 인간 또한 누가 지어 주어서가 아니라 스스로 짓고 스스로 존재하는 것이다. 언제부터인가 나는 날부터이다. 그러나 이것은 피상적인 이야기다. 쓰이는 것은 모습뿐이므로 모습을 중심으로 하여 우리들은 판단하지만 그것은 내가 아니라 내 것이다. 내 눈, 내 코, 내 입, 내 몸뚱이지 진짜 내가 아니다. 나는 형상이 없다. 형상이 없기 때문에 나는 늙고 병들고 죽는 것이 없다. 형상이 있는 것이라야 변질되는 것이지, 이미 나지 않는 것이라면 죽음도 없을 것이니 그것은 영원한 것이다. 처음도 없고 끝도 없는 것 이것이 인간의 시초다. 시카고에 7살난 아이가 있다. 피아노를 치는데 악보를 한번 보기만 하면 곡조 하나 틀리지 않고 친다. 너무도 잘하기 때문에 음악단을 조직하여 유럽 일대를 다 돌고 미국에서 지금 활동중이다. 하도 신기하여 물어보았다.

"애, 너 어려서부터 피아노를 쳤니?"

"5살부터 치기는 하였지만 그냥 보면 알겠어요"

전생부터 익힌 습관이다. 쌓고 쌓은 소질이 제 8아뢰야식 컴퓨터에 적립되었다가 쏟아져 나오는 것이다. '생이지지(生而知之)'라는 말은 그러한 천재를 두고 한 말이다. 뉴헤븐에 나의 제자가 한 분 있는데 마침 가서 보니 아이를 낳았다. 애 난지 3일 만인데 아이를 한번 보아주지 않겠느냐고 하여 안에 들어가 안았더니 3일된 아이가 울지 않고 방긋이 웃었다. 신기한 일이었다.

"스님과 전생부터 많은 인연이 있나봐요"

엄마가 말했다. 아이들이 아직 듣고 보지 못하는데도 웃고 울고 찌푸리고 놀라고 하는 것은 전업의 느낀 바로서 그러는 것이다. 현대어로 말하자면 잠재활동이다. 프랑스에 갔더니 한 신사가 개인적으로 만날 일이 있다 하였다.

"무엇이냐?"

하였더니 1년 전에 집안에 있는 5살난 아이가 질문하기를,

"아버지 하늘이 왜 푸르러요"

하고 말했다. 아무리 생각하여도 얼른 대답이 나오지 않아,

"자세히 알아 설명해 줄게."

하고 세월이 흐른 것이 1년이 넘었단다. 사전을 찾아보고, 신문, 잡지를 들추어 보고, 철학 과학 교수를 찾아 골고루 물었으나 신통한 대답이 나오지 않았다. 그러나 이런 어리석은 질문을 대중 앞에서는 할 수가 없어서 개인적으로 문의한다는 것이었다. 내가 다시 한 번 물으라 하였더니 그는 정색을 하고 3배한 다음 물었다.

"스님, 하늘이 왜 푸르지요?"

"하늘은 내가 푸르다한 역사가 없느니라."

 인간들이 푸르다 검다 희다 맑다 한 것이지 하늘이 언제 푸르다고 하였는가?

"왜 밥을 먹느냐."

라며 묻는다면 뭐라 답하겠느냐? 그 답은 천차만별일 것이다. 살기 위해서 먹는다, 배부르기 위해서 먹는다, 죽지 않기 위해서 먹는다, 맛있으니까 먹는다. 하지만 결국 따지고 보면 삶의 보람을 찾기 위해서, 일하고자 먹는다. 사람에게 기본적인 생리적 요건이 음식과 색이라 하며 저녁에 잠을 자면서도 숨소리가 '식색, 식색' 한다고 한다. 그러나 막상 그것을 무엇 때문에 해야 되느냐고 했을 때 '이것이다' 하고 내놓을 만한 답은 쉽지 않다.

 이렇게 인간은 만물의 영장을 자처하면서도 자기가 하는 일에 대하

여 정확히 아는 것이 드물다. 그것은 자기를 모르는데 문제가 있다. 기독교식으로 모르면 덮어놓고 하늘에다 미루어버리면 쉽지만 그렇다고 그것이 해결되는 것이 아니지 않는가? 만담가 '신불출'이라는 사람이 있다. '세상에 나오지 못할 것을 나왔다' 하여 불출이라 하였다 하는데 그 사람은 또 어떻게 나오지 못할 것을 알았는지 알 수 없다. 원력이 있어 나왔는지, 아니면 무엇인가 잘못되어 나왔는지 둘 중의 하나일 것이다. 원력이 있어 나왔다면 원력을 실천하여야 할 것이고 잘못되어 태어났다면 그것을 고쳐나가야 할 것이다. 고친다고 하는 것은 자기의 버릇이므로 남에게 미루어서는 아무리해도 고쳐지지 않는다. 들을 때는 그럴듯하여 '내 오늘부터 불교 공부 좀 해보아야지' 하면서도 돌아서서 집에 가면 더 복잡하고 급한 일이 있어 다 잊어버린다. 지금까지 산 것도 그렇지만 앞으로 살 것도 마찬가지이다. 대우주의 근본을 모르면 살아도 산 보람을 얻지 못한다. 인간 세상에서 있는 보람, 자식 보람, 명예 보람, 사랑 보람, 재산 보람 크고 큰 것 같지만 그것은 하나도 가지고 가지 못하는 것, 진짜 나와 함께 갈 것이 무엇이 있는지 생각해 보라.

푸른 산 흰 구름 위에 참된 면목 드러나서
본래 할 일 없으니 5×5는 25로다.
靑山白雲上前露眞面目
本來無一事五五二十五

마음이 허공과 같이 전체적으로 드러난다면 구름 속에서도 언제나 하늘은 하늘일 것이고 땅은 땅이다. 땅 속에서 하늘을 분별하고 하늘 속에서 땅을 분별하다가는 괜히 교통사고를 일으킨다. 운전하는 사람은 운전하는데 전념하여야 하고, 주산 놓는 사람은 그 일에 충실하여야지 운전하면서도 집안 일 생각하고, 주산 놓으면서도 애인을 생각하면 길이 달라지고 숫자가 맞지 않게 된다. 밀가루를 가지고 과자를 만들었다면 그 과자 형태가 개가 되었든 돼지가 되었든 부처님이 되었든 하느님이 되었든 모두가 밀가루다. 해와 달, 별과 별이 모두 다른 것으로 보이지만 알고 보면 낱낱의 물건들이 묘체(妙體) 아닌 것이 없다. 그러므로 옛 선사가 두두물물이 개묘체(頭頭物物皆妙體)라 한 것이다. 보고 듣는 것은 주관에 불과하다. 모양과 이름이 컵이고 지팡이지 원래 그것은 컵도 지팡이도 아니다. 그러므로 컵이라 하여도 걸리고 지팡이라 해도 걸린다. 그렇다고 해서 그것은 지팡이도 컵도 아니라 해도 걸린다. 그러면 어떻게 대답해야 할 것인가? 컵은 마시는 것이니 마시면 되고 지팡이는 짚는 것이니 짚으면 된다. 컵이라 하면 이름과 모양에 걸린 것이고 아니라 하면 공에 빠지기 때문이다.

　그러니 모든 물체를 볼 때 우리는 어떻게 쓰는 것이냐? 어떤 위치에 있느냐? 어떤 한계를 가지고 있느냐를 잘 파악한다면 이심전심할 수 있다. 두부장수는 '두부 사이소?' 소리를 하지 않아도 딸랑딸랑하면

두부장사인줄 알고 엿장수는 '엿사라'는 소리를 안해도 가위소리만 들으면 된다. 그래서 염화미소가 이심전심이고, 덕산 봉(棒) 임제 할(喝)이 절사여행(節思如行)의 도구가 되는 것이다. 술밥에 누룩을 섞어 술을 만드는 것은 술을 마시고자 하는데 목적이 있지 술찌꺼기를 얻으려 하는데 목적이 있는 것이 아니다. 세상 살기가 점점 험해져 가고 있다. 어렵다고 "어떻게 살고?" 걱정만 하면 안 된다. 옛날엔 스승 사(師) 자 든 직업이 좋았다. 의사, 변호사, 판사……. 그런데 지금은 너무 많아 탈이다. 취업이 잘 되지 않을 지경이다. 중심만 탁 잡히면 변호사가 기름 넣는 사람이 되면 어떻고 자동차 운전하는 사람이 되면 어떤가? 복숭아가 한참 맛이 생길 때는 그 씨는 88%밖에 여물지 않는다. 알맹이가 완전히 여물려면 겉살은 묽어 떨어져야만 한다. 알맹이만 남고 살은 어느 곳으로 썩어 없어졌다고 한탄하는 사람도 있으나 그 알맹이가 썩어 새로운 싹이 틀 때 이 세상에는 복숭아 꽃을 볼 수 있다. 내가 어떻게 썩어 기름진 재가 되고 그 재 속에서 싹을 틔워 꽃을 피우고 새 열매를 맺으므로서 향기로운 과일을 제공할 것인가는 그 사람들의 의지에 달려 있다. 오뚜기를 일본 사람들은 '다르마'라 부른다. 달마대사가 9년 면벽을 하면서도 흔들리지 않고, 넘어지지 않았던 그 꿋꿋한 의지를 표현한 것이다. 오뚜기가 되려면 염불 참선을 해야 한다. '관세음보살 관세음보살' 계속 부르든가 '나무아미타불 나무아미타불'을 계속 불러도 좋고 '코카콜라', '세븐업'을 불러도 상관없다. '아미타불', '관세음보살', '석가모니'는 달을 가리키는 손가락에 불과하기 때문이다. 손가락을 보고 '콜라', '세븐업'이라 먹고 싶어하면 곤란하니까 법신의 체상(體相)을 인격화하여 부르는 것이다.

부를 때도 입으로는 부르면서 생각은 돌아다니다가, 이렇게 해서 쓰겠는가? 자꾸자꾸 교섭하면 하나가 되지 않는다. 사람 생각, 돼지 생각, 소 생각, 뱀 생각 모두모두 놓아버리고 관세음이 되면 관세음을 부르는 사람은 모두 하나가 될 것이므로 세상이 한 세상이 되어 평화를 얻을 수 있다.

이것이 우주와 내가 하나되는 길이요, 세계와 내가 하나 되는 길이며 모든 인류가 한 식구가 되는 길이다.

일타(日陀) 스님

일타(日陀) 스님

1929년 충남 공주에서 태어남.
1942년 통도사 고경대강백을 은사로 출가득도.
1993년 조계종 단일계단 전계대화상.
1993년~99년 조계종원로회의 의원, 은혜사 주지.
1999년 11월 미국 하와이 와불산 금강굴에서 입적.

마 음

마음, 마음, 마음 찾기 어렵네
너그러울적엔 법계에 두루하고
줄어지면 바늘도 용납할 수 없도다.
心心心難可尋
寬時遍法界
窄也不容針

　일체유심조(一切唯心造), 모든 것은 마음의 조화라 했다. 마음이 기
쁘고 즐거우면 세계는 한송이 연꽃처럼 아름다운 것, 이런 것을 세계
일화(世界一化)라고 한다. 마음 밖에는 부처도 중생도 따로 없고, 지
옥과 천당도 모두 마음의 그림자에 불과하다. 석가의 제자 중에 제바
달다라는 사람이 있었는데 공부는 했지만 죄를 지어 지옥에 떨어졌
다고 한다. 그에게 아난다라는 아우가 있어서 지옥문을 찾아가 잠시
면회를 할 때였다.
　"형! 지옥의 고통이 어떠시오?"

"지옥에 사는 것이 마치 천당의 즐거움과 맞먹는구나."

제바달다의 대답은 엉뚱하였고, 아난다는 이 말의 뜻을 알아듣지 못했다.

"형! 지옥에서 언제쯤이나 나오게 되겠소?"

"석가가 지옥에 떨어져 들어오면 그때 나가게 될 것이다."

"부처님이 어떻게 지옥에 들어 올 리가 있겠소?"

"부처가 지옥에 들어오지 않는다면 내가 어찌 나갈 턱이 있겠는가?"

아난다는 아무 말도 더하지 못하고 돌아왔으며, 더욱 공부 정진해서 지옥과 천당이 둘이 아닌 도리를 깨달았다고 한다. 마음은 바다와도 같고 허공과도 같다. 풍랑이 격심한 파도 위에서는 어지러움이 있을 뿐이다. 그러나 풍랑이 가라앉은 조용한 바닷물, 즉 명경지수가 되면 여기에는 천삼라(天森羅) 지만상(地萬象), 모든 것을 영인하게 된다. 이와 같이 마음이 안정되어 맑아지면 그저 기쁘고 즐겁고 편안하지 않을 수 없다. 이것을 해인삼매(海印三昧) 안심입명(安心立命)이라고 한다.

모든 행복은 나의 주체성인 마음에 달렸건만, 내 마음이 마음대로 되지 않는 것은 다름아닌 인간 오욕의 굴레 때문인 것이다. 선인 줄 알면서 잡을 수 없고, 악인 줄 알면서 물리칠 수 없는 것은 슬픈 현실의 지옥고가 아닐 수 없다.

그래서 오늘날, 현실사회는 너무나 착잡하다. 살아 있는 생명의 황금나무는 언제나 푸르르건만, 모든 이론은 회색에 불과하다. 이론이 마음에 옮겨지고 그것이 행동에 나타나져야만 하는 것이다. 오늘도 또 하루가 격무에 시달리다가 분주 속에 사라져갔다.

이제는 그만 잠을 자자. 잠들기 직전에 5분 정도만 가슴에 손을 얹고 마음 하느님을 생각하자. 마음 부처를 찾아보자. 마음과 부처와 물건이 하나가 되었을 때, 빛이 생기고 길이 트이고, 여기에 평화와 열반이 있게 될 것이다.

기도와 염원

입가에는 미소를, 가슴에는 태양을, 그리고 희망과 용기를!

나는 이 말을 무척 좋아하고 항상 즐겨 쓰고 있다. 사람의 육신은 마치 자동차 기계와 같은 것이어서, 언제나 고장이 날 염려와 사고의 위험을 안고 있기 마련이다. 그러다가 필경에는 폐차처분을 당할 수밖에 없는 것이다. 이 몸을 가진 이상 병 없는 사람이 어디 있으며, 근심 걱정이 끊어질 사이가 언제 있겠는가? 육십 년이나 칠팔십 년간 희로애락(喜怒哀樂)과 우비고뇌(憂悲苦腦), 그리고 이쇠훼예(利衰毁譽)와 칭기고락(稱譏苦樂), 그 속에서 허덕거리다가 떠나기 마련이다. 그래서 사바세계란 말은 중고집회(衆苦集會) 또는 감인의(堪忍義)라고 하였다. 괴로움의 모임이므로 견디고 참아야만 사는 세상이라는 뜻이다.

그러나 자동차는 언제나 운전기사의 기술과 관리보호에 그 안전도가 달려 있듯이, 내가 나를 잘 관리 운전하는 것은 나의 마음이요, 기술의 숙련도에 있다고 할 것이다. 그러니 이 마음이 참 사람이고, 이 육신은 껍데기에 불과한 것이다. 이 참 사람이야말로 하나님과 통하고, 부처님과도 통하고, 일체 어디에나 통하지 않는 곳이 없는 것이다. 다만, 천 갈래 만 갈래 흩어지는 마음을 거두어 잡아서 오직 하나로 집중시켰을 때, 여기에서 하나님과 대화를 나눌 수 있는 것이다. 아무리 밝은 일월광명이라 해도 구름이 가리면 비칠 수가 없는 것이고, 구정물이나 탁한 물이나 흔들리는 파도 속에는 옳게 나타날 수가 없다. 아무리 천강유수천강월(千江有水千江月)이라 해도, 어쩔 수가 없는 것이다. 이것은 마치, 눈 없는 소경이 천지가 어둡다고 한탄하는 것이나 다름이 없을 것이다. 그렇다면, 어떻게 해야만 눈을 떠서 광명천지를 볼 수 있겠는가? 우리가 밤에, 잠들기 직전 잠시 '몇 시간만 자고 몇 시에 꼭 일어나야겠다' 하고, 깊이 생각하고서 잠이 들면, 어김없이 그 시간에 잠에서 깨어나는 수가 있다. 이와 같이 마음의 훈련을 통해서 마음을 마음대로 만들고, 나아가서 몸을 마음이 시키는 대로 듣게 할 수 있는 것이다.

누군가가 불가능은 없다고 했듯이, 우리는 기도와 염원하는 힘으로 얼마든지 불가능을 가능케 할 수 있는 길이 결정코 있는 것이다. 마음이란 신묘하고 불가사의한 것이어서, 모양이 없는 허공과 같이 전파 광파와도 같이 없는 데가 없고 가지 않는 데가 없다. 이렇게 무한한 자기의 정신을 통해서 일심 기도하고 발원하면, 하늘의 밝은 달이 맑은 물에 비치듯 감응도교(感應道交)가 여등수월(如登水月)이 되기 마련인 것이다. 언제나 경건하게 가거나, 오거나, 앉거나, 눕거나 간에, 신성한 대상(하나님이나 부처님이나)을 향해 염원을 세우고 기도하는 것, 이것이야 말로 가장 중요하고 큰 힘이 되는 것이다. 절실한 염원과 기도는 오매에도 불망이 된다. 이렇게 되면 기적은 먼데 있는 것이 아니다. 이것은 무슨 요행수를 바라는 미신이 아니다. '마음이 있는 곳에 길이 있다' 했으며, '천당은 너의 마음 속에 있다' 했고, '마음이 곧 부처니라' 하니 오직 마음이 하나일 때, 하나님도 뵈옵고 부처도 될 것이다.

해인의 경지

'일심이 청정하면 일신이 청정하고, 일신이 청정하면 다신이 청정하고, 여시 내지 시방중생의 원각이 청정이니라.' 이것은 경전에 있는 말씀으로 정불국토신(淨佛國土身), 즉 붓다의 이상적 세계 평화관의 한 구절이다. 한때 '새마음 운동'이라는 구호가 시정에 많이 나돈 적이 있다. '일심청정'이란 말은 바로 '새마음 운동'이란 말과 크게 다를 것이 없다. '청정'이란 말은 정화 내지 승화한다는 뜻으로 불안이나 갈등, 공포 같은 어려운 휘둘림이 없는 순수한 존재, 기쁨과 즐거움과 편안함을 얻은 맑고 깨끗한 정신상태일 것이다. 언젠가 나는 시내에 세워놓은 아치에서 '가정에 웃음을, 거리에 활기를, 사회에 질서를' 이렇게 씌여 있는 것을 보았다. 한마음이 기쁘고 즐겁고 편안할 때 이 몸도 건강하고 일도 신이 날 것이다. 이러한 나로 말미암아 우리집 우리 가정이 언제나 화기애애하고 웃음의 꽃이 필 것이다.

한집안의 새마음이 온 동네 온 거리에 퍼지면 자연 그 마을 그 거리에는 활기가 넘치고 질서가 정연하게 마련일 것이다. 이것은 온 국토에 또한 이웃나라에 이리하여 온세계에 평화와 안락과 행복을 가져온다면 이것이 바로 부처님의 뜻이 되는 것이다. 내 몸의 불안은 내 마음의 그늘에서 비롯하고, 마음이 맑고 밝지 못하기에 내 몸의 혈액이 응결해서 신병을 초래하게 되는 것이다. 그러기에 '마음이 가는 곳에 피가 간다'고 했다. 기쁜 마음은 맑은 피를, 슬픈 마음은 흐린 피를 만든다. 내 몸과 마음이 잔뜩 저기압이면 가정인들 어찌 단란할 수 있겠는가? 성경에도 말씀하기를 '너희 마음 속에 계시는 하나님'이라 하였으니 하나님은 바로 내 마음 하나라고도 할 수 있을 것이다. '하나님이 만물을 창조하셨다.' 했으니 모든 것을 잘하고 못함은 내 마음 하나 먹기에 달린 것이라고도 할 것이다.

끝으로 그 일심청정을 갖는 방법에는 약방문보다 약이 더 필요한 것이다. 우리는 중생이라는 병에 걸렸기에 방편이라는 약을 써야만 한다. 방편이란 원래 거짓이지만 때로는 약이 되는 것이다. '해인(海印)'이란 것이 있다. 명경지수와 비슷한 말이다. 마음이 조용한 상태를 말하는데 흐리고 탁한 구정물을 조용히 가라앉히면 맑고 깨끗해지듯 맑은 물에는 하늘의 밝은 달이 비치고 삼라만상이 영현(影現)하지만, 어지러운 마음에는 사랑과 지혜의 달이 나타날 수가 없다. 우리 모두 가슴에 두 손을 얹고 만뢰구적(萬籟俱寂)할 때 내 마음을 회광반조하여 일심청청으로 이(理)와 사(事)를 화합해서 진정한 새마음 운동을 이룩해야겠다.

부처님의 수명

부처님은 지금으로부터 약 2615년 전에 탄생하시어 80세 동안 생존하셨다고 한다. 불기는 부처님 열반을 기점으로 해서 계산한 것인데 올해가 2536년이 된다고 한다. 그건 그렇고, 과연 부처님의 수명이 80세일까? 학자들 주장은 대개 그 정도이지만, 우리가 문제 삼는 것은 백 년이냐, 천 년이냐가 문제가 아니라, 유한이냐 무한이냐가 문제인 것이다. 만약 부처님이 지금부터 2615년 전에 탄생하시고 그때를 전후하여 약 백 년 간 생존하셨던 분이며, 현재는 죽고 없는 분이라면 여기에 문제가 없지 않을 수 없다.

말하자면 부처님은 지금부터 약 2615년 전에 생존하셨던 위대한 사상가이며, 종교개혁자이며, 도덕주의자이며, 탁월한 사회개혁자라고 우선 규정할 수밖에 없다. 그

의 위대한 사상이 경전이 되어 오늘에 전해지고 그의 놀라운 행적과 유적이 오늘에 전해져서 오늘과 내일 긴 미래에까지 세계의 평화와 인류의 향상에 크게 기여함으로써 부처님은 역사상 위대한 인류의 교사라고 추앙받아 마땅하리라.

그렇지만 그는 어디까지나 과거의 인물이다. 오늘에 살아 있지 않는 것이다. 이 분이 정녕 우리가 생명을 바쳐 귀의할 부처님이라면 너무나 공허하고 종교적 귀의를 용납할 수 없는 그런 죽은 자에 속하게 되는 것이다.

우리의 세존 부처님이 과연 그러한 것일까? 그렇다면 우리는 교학적 이론체계를 통해서 그의 사상을 이해하는 이상, 하등 나의 생명을 충족시켜주는 생명의 원천이 될 수 없는 것이다. 과연 그러할까?

부처님께서는 말씀하셨다.

"내가 성불한 이래 지내 온 세월은 백천만억 아승지겁이 넘나니 나는 그로부터 이 사바세계에 항상 머물면서 설법 교화하며 백천억 나

유타아승지수의 많은 국토에서 설법교화하여 무량중생을 제도하여 그들로 하여금 불도에 들게 하느니라. 그때로부터 혹 열반을 나툴 때도 있으나, 이는 중생을 제도하기 위한 방편이니 실로는 멸하지 아니하고 항상 이곳에 머물며 법을 설하느니라. 중생이 만약 깊이 믿고 우러러 갈앙심을 내며 곧고 맑고 깊은 믿음을 가지고 일심으로 나를 보려하면 내가 그대에게 나타나, 나는 항상 여기 있어 방편으로 멸을 나투더라도 실로는 멸하지 않느니라……"

이 말씀은 무엇일까? 부처님이 보이신 바 룸비니 동산의 출생이며, 출가수도며, 성도설법이며 또한 열반을 보이심은 그 무엇이란 말인가? 부처님께서는 명백하게 그것은 중생을 깨우치기 위하여 방편으로 나툰 몸이라고 말씀하셨다. 출생과 입멸이 모두가 방편시현이라는 말이다.

따라서 실로는 멸하지 않으며 오히려 나고, 교화 설법하고, 열반에 드는 등 일대의 생애는 그것이 부처님의 자비하신 교화 활동이라는 말씀이다. 부처님의 참 몸은 생사열반을 희롱하는 주체적 당자인 것이다. 부처님 진신은 실로 멸하지 아니한다.

그 수명을 무량아승지겁이라 하여도 맞지 않는 것이다. 시간과 공간이 몽환이며 그러한 시간과 공간 이전에 있는 실다운 존재이기 때문이다.

우리가 보는 역사상의 부처님은 그것이 부처님의 자비시현임은 이미 알았다. 부처님은 참 몸이 아니고 중생을 위하여 짐짓 나투신 변화신인 것이다. 이것을 화신(化身)이라 한다. 다시 말하면 역사상의 석가모니 부처님은 부처님의 화신이라는 말이 된다. 그렇다면 부처님의 본신은 무엇일까? 그것은 법성(法性)의 몸이며 진여의 몸이시다. 근원적 진리이며 일체제불의 본성인 것이다. 이 진여, 법성, 본성의 진리는 감각적 인식으로는 생각할 수 없다. 범부의 분단적 인식구조로는 포착할 수 없는 본질 이전의 실재인 것이다. 그렇기 때문에 부처님은 영원하며, 무한하며, 자재하며, 원만하시다. 일체에 충만하고 영원히 자재하고 구원겁래의 원만자인 것이다. 우리는 모름지기 부처님이 보이신 바 자비하신 방편시현을 통하여서 부처님의 지극하신 은혜를 감득하고 우리들 가슴 속에 진정 부처님의 참뜻을 살려내도록 해야겠다.

부처님께서는 말씀하셨다.

"나는 모든 성인 가운데에 다시 어른이다. 일체 세간의 아버지이니 일체 중생은 모두가 나의 자식이다. 저들이 세간의 즐거움에 깊이 탐착하고 지혜의 마음이 없으며, 삼계가 편안함이 없어 마치 불집과 같으니 그 속에 온갖 고통이 충만하여 가이 두려우니라. 나는 이미 삼계의 화택을 멀리 여의어 고요히 한거하나 이 삼계는 모두가 나의 것이며, 그 속의 중생 또한 모두가 나의 자식이라. 오직 나 한 사람이 있어 저들을 구호하느니라……."

이와 같이 지혜이시며, 지중하신 원력이시다. 천상이나 인간이나를 막론하고 중생들이 사는 이 삼계에 충만한 고통은 필경 부처님께서 제도하시는 것이다. 삼계 내의 중생들은 시간이 있고, 한계가 있고, 속박이 있고, 마침내 죽어가는 수명이 있다. 부처님께서는 삼계에서 뛰어 나셨다. 영원의 생명이시며 구원의 자비이시며 지혜이시다. 삼계 내의 중생세계에서 감각적 인식으로 비춰지는 그러한 '2500여 년 전에 계셨던 위대한 인류의 스승'만은 아닌 것이며 영원한 생명과 진리의 호지자인 것이다. 부처님은 멸하심이 없고, 그 몸 그 위덕 미치지 않는 곳이 없이 항상 여기 계신다. 사월 초파일 부처님이 오신 것처럼 하루하루가 사월 초파일이며, 어느 곳에나 부처님의 자비광명은 우리를 비춰주고 우리를 성숙시키기 위하여 부처님의 거룩한 마음은 쉬지 않으신다. 부처님께서 말씀하셨다.

"항상 중생들의 행함을 알고 그들을 따라 그에 맞는 방편을 써서 그들에게 가지가지 법을 설하며 또한 항상 생각하기를, 어찌하면 저들 모두가 위없는 지혜에 들어서 속히 부처몸을 이룰 것인가를 생각하느니라!"

하셨으니 우리는 영원히 부처님의 지극하신 은혜 속에 살고 있음을 기꺼워하고 감사해야겠다.

불자의 몸가짐

 사람이 살아가자면 지켜야 하는 몸가짐이 있다.

 학교에서 학생의 몸가짐, 선생님의 몸가짐, 상인은 상인으로서의 몸가짐, 공무원은 공무원으로서의 몸가짐이 있다.

 몸가짐이라 하는 것은 상인으로 말하면 생산자와 소비자 사이에서 저렴한 가격으로 편익을 제공하고 이윤을 얻는다고 하는 것과는 직접적으로 아무 상관은 없다.

 공무원도 정확하고 능률 있게 맡은 사무를 처리하면 되는 것이지 몸가짐이 공정 신속한 공무처리와 하등 직접 관계는 없는 것이다.

 그렇지만 그 몸가짐이 흐트러지면 마음자세가 흐트러지고 마음자세가 흐트러질 때 맡은 바 일을 아름답게 해내지 못하는 것이다.

 그러므로 공장에서 일하는 사람이나 광산에서 광석을 캐는 사람이나 식당에서 음식을 만드는 요리사에 이르기까지 각기 규범적인 몸가짐이 필요하고 또한 강조되는 것이다.

 도를 닦는 것도 그와 같은 것이고 신앙하는 것도 마찬가지다. 가져야 할 몸가짐이 있는 것이다.

 이 몸가짐이 직접 깨달음을 가져오거나 종교적 안심을 가져오는 것은 아니지만 그것이 크게 작용하는 것이다.

불교를 믿는 것은 부처님 진리를 자신 속에서 깨달아 진리를 알고 진리의 위력과 은혜를 쓰는 데 목적이 있다.

그렇게 함으로써 개인이 행복해지고 사회와 국가에 평화와 번영이 이루어져 가는 것이다. 불법의 진리를 신앙하고 깨달아가는 데 세 가지 강령이 있다.

하나는 계를 배우는 것(戒學), 둘째는 정을 배우는 것(定學), 셋째는 혜를 배우는 것(慧學)이다. 이것을 삼학이라 하는데 이 삼학을 원만히 닦아야 불교수행이 제대로 된다고 하는 것이다.

세 가지 수행의 상호 관계는 어떠한 것일까? 서로 떨어져 있는 것이 아니다. 지혜와 정과 계는 실지로는 하나로써 작용하고 이루어져 가는 것이다.

그래서 고래로 정과 계가 없는 지혜는 마른 선이라 하였으며, 정과 혜가 없는 계는 궁색한 절개라고 일러 왔던 것이다.

그렇지만 처음 닦아 가는 사람은 불가불 순차가 없을 수 없다. 그것은 첫째가 계이고 둘째가 정이고 셋째가 혜의 순서이다.

물그릇이 단단해야 물이 흔들리지 아니하고, 물이 고요하여야 밝은 달이 물에 드러나는 비유에서 단단한 그릇은 계의 그릇이요, 조용한 물은 정의 물이며 밝은 달은 지혜의 달로 비유되는 것이 불교의 관례이다.

지혜의 달이 나타나자면 물이 맑고 고요하여야 하며 물이 맑고 고요하자면 그릇이 단단하여 흔들리지 않아야 하는 것이다.

그러므로 불교수행에서는 먼저 계를 소중히 하고 몸과 말과 뜻을 잘 간직해야 하는 것이다.

불자가 지켜야 할 계율이라 하면 처음 듣는 사람은,
"이크, 술을 마시지 말라. 마구 뛰놀지 말라."
하고, 구속하는 것이 아니냐고 놀랄지도 모른다. 계율이라고 하면 대개는 무엇무엇을 하지 말라 하고 자유스런 생활을 억제하고 속박하는 것으로 알기 쉽다.

그러나 계율은 속박하거나 무엇 무엇을 하지 말라는 데 있는 것이 아니다. 그 반대다.

속박된 생각을 버리고 자유스럽게 자기 마음의 덕성을 발휘하는 것이고 자기 성품의 아름다움을 드러내는 것이다. 그래서 자유해탈을 지향하는 것이 계의 면목인 것이다.

또 하지 말라는 구속이 아니고 적극적으로 아름답고 평화롭고 덕스러운 자기 본분행을 행하라는 것이다. 자성본분(自性本分)의 덕행을 적극적으로 행동하라는 것이 계율의 취지이다.

불자들이 지키는 기본계는 다섯 가지가 있다. 이것을 오계라 하는데 무엇무엇을 하지 말라는데 있는 것이 아니고, 적극적인 청정행의 전개를 요구하고 있는 것이다.

대개 크게는 산 목숨을 죽이지 마라, 남의 물건을 훔치지 마라, 삿된 음행을 하지 마라, 망녕된 말을 하지 마라, 술을 마시지 마라 라고 규정한다.

이에 대하여 불광회 광덕 스님은 그 계첩에 생명을 존중하라(不殺生), 아낌없이 베풀어 주라(不愉盜), 청정행을 하라(不邪淫), 진실을 말하라(不妄語), 정념을 지켜라(不飮酒) 하였으니 이것은 계의 정신을 바르게 표현한 것이라 생각한다.

불자가 지켜야 하는 계율에는 살펴보자면 근본이 되는 다섯 가지가 있다.

그 첫째는 산 목숨을 죽이지 않는 것이다.

생명은 지극히 존엄하고 신성하다. 아름다운 덕성과 걸림없는 지혜를 가지고 끝없는 능력을 발휘할 근원적 힘의 원천이다.

따라서 생명은 존중되고 보호받아야 한다. 그의 숨은 능력이 숨김없이 발휘될 수 있도록 연마하고, 나아가 사회적 보장으로 그 숨은 능력이 매몰되지 않도록 되어야 한다.

그와 같이 생명이 가지는 신성을 보장해 주는 것이 첫째 계율이다. 그러므로 이 계율을 지키는 방법은 죽이지 않는다는 소극적인 데 있는 것이 아니고 적극적인 생명존중과 생명가치의 발휘에 있는 것이다. 서로 도와 살아가게 하는 데 있다.

둘째는 남의 물건을 훔치지 않는 것이다.

원래 모든 사람은 저마다 부처님의 공덕을 가지고 태어났다. 스스로 노력하여 그 복을 구현하고 발휘하는 데서 생활에 필요한 모든 여건이 갖추어지는 것이다.

그러나 범부들은 지혜의 눈이 어두워 자신의 결핍과 한계를 보며 그 부족을 채우려고 보다 많은 충족을 확보하고자 탐심을 부린다. 그리고 강한 집착심으로 아집의 성을 쌓고 남의 것이라도 제앞으로 끌어당기려고 한다.

그러므로 자신은 더욱 협소한 인간이 되고 이웃과는 대립하며 불안은 더 해간다. 그러므로 원래로 부처님께서 주신 복덕을 누리자면 탐착심을 끊고 마음의 문을 열어 이웃을 도와주어야한다. 이것이 복덕의 문을 여는 방법이다.

그런데도 분수 밖의 탐욕을 부려 남의 것을 훔치기까지 한다면 어찌될까? 자신에게는 복덕의 종자가 끊어져 더욱 가난해질 것이요, 사회는 혼란이 올 것이다.

그러므로 이 계를 지키는 최상의 방법은 조건없이 베풀어 주는 데 있다 하겠다.

셋째는 삿된 음행을 하지 않는 것이다.

사람의 본성은 원래 청정한 것이다. 이것을 지켜 나가는 데서 청정한 덕성이 유지되고 지혜가 빛을 발한다. 이러한 청정심을 흐리게 하는 요인은 애욕에 탐닉하는 것이다.

재가불자들의 결혼으로 맺어진 청정한 가정생활은 허물이 되지 않으나 청순한 정신을 넘어선 삿된 음행은 자신의 심성을 부정하게 만드는 큰 요인이 된다.

이성 간에서도 청정한 존중은 보살의 길이지만 부정한 애욕의 결합

은 자신을 파괴하는 길이 되므로 이를 금하는 것이다. 청정의 종자가
끊어지기 때문이다.

　넷째는 망녕된 말을 하지 말아야 한다.

　참 성품 그대로의 진실한 마음을 쓰고 진실한 말을 할 때에 인간과
세상은 평화로우며 아름다운 창조가 있게 된다.

　진실한 말은 참되고 아름다운 변화를 가져올 수 있는 힘이 있는 것
이며, 망녕된 말은 그 반대의 힘이 있다.

　거짓말을 하거나 독한 말을 하거나 그 때마다 꾸며대는 부실한 말
을 하는 것은 진실의 종자를 끊고 자기 환경을 어지럽히는 근본이 된
다. 그러므로 이 계를 지키는 방법은 항상 참된 말만 하고 밝고 아름
다운 말만 하여야 한다.

　특히 주의할 것은 인간이 본래 지니고 있는 창조적 덕성을 긍정하
는 말만 하여야 하는 것이다.

　다섯째는 술을 마셔 취하지 말아야 한다.

　불자는 항상 밝고 통달한 지혜로 살아가야 한다. 이 밝은 지혜를 흐
리게 하고 흔들리게 하는 요인은 그릇된 사상이라던가 무지라던가
여러가지가 있다.

　그 중에서도 가장 해독이 심한 것이 술이다. 술을 마셔 취하게 되면
밝은 지혜를 잊어버리고 밝은 의지가 허물어진다. 그래서 백 가지 아
름다운 공덕을 잃어버리는 것이다. 이 계를 지키려면 항상 공부에 힘
써 바른 생각이 드러나 있도록 해야 한다.

어떠한 유혹이나 혼란에도 흔들리지 않는 바른 마음을 키워가야 하며, 취하는 것을 멀리하여야 한다. 불자가 지킬 근본적인 오계는 대강 위와 같은 것이다.

그 본질은 각자의 참 성품을 두호하고 지켜가며 그 가치를 발휘하는 데 있다 할 것이다.

그렇게 하는 것이 인간이 진리 위에 서게 되고 사회를 평화롭게 번영되게 하며 역사를 밝게 하는 근원이 된다.

불자들은 오계의 정신을 바로 알아 실천함으로써 스스로 보리를 이루고 아름다운 국토를 가꾸어 가도록 힘써야 할 것이다.

해인 창간에 부쳐

'법에 의지하고 사람에 의지하지 말라.'는 부처님의 말씀이 있다. 이 말씀은 진리를 향해 정진하는 모든 인간이 함께 나누어 가져야 할 양심의 소리다.

불교에는 방대한 분량의 교리적 체계가 있다.

이것은 인간의 고통과 집착의 세계가 끝이 없으므로 그 고통을 해소시키기 위해 베푸신 부처님의 진리의 양약도 그만큼 방대하게 나타났기 때문인 것이다.

또한 민족과 역사, 지역과 언어의 차이에서 오는 정신과 생활의 다양성에 그 원인이 있기도 하다. 언어는 단순한 기록과 전달의 기능만을 갖고 있지는 않다.

현대 언어철학의 이론은 언어의 문자가 인간의 역사적, 사회적인 산물인 동시에 인간의 역사와 사회를 규정하는 존재의 창조적인 힘의 원천임을 지적하고 있다.

전통적인 선종사의 가르침인 진리의 참된 실상은 인간의 언어와 사유에 의해서 제약될 수 없음을 누누이 강조해 왔다.

이러한 선종의 언어초월적인 입장은 흔히 많은 불교도에 의해서 언어부정적이며 역사의 현장에 대한 도외시의 방향에서 잘못 해석되어온 것이 사실이다.

그러나 선종의 언어초월적인 입장은 언어의 상대적인 한계에 대한 지적일 뿐 언어가 갖는 창조적인 역할과, 언어라는 방편을 통해 불지견(不知見)을 개현해야 한다는 일대사 인연을 부정하고 있는 것은 아니다.

다시 말해서 오늘날의 급변하는 사회현실은 장경각에 갇혀 사장 되고 있는 부처님의 말씀을, 이 시대를 건져낼 살아있는 진리의 언어로 살려낼 것을 시급히 요청하고 있다. 그러므로 우리는 부처님의 말씀을 이 시대 중생의 가슴 속에 구체적인 생명력으로 살아있도록, 말씀을 펴는 전법자의 의무를 실천하지 않을 수 없으며, 이러한 전법행이야말로 붓다께서 부촉하신 보살행의 성취라 할 수 있을 것이다.

'부뚜막의 소금도 집어넣어야 짜다.'는 속담이 있다. 불교의 교리나 선 수행의 깨달음이 교학자의 수중이나 납자의 좌복 위에만 존재한다면 불교는 이미 역사 속에 생동하는 종교가 아니라 영적 신비라는 좁은 영역으로 떨어짐을 면할 수 없을 것이다.

해인사에 팔만대장경을 새겨 모신 것도 불교의 대중화에 그 목적이 있었다.

우리 선인들의 예지는 그것을 가르치고 있건만, 우리는 오랫동안 망각해 왔을 따름이다. 젊은 승려들의 참신한 감각으로 문서포교가 활발해짐은 민족이나 불교를 위해 축복할 일이다.

영상매체로 앞서가고 있는 사회보다는 늦은 감은 있지만 언어매체를 통한 불교대중화는 산중과 도시를 가릴 때가 아니다.

서로가 관심을 기울이고 공동체의식으로 일을 나누어 갖고 한 사람에게라도 더 부처님 법정신을 불어 넣도록 하자. 그것이 참다운 법공양의 뜻이다.

진제(眞際) 스님

진제(眞際) 스님

1934년 경남 남해에서 태어남.
1954년 설석우선사를 은사로 출가득도.
1971년 해운정사 창건.
2003년 조계종원로회의 의원.
현재 선학원 이사장, 선학원 중앙선원 조실 및 해운정사 금모선원 조실로 계심.

한가한 일이 있음이여!

법상에 오르시어 주장자를 들어 한번 치고 이르시다.

사람 사람의 이마 위에 큰 광명을 놓으니
옛적에도 빛났고 이제에도 빛남이로다.
좌지우지에 한 진리를 더하니,
다시 허다한 한가한 일이 있음이로다.
한가한 일이 있음이여!

해운대 앞바다의 저녁 노을은
볼수록 아름답구나.

참선은 불자들만이 아니라 사람이면 누구나 익혀야 할 일이다. 참
선을 하게 되면 인생고의 원인이 되는 마음의 온갖 갈등, 번민, 시기,
질투, 교만 등이 자연히 소멸되어 마음의 평화를 얻게 된다. 마음 속

진제(眞際) 스님 221

의 온갖 잘못된 습기들이 말끔히 씻겨나가고 대신 지혜와 자비가 저절로 우러나오게 되니, 세간의 온갖 부조리를 없애는 근본이 된다.

옛날에 임제선사가 발우를 들고 탁발을 하는데, 어느집 문전에 이르러 탁발왔다 하니 한 노파가 문을 열고 대뜸 "이 염치없는 중아!." 했다. 임제선사가 "한푼 시주도 하지 않으면서 어째서 염치없다 하시오." 하니, 노파는 아무 대꾸 없이 문을 닫고 들어가 버렸다. 여기에서 임제선사는 아무 말 못하고 돌아갔다. 한 마디 일렀던들 문전박대를 면했을 것을.

대중아 임제선사를 대신하여 한 마디 일러보라.

대중이 아무 말 없으니 스스로 답하시기를,

삼십 년 간 당나귀를 타고 희롱해 왔더니
금일에 당나귀에게 한 번 들이받힘이로다.
三十年來弄驢騎
今日却被驢子撲

주장자로 법상을 한번 치시고 하좌하시다.

향상일로

이 주장자 진리를 바로 안다면 일생의 참학사(參學事)를 마침이요, 또한 이 주장자 진리를 안다면,

> 끓는 가마솥에 종발소리요
> 귀신 굴 속에 살림살이라.
> 熱盌鳴聲
> 鬼窟裏作活計

누구든지 이 뜻을 확연명백하게 안다면, 단소(丹霄)에 홀로 걸음할 뿐만 아니라, 천성 만성인(千聖 萬聖人)이 우리를 만들어 가두려고 해도 가둘 수가 없다.

향상(向上)의 일로(一路)는 삼세제불과 역대조사의 골수요, 불법의 구경법이다. 이 향상일로를 알아서 살활종탈(殺活縱奪)의 자재(自在)함을 얻어야만, 비로소 만인의 스승이 되어 정법안장을 전수하고 지도할 수 있다.

옛날에 조주 스님이 수유선사를 찾아가, 아무말 없이 법당 문을 열고 들어가서는 눈을 감고 온 법당 안을 더듬었다. 그때 마침 법상에 앉아 계시던 수유선사께서 그 광경을 보시고는 물으셨다.

"무엇을 찾고 있느냐?"

"물을 찾고 있습니다."

"법당에는 한 방울의 물도 없다."

그러자 조주스님은 즉시 일어나서 벽을 더듬으면서 나가버렸다.

알겠느냐? 법당에는 한 방울의 물도 없다고 하는데, 즉시 벽을 더듬으면서 나가버린 뜻은 어디에 있는가? 대중의 말이 없으니 스스로 이르시기를,

주장자가 흘러가서
거친 파도 속에 표류함이로다.
拄杖子流去
洪波裏漂流

바자소암

묘체(妙體)는 담연(湛然)하여 밝고 밝아서 비유할 데가 없음이요, 만기(萬機)를 몰록 쉬니 천성(千聖)도 용납하지 못함이로다. 묘종(苗種)을 좇아서 땅의 토질을 가리며, 말(言語)을 좇아서 사람마다 지혜의 심천을 가리느니라.

석일(昔日)에 한 노파가 토굴에서 혼자 정진하는 어느 스님에게 진리를 깨쳐서 광도중생하기를 바라는 뜻에서, 지극정성으로 공양을 올리며 갖은 뒷바라지를 다 해드렸다. 그렇게 시봉하기를 20여 년이 지난 어느 날, 노파는 그 토굴승의 공부를 점검해 보기 위하여 딸을 시켜서 밥상을 들여 보내면서 한 가지 이르셨다. 딸은 토굴에 가서, 어머니가 시키신 대로 스님 옆에 밥상을 놓고 정진하고 있는 스님을 안으면서 여쭈었다.

"스님, 이러한 때에는 어떻습니까?"

그 스님은 태연히 말하기를,

"마른 나무가 찬 바위를 의지했으니 삼동 혹한에 온기조차 없더라(枯木倚寒岩 三冬無暖氣)."

했다. 딸이 돌아와서 어머니에게 스님의 말을 전해드리니, 노파는 크게 노하여,

"내가 20여 년 동안 큰 마구니에게 공양을 올렸었구나."
하며 당장에 쫓아가서 그 스님을 끌어내고 토굴에 불을 질러버렸다.

　　예로부터 이것은 선가에서 논란이 많았던 법문이다. 그러면 노파는 과연 어떠한 안목을 갖추었기에, 토굴승이 그와 같은 굉장한 답을 하였는데도 20년 동안이나 마구니를 시봉했다면서 토굴을 불태워버렸겠는가? 산승이 보건대, 이 노파는 일등도인과 견주어서 호리만큼의 하자 없는, 참으로 훌륭한 도인 보살이시다. 그렇다면 그 토굴승이 어떻게 답을 했어야 노파가 바라는 뜻에 부합할 수 있었겠는가? 산승이 한 팔을 걷어부치고 그 토굴승을 대신하여 답해 보이리라.

　　이 야호(野狐)들아,
　　야호의 소견을 짓지 마라.
　　알겠는가?

　　　　관에는 바늘도 용납하지 못함이요
　　　　사사로이는 거마가 통함이로다.
　　　　官不容針
　　　　私通巨馬

여인출정화

상당하시어 주장자를 들어 보이시고 이르시되,

이 주장자가 때로는 천하 사람의 눈을 열게 하며,
때로는 천하 사람의 눈을 멀게 하기도 하며,
또한 때로는 십자가두(十字街頭)에서 수기설법(隨機設法)하다가
주장자를 비껴 메고 천봉만봉 속으로 들어감이로다.

여기에서 분명히 안다면, 만인 앞에서 향상의 종승사(宗乘事)를 선
양하고 정법안을 제시하여, 시방이 제응(濟應)하고 팔면이 영롱하며
정오에 삼경을 이루고 남쪽을 향해 서서 북두를 봄이로다.

어떤 분들이 이렇게 걸어왔는고?
부처님 당시에, 하루는 부처님께서 설법을 마치시자 청법대중은 모
두 각자의 처소로 돌아갔는데, 한 여인이 부처님 근좌에 좌정한 채
자리를 뜰 줄 몰랐다. 그러자 문수보살이 부처님께 여쭈었다.
"대중들이 모두 돌아갔는데 어찌하여 저 여인은 자리를 뜨지 않고
저렇게 있습니까?"
저 여인이 정(定)에 들어 있으니 문수 너의 신력으로 정에서 나오도

록 한번 해보아라. 말씀이 떨어지자 문수보살이 신통으로 백천문수를 허공 중에 나투고 위요삼잡(圍繞三匝)을 하고 탄지(彈指)를 해보았다. 그래도 여인이 정에서 나오지 않으니 부처님께서 그 광경을 지켜보시고는 이르셨다.

"문수야, 네가 비록 백천신통묘용(白千神通妙用)을 나투어도 너의 신력으로는 저 여인을 정에서 나오게 할 수 없다. 하방 42국토를 지나가면 망명 초지보살이 있는데 그이라야 저 여인을 정에서 나오게 할 수 있을 것이다."

말씀이 끝나자 곧바로 망명보살이 땅에서 솟아나와 부처님께 예배를 올리니, 부처님께서 입정한 여인을 가리키며 이르셨다.

"저 여인이 정에 들어 있으니, 망명 네가 여인을 정에서 나오게 해보아라."

"예."

망명보살이 대답하고는, 여인을 향하여 손가락을 세 번 튕기자 여인이 바로 정에서 나왔다.

그러면, 문수보살은 과거 칠불의 스승이며 백천신통을 나투었는데도 무엇이 부족하여 그 여인을 정에서 나오게 하지 못했으며, 어찌하여 망명은 초지보살인데도 탄지 세 번에 그 여인을 정에서 나오게 할 수 있었는가?

대중은 알겠는가?

바다가 마르면 그 밑을 볼 수 있음이나
사람은 죽어도 그 마음을 알지 못함이로다
海枯終見底
人死不知心

주장자를 들어 법상을 한 번 치시고, 하좌하시다.

마조서신

푸른 나무 푸른 산은 비로자나 전신이요,
바다 위의 파도 소리는 모든 부처님의 법문이라.
만약 사람이 나에게 '어떤 종지를 아느냐' 묻는다면,
금강반야의 정과 혜의 힘이니라.

綠樹靑山昆盧身
海上波濤廣長說
若人問我何解宗
金剛般若定慧力

주장자로 법상을 한 번 치신 후,

이 주장자 머리 위에 백호광(白毫光)을 놓도다.
拄杖頭上放毫光

이 주장자 머리를 시회대중은 보는가?

보려고 한 즉 눈이 멀고,
보려고 한 즉 골이 깨짐이로다.

여기에서 바로 안다면 제불의 안심입명처를 얻을 것이며, 낱낱 진리의 법문이 확연명백해서 호인(胡人)이 오면 호인으로 나투고 한인(漢人)이 오면 한인으로 나투시어 접인(接人)할 수 있을 것이다.
그 같은 자재한 제접(提接)을 못한다면 아직 대도의 문을 활짝 열어 젖히지 못한 것이니, 다시 참구하고 참구하라.

당대에 마조, 석두, 혜충선사 이 세 분이 삼각을 이루어 크게 선풍을 드날리던 때가 있었다. 하루는 마조선사께서 혜충선사에게 보내는 글을 친히 쓰셔서, 제자 지장스님을 시켜 전하게 하셨다. 지장스님이 편지를 지니고 혜충선사를 찾아가 인사드리니 혜충선사께서 물으셨다.

"근래에 마조도인께서는 만인에게 무슨 진리의 법을 펴는고?"

지장 스님이 즉시 일어나 동쪽에서 서쪽을 향해 걸어가서 말없이 차수(叉手)하였다.

"그것 외에 달리 또 있느냐?"

지장 스님은 서쪽에 서 있다가 다시 동쪽으로 와 가만히 서 있었다.

"그것은 마조도인의 살림살이이고, 그대의 살림을 들어내 보게."

"일찍이 스님께 저의 살림을 다 드러내 보였습니다."

여기에서 혜충선사는 쉬었다.

대중은 혜충선사의 용심처(用心處)를 알겠는가?

혜충선사는 종사가의 안목을 분명히 갖추어서 납자를 훌륭하게 다루었다 하겠다.

마조선사, 지장 스님의 살림을 알겠는가?

> 사자굴 속에는 다른 짐승이 살 수 없음이라.
> 獅子窟裏無異獸

방거사 일가족의 깨달음

옳고 옳음이여
초목과 녹슨 철이 큰 광명을 놓음이요
옳지 못하고 옳지 못함이여
삼세제불이 불 속에 얼음이로다.
옳고 또한 옳지 못함이여
오랑캐의 수염이 붉다더니
붉은 수염의 오랑캐로구나.
是是
草木古鐵放大光明
不是不是
三世諸佛火裏氷
是不是
胡鬚赤更有赤鬚胡

어떠한 분들이 이렇게 걸어옴인고?

마조선사, 석두선사 두 분이 쌍벽을 이루어 당나라 천지에 선법을
크게 선양하시던 때다. 하루는 방거사가 큰 신심을 내어 석두선사를

친견하러가서 예 삼 배를 올리고 물었다.

"만 가지 진리의 법도 벗을 삼지 아니하는 자, 이 어떤 분입니까?"

묻는 말이 떨어지자마자 석두선사께서는 방거사의 입을 틀어 막았다. 여기에서 홀연, 방거사의 마음광명이 열렸다. 거사는 석두선사께 큰절을 올리고 그 걸음으로 마조선사를 친견하러 가서 종전과 같이 물었다.

"만 가지 진리의 법도 벗을 삼지 아니하는 자, 이 어떤 분입니까?"

"그대가 서강수(西江水) 물을 다 마시고 오면 그대를 향해 일러 주리라."

마조선사의 고준한 이 한 마디에, 방거사의 마음광명이 여지없이 활짝 열렸다.

그런 후로 집에 돌아와서 대대로 물려받은 가보와 재산을 전부 마을 사람들에게 흔연히 보시하고, 자신은 가족과 함께 개울가에 초암을 지어놓고 산죽을 베어다가 쌀을 이는 조리를 만들어 팔아서 생활하였다. 부인과 딸이 하나 있었는데, 모두 참선수행에 몰두하여 마침내 온 가족이 진리의 눈이 열렸다.

어느 날 방거사가 딸 영조를 보고 말하기를,

"밝고 밝은 일백 가지 풀끝에 밝고 밝은 조사의 뜻이로다."

하니, 영조가 즉시 되받아서 말했다.

"머리가 백발이 되고 이가 누렇게 되도록 수양을 하셨으면서, 그러한 소견밖에 짓지 못하셨습니까?"

"그러면 너는 어떻게 생각하는고?"

"밝고 밝은 일백 가지 풀끝에 밝고 밝은 조사의 뜻이로다."

아버지 방거사가 똑같은 답을 했었는데도 그러한 소견밖에 짓지 못했느냐며 호통을 치고는, 자신 또한 그렇게 말했던 것이다.

여기에 참으로 고준한 안목이 있으니, 방거사는 천추만대에 불법의 귀감이 될 훌륭한 딸을 둠이로다.

하루는 방거사 가족이 함께 초암 중에서 쉬고 있던 차제에, 방거사가 불쑥 한 마디 던졌다.

"어렵고 어려움이여, 높은 나무 위에 한 섬 기름을 펴는 것과 같음이로다."

방거사 보살이 그 말을 받아서,

"쉽고 쉬움이여, 일백 가지 풀 끝에 조사의 뜻이로다."

하니, 이번에는 딸 영조가 받아 응수하였다.

"어렵지도 아니하고 쉽지도 아니함이여, 곤(困)한 즉 잠자고 목마른 즉 차를 마심이로다."

이 세 마디 법문을 바로 알아갈 것 같으면, 부처님과 조사와 더불어 억만 년이 다하도록 불국토에서 진리의 삼매락을 누리게 될 것이다.

대중은 방거사 일가족의 살림살이를 알겠는가? 산승이 당시에 있었던들, 세 분을 각기 주장자로 삼십 방씩 때렸을 것이다.

만약 사람이 있어, 방거사 일가족이 멋진 법문을 하여 천추만대에 불법을 빛나게 하였거늘 스님은 무슨 장처(長處)가 있어서 고인들에

234

게 방망이를 내리느냐고 물을 것 같으면,

> 내년에 다시 새 가지가 있어
> 봄바람에 어지러이 쉬지 못함이로다.
> 來年更有新條在
> 惱亂春風來未休

투자선사의 진면목

법상에 오르시어 주장자를 들어 보이시고 이르시되,

> 선(禪)을 선이라 하면
> 머리 위에 머리를 둠이요
> 선을 선이라 아니하여도
> 뾰족함 위에 뾰족함을 더함이로다.

시회대중은 어떻게 일러야 옳으냐?
대중의 말이 없으니 스스로 이르시되,

봄이 옴에 풀이 저절로 푸름이로다.

春來草自青

석일에 조주선사께서 투자선사를 방문하여 물음을 던지셨다.

"크게 죽은 사람이 문득 살아날 때 어떻습니까."

"밤에 행하는 것을 허락치 아니하니 모름지기 밝거든 이를지니라."

투자선사께서는 이렇게 답하셨는데, 만약 사람이 있어 산승에게

"크게 죽은 사람이 문득 살아날 때 어떻습니까?"

하고 묻는다면,

남방에서 온 눈푸른 늙은이가 부처님 진리를 앎을 허락치 않음이요. 남방에서 온 눈푸른 늙은이가 부처님 진리를 앎을 허락함이로다.

투자선사께서 도로변에서 기름장사를 하며 지내실 적에, 또 조주선사께서 방문하여 물으셨다.

"어떤 것이 투자(投子)입니까?"

투자선사께서 기름병을 들어 보이시니 조주선사께서 말씀하셨다.

"나는 투자선사를 물었지 기름병을 묻지 않았습니다."

이에 투자선사께서는 다시 기름병을 들어 보이시며,

"기름이고 기름이니라(油油)."

하셨다.

대중은 투자선사를 알겠는가?

산승이 보건데, 유유(油油)라 함도 옳은 즉 옳음이나 진투자(眞投子)는 아님이로다.

주장자를 던지시고,

대중아, 보고 보라!

문득 법상에서 내려 오시다.

위산 삼부자의 해몽

법상에 오르시어 한참 묵묵히 계시다가 주장자를 들어 법상을 한번 치시고 이르시되,

푸른 바다에 밝은 구슬이요 형산(荊山)에 보배구슬이라, 명주(明珠)와 보옥(寶玉)이 하늘과 땅에 빛나니 아는 자 누구인고?

누구든지 이 명주와 보옥을 바로 알 것 같으면 금일 결제가 곧 해제일이요, 일체가 해탈법이며 곳곳마다 상적광토(常寂光土)라.

만약 알지 못할진대는, 주야를 불문하고 각자의 화두를 성성하게 들어서 일념(一念)이 만 년 되어가게 할지어다.

옛날에 위산선사 회상에는 천 오백 대중이 모여 수행생활을 하였다.

하루는 위산선사께서 제자들의 아침 문안을 받는 시간에, 자리에서 일어나지 않고 누워 계셨다.

앙산 스님이 들어 와 문안을 드리자 위산선사께서는 벽을 향해 돌아누워버리셨다.

"제가 스님의 제자이온데 어찌 일어나지 않으십니까?"

앙산 스님이 이렇게 여쭙자 위산선사께서 말씀하셨다.

"내가 간밤에 꿈을 꾸었는데 그대가 나를 위해 해몽을 좀 해 보게."

앙산 스님은 즉시 밖에 나가서 대야에 물을 가득 떠다가 위산선사 옆에다 놓고 나갔다. 그런 후에 향엄 스님이 들어와 문안드렸다.

"밤새 존후가 어떠하십니까?"

"내가 간밤에 꿈을 꾸었는데 그대가 나를 위하여 해몽을 해 주게."

이에 향엄 스님이 즉시 밖에 나가서 정성껏 차를 달여와 바치니, 위산선사께서 크게 기뻐하시며 말씀하셨다.

"나의 두 제자가 사리불의 지혜를 뛰어 넘는구나."

대중은 앙산 스님이 물을 떠오고 향엄 스님이 차를 다려 온 뜻을 알겠는가? 금일, 산승이 앙산 스님과 향엄 스님 이 두 분의 꿈 해몽에 대하여 점검해 보건대, 두 분께서 해몽을 멋지게 하시긴 했으나 팔부밖에는 못했다고 하겠다. 그러면 어떠한 것이 온전한 십분(十分) 해몽이냐?

> 연기가 죽림을 덮으니 산은 옥을 머금음이요,
> 이슬이 노란꽃에 맺히니 땅에서 금이 솟음이로다.
> 煙籠竹林山含玉
> 露滴黃花地涌金

주장자로 법상을 한번 치시고 하좌하시다.

취암미모

법좌에 오르시어 양구(良久)하신 후 주장자를 들어 보이시고 이르시되,

이 주장자를 세우면 나라는 부흥함이나
시골 노인들은 얼굴을 찌푸림이요,
이 주장자를 세우지 아니하면 나라는 쇠퇴함이나
시골 노인들은 손뼉을 치며 웃음이로다.

여기에서 밝게 알면 오늘 결제가 곧 해제일이라, 처처가 불국토며
진진(塵塵)이 해탈삼매가 되리라.

중국의 취암선사께서 어느 하안거 해제일에 상당하시어 법문하셨
다.
"노승이 여름 석 달 동안 대중을 위하여 갖은 법문을 설하였는데,
시회대중은 노승의 눈썹을 보았느냐?"
이때에 대중 가운에 답을 하는 이가 아무도 없었다. 후에 보복선사
께서 답하시기를,
"도적질을 함에 마음이 허(虛)합니다(作賊人心虛)."
하셨다.
또, 장경선사께서는 '났습니다(生也)'라고 하셨고, 운문선사는 '관
(關)'이라 답하셨다. 시회대중은 알겠는가? 이 세 분의 답처(答處)를
바로 안다면 백천 공안을 한 꼬챙이에 꿰어버리리라.
대중은 일러라, 취암선사의 묻는 뜻이 어디에 있느냐?

철위산이 만 겹이나 둘렀음이로다.

鐵圍山萬重圍

주장자로 법상을 한번 치시고 자리에서 내려오시다.

혜충국사의 무봉탑

뜰앞에 버드나무는 봄이 옴에 스스로 푸르지만

인생은 한번 감에 다시 오기 어렵도다

누구든지 생사윤회의 고통을 면하고자 할진대는

정법을 듣고 이 일을 밝힐지니라.

庭前楊柳春來靑

人生一去更不難

欲免生死輪廻苦

聞得正法明此事

이 일을 논하자면, 삼세제불도 삼천리 밖에서 거꾸러지고 문수 보현도 몸을 감출 곳이 없음이라.

이 일을 밝히지 못하면 설사 부귀영화를 누리며 백 년을 산다고 해도, 백천생멸(百千生滅)을 이끌 뿐, 아무런 값어치가 없다.

그렇다면 어떻게 해야 값진 삶을 살고 나고 죽는 윤회의 고통에서 영구히 벗어날 수 있겠는가.

누구든지 부처님의 정법을 의지해서 금강신심(金剛信心)으로 수행해 간다면, 그로인해 윤회고에서 영구히 벗어나고 한 걸음 한 걸음 정안에 접근해서 필경에 불과를 증득하게 된다.

화두참구의 참선법을 올바르게 익혀서 큰 용맹심을 발해 전력투구하면, 많은 생을 허비하지 않고 한 생에 단박 깨칠 수 있는 것이다.

중생은 일분 일초도 쉴 새없이 이 생각 저 생각 온갖 망념의 기멸(起滅)이 있을 수밖에 없다.

아무리 무심하려 해도 무심할 수 없고 생각을 없애려 해도 없앨 수가 없는 것이다.

이러한 중생의 업을 제거하는 길이 바로 참선법이니, 화두 한 생각을 오매불망 참구하다 보면 모든 기멸심이 차단되는 것이다.

진의심이 발동되어 간절한 한 생각이 흐르는 물과 같이 지속되면, 보는 것 듣는 것을 다 잊게 되고 온갖 번뇌 망상이 자취를 감추게 된다.

이와 같이 육근육식(六根六識)의 경계가 다 물러서고 시공을 다 잊어버린 상태에서 일념삼매에 들었다가 일기일경상(一機一境上)에 홀연히 화두당처(話頭當處)가 해결된다.

여기에 이르면, 중생의 팔만 사천 번뇌가 팔만 사천 지혜로 화해 세상사 온갖 것이 진리 아닌 것이 없게 된다.

중국 당대의 유명한 도인이신 혜충선사는 40년 동안을 백애산에서 머물며 수도에만 진력하시다가, 칙천황후의 간청으로 하산하여 국사가 되셔서 삼 대에 걸쳐 널리 교화를 베푸셨다.
숙종 대에 하루는 황제가 혜충국사 처소를 방문하여 청하기를,
"서천에서 온 대이삼장이 타심통으로 사람의 마음을 다 볼 수 있다고 하니, 스님께서 한번 시험해 보십시오."
하였다.
그리하여 국사께서 대이삼장을 불러 묻기를,
"그대가 타심통으로 모든 사람의 마음을 알 수 있다고 했는가?"
하니, 대이삼장은 그러하다고 답하였다. 국사께서 잠시 동안 가만히 계시다가 물으셨다.
"노승의 마음이 지금 어디에 있는고."
"일국의 스승이거늘 어찌하여 촉천 강 위에 배들이 경주하는 것을 보고 계시옵니까."
국사께서 또 잠시 가만히 계시다가,
"지금은 노승의 마음이 어디에 있는고?"
"스님께서는 일국의 스승이거늘 어찌하여 천진교상에서 원숭이들이 서로 희롱하는 것을 보고 계십니까?"

국사께서 또 잠시 계시다가 물으셨다.

"지금은 노승의 마음이 어디에 있는고?"

대이삼장이 아무리 찾아도 마음 있는 곳을 찾지 못하여,

"아무리 찾아도 모르겠습니다."

하니, 국사께서 큰 소리로 꾸짖으시며,

"타심통이 어디에 있는고?"

하셨다. 대중은 알겠는가?

세 번째 물음에서 대이삼장은 왜 알지 못했을까? 대이삼장뿐만 아니라 삼세의 모든 부처님도 알지 못함이로다.

후일에 한 스님이 조주선사께 묻기를,

"국사께서 세 번째는 마음을 어디에 두셨기에 대이삼장이 보지 못했습니까."

"삼장의 콧구멍 속에 있었느니라."

그런 후에 다시 현사선사께 묻기를,

"삼장의 콧구멍 속에 있었을진대는 어찌 보지 못하였습니까?"

하니, 현사선사께서 대답하시었다.

"너무 가까운 까닭에 보지 못하였다."

시회대중아 혜충, 조주, 현사선사를 알겠는가?

세 분 네 분이 모두
진흙 덩어리를 만지는 이들이로다.
三箇四箇漢
弄泥團漢

　혜충국사께서 임종에 다다랐을 때, 숙종황제가 방문하여 말씀드리기를,
　"스님께서 돌아가신 후에 무엇을 해 드리리까?"
하니, 혜충국사께서 대답하시었다.
　"노승을 위해서 무봉탑(無縫搭)을 조성해 주시오."
　숙종황제가 다시 여쭙되,
　"그러면 탑의 모양은 어떻게 해야 합니까?"
하니, 혜충국사께서 아무 말 없이 한참 앉아 계시다가 물으셨다.
　"알겠는가."
　"모르겠습니다."
　숙종황제가 그 뜻을 도저히 알 수 없어 이렇게 대답하니, 혜충국사께서 다시 이르셨다.
　"그러면 이후에 나의 제자 탐원을 청하여 물어 보시오."
　무봉탑의 모양을 묻는데, 아무 말 없이 앉아 계신 도리가 무엇인가?
　후에 설두 중현선사께서 송(頌)하시기를,

무봉탑 보기가 어려운지라

맑은 못에는 창룡이 사리고 있음을 불허함이로다.

층층이 우뚝하고 모양은 분명하니

천 년 만 년토록 만인에게 보게 함이로다.

無縫塔見還難

澄潭不許蒼龍蟠

層落落影團團

千古萬古與人看

  어찌하여 무봉탑은 보기가 어렵다 하며, 맑은 못에 창룡이 사리고
있는 것을 허락치 아니한다는 것은 또 무슨 뜻인가?

  여기에서 확연명백한 눈이 열린다면 불법진리의 안목을 갖추었다
고 할 수 있을 것이다. 대중은 혜충국사와 설두선사를 알겠는가?

  하늘과 땅을 꿰뚫고,

  홍파(洪波)가 치고 쳐서

  백랑(白浪)이 하늘까지 치솟는

  그 가운데서 전신(轉身)해야

  두 분을 바로 보리라.

월운(月雲) 스님

월운(月雲) 스님

1928년 경기도에서 태어남.
1947년 경남 남해 화방사에서 운허화상을 은사로 출가득도.
1959년 통도사 강사 역임, 봉선사 주지.
현재 중앙승가대학 교수, 동국역경원장, 남양주 봉선사 주석.

너스레를 벗는 용기

어려서 사랑방에서 들은 이야기다. 누구였는지 이름은 잊었으나 매우 점잖은 샌님이 말을 타고 구종을 거느리고 눈길을 가고 있었다. 얼마쯤 가다가 갑자기 샌님께서 뒤가 보고 싶어 길을 멈췄다. 샌님은 말 뒤에 웅크리고 앉아 눈 위에다 소담스럽게 볼일을 보고는 얼른 말에 올라타 혼자 떠나면서 구종놈에게 "좀 치우라"고 했다. 그런데 구종놈은 이내 뒤를 따라오는 것이었다. 샌님이 이상히 여기면서 왈,

"어찌 벌써 따라오느냐?"

구종놈 응대 왈,

"휴지만 치웠습니다요."

"그러면 어쩐다지?"

"뭐 개가 싼 것으로 알겠습지요."

라고 하였다. 이 한 토막의 대화를 들었을 때 퍽이나 재미있게 웃었던 기억이 있다. 결국 샌님을 개에 빗대어준 아랫것의 재치가 상쾌하게 여겨졌던 것이다.

세월 따라 나이를 먹으면서 세상의 이 구석, 저 구석에서 그와 비슷

한 일을 너무도 많이 보아서, 그 날의 재미있어 했던 기억은 오히려 시들해지고 다른 면에서 무엇인가를 보여 주는 교훈 같다는 생각을 하기도 한다. 선문에는 '장착취착(將錯就錯)'이란 말이 있다. 풀어 말하면 '잘못을 가지고 잘못에 보탠다'는 정도로 표현할 수 있을 것이다. 나는 이 샌님과 구종놈의 대화가 장착취착의 한 사례라고 생각해 본다. 아무리 백설이 만건곤한 호젓한 곳이었다 해도 엄연히 길 복판에다 볼 일을 본 것 자체가 잘못인데다 그것을 남보고 치우라는 일이 또한 잘못이었다. 그래서 속절없이 개, 또는 개 같은 짓의 주인공임을 감수해야 했던 사연이 오늘의 주변에도 수두룩하지 않은가. 인간이 어찌 잘못이 없을 수 있으랴. 아니 어쩌면 인간이기에 간혹 잘못을 저지름으로써 묘미가 있지 않겠는가. 문제는 그 잘못을 어디서부터 어떻게 풀려고 시작하는가에 큰 사람, 작은 사람의 차이가 있을 뿐이다. 잘못임이 발견되었을 때엔 곧 그 원점으로 돌아가서 풀려는 자세가 더 중요한 것이다.

장자는 길잃은 나그네에 이 일을 견주어 말한 적이 있다.

"산에서 길을 잃었거든 그 자리에서 헤매지 말고 지체없이 되돌아와서 확실하게 바른길을 발견한 뒤에 다시 생각하라."

했다. 불교에서는 이것을 참회라 하고 있다. 단순히 입에 붙은 사과가 아니라, 모든 너스레를 홀랑 벗어던질 줄 아는 용기를 곁들인 뉘우침이어야 한다고 가르치고 있다. 그러나 그것이 어찌 쉬운 일이겠는가? 번연히 잘못된 것을 지적해주어도,

"내게 무슨 잘못이 있느냐?"

하고 우겨대는 부류들이 있다. 또 남보기에는 자신도 별 수 없는데 남의 잘못을 까발리는 데는 선수인 부류도 있다. 따지고 보면 모두가 잘못을 바닥에 깔고 일을 바로잡겠다고 하는 셈이니, 어디에 승복할 구멍이 있으랴. 이 너와 나의 바닥에 깔려 있는 잘못의 뿌리를 공동의 적으로 설정하고 과감히 힘을 합쳐야 할 것이다. 그것이 바로 화합된 번영을 이룩하는 지름길일 것이다. 세계의 뭇인류가 모이는 큰 굿판이 벌어진 요즘이다. 그들에게 5천년 고이 가꾼 도덕력을 보여주는 일, 메달을 얼마나 따느냐 보다 못지 않을텐데……. 하고 생각해 본다.

후박나무의 사연

봉선사 경내에는 제법 큰 후박나무 두 그루가 서 있다. 하나는 청풍루와 법당 뜰 사이의 안내판 뒤에 있고, 또 한 그루는 그 서쪽 끝에 서있다. 이 두 나무가 이렇게 서 있게 된 사연은 대략 다음과 같다.

그러니까 지금으로부터 약 17년 전 내가 봉선사로 짐을 옮겨 자리를 잡을 무렵이었다. 그 때만 해도 내왕하는 인원도 한가롭고 절 도량의 짜임새도 퍽이나 엉성했었다. 그럼에도 조실스님(운허노화상)께서는 연신 각종 나무들을 주어다 심으시고 화초들도 손수 재배하셔서 분위기를 가꾸고 계셨다. 그러던 어느 날 아이들을 현등사로 보내서 후박씨를 받아오라 하시더니 광동학교 묘포장에다 맡겨 모종을 기르게 하시는 것이었다.

그 다음 다음 해쯤이던가? 묘목이 휘추리가 되었는데 이때 마침 서울서 이씨 청정행이라는 보살님이 오셨다가 후박 묘종을 몇 개 사 가지고 들렀다. 절에서 잠시 쉰 보살은 떠나기 직전 자기가 사 가지고 온 묘목 틈에서 못난 구부랭이 하나를 쑥 뽑아 던지고 가는 것이었다.

그 광경을 본 나는 어쩐지 아깝다는 생각에서 축대 밑에다 아무렇게나 묻어 주었는데 그게 차츰 커서 지금의 안내판 뒤, 봉선사 중심에 제일 점잖은 정자나무가 된 것이다. 그리고 그 서쪽에 있는 후박은 그 이듬해쯤인가 노스님께서 쭉 곧은 휘추리 하나를 심으신 것인데 아이들이 나중 전하는 말로는 주지스님이 주지된 것을 기념하기 위해 심었다고 하시더라는 것이다.

결국 두 그루의 나무 중 하나는 버려질 뻔했던 과거의 소유자요, 다른 한쪽은 어른께서 마음 두시고 쭉 곧은 놈을 골라 심으신 축복 받은 자다. 그러나 그들의 과거는 오늘에 와서 별 문제가 되지 않고 있는 것이다. 제각기 제자리에 우뚝 버티고 서서 나무 중의 군자로서의 품위를 막상 막하로 발휘하고 있는 것이다. '10년이면 강산도 변한다'고 했지만 10년 남짓한 사이에 제각기 다른 과거를 가지고 있으면서도 그러한 차이를 초월하여 오늘을 착실히 살아가고 있는 그들에게서 무엇인가 새로운 교훈 같은 것을 느낀다.

근대의 교육이 이 땅에 정착된 이래 그 동안 많은 인원이, 많은 젊은이가 교문을 나서서 사회 각계에서 활약하고 있다. 개중에는 자신이 둔재라고 개탄한 이도 있었을 것이고, 또는 자신의 앞길을 꽉 막혔다고 개탄한 이도 있었을 것이다. 그러나 이 사회의 일원으로서 뛰고 있는 그들은 거의가 '그날그날을 착실히 살아가는 것만이 삶의 비결이다.' 라는 체험의 문턱에서 다시 만나고 있는 것이다.

금강경에 '과거의 마음도 잡을 수 없고 현재의 마음도 잡을 수 없고 미래의 마음도 잡을 수 없다.'고 하셨다. 과거는 지나갔으니 미련을 두지 말고 현재는 다가왔으니 망설이지 말고, 미래는 아직 오지 않았으니 공상을 말라는 말씀일 것이다. 그래서 선문에서는 조고각하(照顧脚下), 즉 '서 있는 자리를 확인하라'고 가르친다. 지금 이 시각에, 내가 서 있는 이 위치에서 최선을 다하라는 뜻이다.

젊은이들이여! 무엇에도 망설이지 말고 오직 오늘의 자신을 바르게 관리하기에 전력을 다하자. 그리하여 그에 대한 소중한 대가에 대하여는 초연한 자세로 맞을 준비를 하자.

불교를 어떻게 믿을까

나는 가끔 낯모르는 사람들에게 이런 질문을 받았다.

"불교를 믿고 싶은데 어떻게 해야 되는가?"

이 물음에 알맞은 대답은 여러가지가 있어야 마땅하겠지만, 대체로 그들의 표정이나 말의 억양을 보아서 다음과 같은 내용으로 이야기를 해주면 일단 알아듣는 것 같았다. 우선 이 물음을 분석하건대, 첫째 불교란 어떤 것인가? 둘째 불교를 믿으려면 어떤 절차를 밟아서 입교해야 되는가? 셋째 입교한 뒤엔 어떤 수행을 쌓아야 되는가? 라고 보겠다.

첫째, 불교란 어떤 것인가?

이것 역시 용이하게 대답하기 어려운 문제이다. 그러나 꼭 한 마디로 말하면 '부처님의 가르침', 또는 '부처가 되기 위한 가르침'이라 하겠다. 부처님이란 완전한 인격자, 또는 '깨달으신 님'이란 뜻을 가진 낱말인데 지금 우리가 알고 있는 부처님은 지금으로부터 2600여 년 전 인도에 탄생하셔서 우리처럼 생존하시다가 80세를 일기로 세상을 뜨신 석가모니를 말한다. 이 세상에는 여러가지 종교나 철학이 있어 제각기 인생관 세계관을 펼쳐 자기의 이론을 전개하는데, 개중에는 초인간적인 위치에서 세상을 구제한다고 하는 절대자에 의하여 인간의 행복과 불행이 결정지어진다고 하는 이도 많았다. 그러나 석가모니 부처님은 자신을 길잡이, 또는 솜씨 있는 의사에 견주면서 인간이 인간으로 걸어야 할 길을 제시해주는 것으로 포교의 지상과제를 삼으셨다. 인간이기에 죄를 범할 수도 있고, 뉘우칠 수도 있고 착한 일도 할 수 있는 것이다. 이 능력을 유감없이 드러내 보이시고, 인(因)을 개발하는 데 온 정력을 쏟을 것을 권장하셨다. 그러므로 부처님은 탄생하시던 날 외치기를

"하늘 위와 하늘 아래서 '내가' 가장 높다."

하셨고, 도를 깨달아 부처를 이루시던 날 외치기를,

"중생은 누구나가 똑같은 부처인데 망상 때문에 얽매어있다."

하셨고, 열반에 드실 때엔 말씀하시기를,

"너희들이 법을 보면 영원히 나를 보리라."

라고 하셨다. 이 세 토막의 어룩만 보아도 부처님은 '이 세상에는 인간이 가장 높다', 그 가장 높은 인간의 본성이 피부나 언어나 종족이나 빈부를 이유로 해서 멸시를 당하거나 압박해서는 안 된다, 더구나 인간의 머리 위에 '신'이란 우상물을 설정하고 그 앞에 온갖 의식이나 제물을 바치는 것은 이 존귀한 '나', 즉 '인간 본연의 성품을 구박하는 것'이라고 규정하셨다. 이와 같이 인간이 자기의 본성을 무시하고 가리우는 이유에 대하여 부처님은 망상 때문이라 하시고 이 망상이 있는 자와 없는 자의 차이가 중생과 부처라 하였다. 그리하여 망상이 다한 이는 영원히 부처와 함께 살게 되고 망상이 다하지 못한 이는 설사 부처님 곁에 있더라도 부처님을 보지 못한다 하신 것이 마

지막 유언이다. 그러므로 불교란 자신이 지니고 있는 무한한 본성을 망상의 침노에서 벗어나 완전한 인격인 부처님에게로 가까워지라는 것임을 알겠다.

다음, 불교를 믿고 싶은 이는 어떤 절차를 밟아야 하는가? 이는 극히 어려우면서도 쉬운 일이니 어디서나 가까운 절에 가서 입교할 뜻을 말하면 된다. 만일 부득이한 사유가 있어 절에까지 갈 수 없으면 집에서 혼자 마음으로 결심하면 된다. 불교에서는 이를 '발심'이라 하는데 발심한 불자는 먼저 내 생명 다하도록 삼보에 의지할 것을 다짐해야 하니 이를 '삼귀의'라 한다. 삼보란 부처님(불)과 가르침(법)과 스님들(승)인데, 이 세 가지는 인생을 참되게 살게 하는 가장 소중한 존재인 것이 마치 세상의 보물과 같다는 뜻에서 부르는 말이다.

흔히 생각하기를 절에 가려면 돈이나 쌀을 많이 가지고 가야 하는 것으로 아는데 실은 그렇지 않고, 부처님께는 진실한 발심 하나가 소중한 공양인 것이다. 이 소중한 공양에 곁들여 기어이 물질적인 공양을 올리자면 향, 초, 과일, 쌀, 꽃 등 다섯 가지를 올리게 되어 있으나 처음 발심한 이가 어디서 그것들을 구하는지 모르는 경우가 있으므로 향촉대금이라 하여 돈을 내는데 돈의 액수는 자기 매월 생활비에서 3일분이면 된다고 생각한다.

발심한 불자가 삼귀의를 선서하여 입교한 뒤에는 나쁜짓은 그치고 착한 일은 받들어 행할 것을 다짐해야 한다.

이런 의식을 수계식이라 하니 살생이나 간음같은 부도덕한 일은 단

연코 결별해야 하는 의무를 진다. 이것을 계행이라 하는데 계행을 깨끗이 지키지 않으면 그의 신앙은 순수해지지 못한다.

이상으로 보건대, 어떻게 입교하느냐 하는 문제는 누구나 괴로움이 있든지 소원하는 바가 있든지 혹은 보다 참되게 살기를 원하거든 절에 가서 스님들께 그 뜻을 말하고, 불전에 합장하고 삼귀의 의식을 올려 불공을 하거나 마음속으로 불, 법, 승 삼보에 귀의 할 것을 맹세하면 불자로서의 자격을 이루는 것이다. 그리고 불공 드리는 날은 자기 편리한 날로 정하는 것이 좋다.

끝으로, 어떤 수행을 쌓아야 하는가? 이 물음 역시 여러가지 대답이 나올 수 있지만 불교의 궁극적 목적이 나의 본성을 되찾는 데 있으므로 참된 나를 찾는 정진과 과거의 죄를 소멸하는 참회, 이 두 가지의 연속을 수행이라 한다고 보아야 되겠다.

우리들은 본래 부처님과 똑같았는데 망상과 집착 때문에 울고 짜고 괴롭고 시달림 받는 중생이 되었다고 하였으니, 나의 참 모습을 되찾는 일은 곧 망상과 집착을 덜어버리는 작업이 되어야 할 것은 자명한 일이다. 그러므로 불교의 수행을 참회, 즉 지난날의 죄업을 뉘우치는 작업이라고 규정하는 분도 있다. 과연 그렇다! 우리가 오늘 대하는 괴로움이 진정 싫어할 대상이라면 그가 온 곳을 찾아봐야 되겠는데, 그 불행은 어느 신이나 하늘이 준 것이 아니라 나 자신의 지난 날의 잘못에서 연유한다.

그리운 마음

사람들은 거의가 그리운 마음을 품고 살아간다. 떠난 지 오래된 고향에 대한 그리움, 헤어진 지 오랜 친척이나 벗에 대한 그리움, 이미 세상을 뜬 부모에 대한 그리움, 이들은 제각기 그리워하는 정도의 차이는 있을지언정 사람의 마음을 안타깝게 하는 면에서는 동일하다. 그러므로 우리의 주변에는 이 그리움 때문에 엄청난 죄를 범하는 이도 있고, 때로는 잠을 이루지 못하는 이도 있고, 경우에 따라서는 목숨을 던지는 일까지도 있다.

우리는 이 그리움을 애착이라 불러, 없애야 할 것으로 여기고 있다. 그 이유로서는 이 그리움이 있다는 것은 사랑할 대상이 있다는 말이요, 사랑할 대상이 있다 함은 미워할 대상을 거부한다는 말이기도 하기 때문이다. 사랑하는 대상을 내 것으로 하고 미워할 대상을 나에게서 멀리하려는 마음이 있는 한, 우리들의 마음은 평온할 수 없는 것이다. 그러니 애착의 씨앗인 그리움을 없애라는 것이다.

그런데 우리들의 마음에서 그리움이란 것을 빼면 무엇이 남는가? 아마도 아무것도 없다고 할 수 있을 것이다. 좋은 음식을 먹고자 하는 마음, 잘 살아 보자는 마음, 극락세계로 가려는 마음, 이 모두가 그리움이며, 애착인 것이다. 심지어 부처님께서 많은 중생을 구제하려는 생각, 예수께서 길잃은 어린 양을 찾아 헤매던 일, 이 모두가 넓은 의미에서는 무엇인가를 희구하는 하나의 그리움인 것이다.

그렇다면 우리들의 그리움과 성인들의 그것과는 어떤 차이가 있는가? 우리들은 그리움을 전부로 알고 그리움에 끌리거니와 성인들은 그리움의 실체가 거짓임을 아신다. 그리워할 대상이 실체가 없는 것이므로 그리워하는 마음도 실체가 없는 것이다. 무엇 하나를 그리워하고 희구한다 하여도 마음에 티가 남지 않고, 설사 그것이 이뤄지지 않는다 하여도 마음에 상처가 남지 않는다. 마치 거울 속에 갖가지 물건이 비쳐도 거울에는 자취가 남지 않는 것 같이.

이와 같이 마음의 일고 사라짐이 마치 거울 속의 그림자같은 것이 성인들의 마음이다. 거울 속에 비쳤던 그림자가 자취를 남기지 않으므로 다음 물건이 비쳐 올 때 바르게 비칠 수 있다. 그런데 우리들은 그렇지 못하다. 마치 흰 헝겊에 색깔을 점점 보태는 것 같이, 자꾸자꾸 먼지가 앉아 엉망이 되어 가니, 바른 제 빛깔이 나타날 수가 없다. 여기에서 우리는 거울의 밝음을 배워야 되겠다. 바로 보고, 바로 생각하고 바르게 기억하자! 우리들의 그리움이 성인들의 그것과 다른 점은 바름과 바르지 못함에 있다.

첫 마음이 바르지 못하기 때문에 차츰차츰 바름과 멀어진다. 지금 우리는 얼마나 빗나갔는가를 되새겨 보자! 지금이라도 나의 좌표를 바르게 잡아야 된다. 그리하여 맑은 거울의 본바탕을 다시 되찾자!

시시각각으로 내 마음을 사로잡는 온갖 그리움을 나 스스로가 냉정히 비판할 줄 아는 힘을 기르자! 그리하여 까닭없고, 쓸데없고, 이익

없는 그리움 따위는 모두 휘몰아서 바른 그리움으로 바꿔치자! 그 바른 그리움을 서원(誓願)이라 부른다. 부처님이나 예수님의 그리움은 바로 이 서원이지만 우리의 것은 거의가 그렇지 못하다.

고려 때의 나옹 스님은 덕이 높은 스님이었다. 어느 날 홀어머니를 잃고 장례를 지냈다. 그런데 그 스님의 나이어린 여동생이 자꾸 슬퍼하면서 어머니가 그립다고 울었다. 이때 스님은 다음과 같은 편지를 써 보냈다고 한다.

사랑하는 누이동생, 보시오.

사람이 모였다 헤어지는 것은 천지의 이치요, 자식이 부모를 오래 살게 하고 싶은 것은 인정이외다. 인정이 아무리 두텁다 해도 천지의 이치를 어기면서 어머니를 백 년, 이백 년 사시게 할 수는 없소. 그런데 지금 다시 돌아올 수 없는 어머니를 그리워해서 그다지 상심함은 까닭없는 그리움이외다. 그 그리워하는 마음을 돌이켜 바른길로 돌리는 정진을 쌓으시오. 다행히 극락세계에 아미타불이 계시어 염불하는 중생을 반겨 주신다니 그 애타고 그리운 마음으로 아미타불을 생각하시오.

아미타불 부처님 어디에 계시는고
마음 속에 간직하여 잊지 마시오.
생각하고 생각하고 또 생각하면

여섯 문턱 언제나 광명을 뿜으시리.

위의 편지에서 보는 바와 같이 바른 서원으로 돌리는 정진이 우리에게 필요한 것이다. 평소 인정에 치우치던 그리움 따위를 몽땅 바른 서원으로 돌리자! 그것이 나를 고쳐 만드는 길이며, 나를 미혹에서 구제하는 길이며, 나아가서는 이 나라 이 세계가 평화롭게 사는 길이다. 우리의 앞길에는 바른 서원의 표적만이 뚜렷하다. 우리 모두가 커다랗게 바른 서원을 세우고 정진하자.

진실한 관찰 – 중도

관찰이란 사물을 보는 시각을 말한다. 어떻게 해야 사물을 가장 올바르고 진실되게 보는 것인가는 이 시각에 달려 있다. 그러므로 관찰은 삶을 살아 나가는데 있어서 각자의 방향을 설정하고 인생관을 결정하는 중요한 하나의 요인이 된다. 얼마만큼 사물을 진실되게 보느냐 하는 문제는 결국 세상의 모든 존재에 대한 올바른 수행과도 연결되는 것이다. 거짓된 관찰과 잘못된 관찰에 빠져 있는 이상 사물에 대한 올바른 판단이 불가능하며 그것은 곧 존재에 대한 바른 수행에 장애가 되기 때문이다. 보적경 가섭품에 이런 말씀이 있다.

"훌륭한 보배의 모음(大寶積)인 이 법문에 의해 배우려는 보살은 존재에 대해서 올바르게 수행하지 않으면 안 된다. 무엇이 존재에 대한 올바른 수행인가? 그것은 모든 존재에 대한 진실한 관찰이다. 그러면 무엇이 또 진실한 관찰인가? 자아가 없다고 보는 관찰과 중생이 없다, 목숨 있는 것이 없다, 개인이 없다. 개아(個我)가 없다, 인간이 없다, 인류가 없다고 관찰할 경우 그것을 곧 중도(中導)라 하고 존재에 대한 진실한 관찰이라고 한다."

진실한 관찰은 나 자신 밖에 있는 것이 아니다. 어떤 구분지어진 세계가 있어서 진실한 관찰을 얻으려던 사람이 그곳에 도달한 순간부터 그 경계에 이르렀다는 한계가 있지 않다. 이것이다 저것이다라고 분명한 한계를 두지 않는 대승불교의 특징이나 난점이 여기 있다. 단지 중생들이 눈에 보이는 시각적 존재에 매달려 그릇된 집착을 하는 것을 부정하기 위해 말씀하신 것일 뿐, 새로운 '진실의 관찰'이라는 개념을 만들어 그것이 있다거나 그런 특수한 성역이 있어서 내가 거기에 이르렀다고 생각하거나 또는 남이 얻은 바가 있어서 그것을 부러워하는 마음 속의 상념을 갖게 된다면 어리석은 관념의 망상에 빠지게 될 것이다.

불교에서는 존재를 행(行)과 유(有)라고 풀이하고 있다. 행이란 왔다 갔다 한다는 뜻으로 한시도 쉼 없이 변한다는 뜻이고 '유'란 있는 사물, 즉 실질적 존재를 말한다. 이 두 가지 측면에서 존재를 해석할 때 존재는 행이라는 법칙에 싸여서 '변한다'는 것과 불가분의 관계를 맺고 있으며, '유'의 실질적 존재는 이 '행'의 법칙에서 벗어날 수가 없는 것이다. 세상의 어떤 존재가 생노병사의 굴레를 벗어나서 존재하는가? 세월이 흐르면 나이를 먹고 나이를 먹으면 늙어서 죽는 것은 만고불변의 진리다. 본래부터 늙은이가 따로 있고 늙어서 죽는 사람이 정해져 있는 것은 아니다.

역사의 한 순간에 영웅으로 불려지는 나폴레옹도, 가장 강력한 권력과 힘을 구가했던 중국의 진시황도 화려한 삶 뒤의 종말은 보잘 것 없는 것이었음을 생각하면 어떠한 것으로도 이 법을 거스릴 수가 없다는 것을 알 수 있다.

이 법칙은 인간에게만이 아니라 자연의 모든 현상에도 적용된다. 시시각각으로 흐르는 한강물은 어제의 한강물이 아니다. 1초 전의 한강물과 1초 후인 지금의 한강물은 전혀 다르다. 어제 정원의 나뭇가지를 흔들던 바람이 오늘의 바람과 다름도 마찬가지다. 외형상으로는 그 형상을 유지하고 있지만 존재하는 모든 것은 잠시도 그냥 그대로 있지 않는다. 이미 변해버린 것이다.

모든 존재에 대한 진실한 관찰은 중도라고 앞서 말한 바 있다. 보통 중도의 의미는 어느 한 쪽에 치우치지 말라는 것이다. 말이 한 쪽에 치우치지 말라는 것이지 수행에 있어서 중도를 실천하기가 얼마나 어려운가는 모두들 잘 알 것이다.

존재를 대상으로 관찰함에 있어서 두 가지 극단론이 있을 수 있다.

모든 존재가 불멸하며 영원하다는 상견(常見)과, 반대로 존재를 무상으로 보는 단견(斷見)을 말한다. 전자는 물질불변론이며 세상을 지극히 긍정적으로 보는 것이고, 후자는 지나친 부정적 시각으로 세상을 보는 자세라고 할 수 있다.

사물을 바로 눈앞에 두고 모두가 허무한데 저것이 내게 무슨 의미가 있겠는가, 죽으면 그만인데 노력해서 무엇에 쓸 것인가 등의 생각을 한다면 얼마나 인생이 덧없고 불행할 것인가? 아니면 지금 '있다'라는 사실에 매달려 끝간데없이 소유하려 하고 탐욕에 빠져버린다면 이 세상은 또 어떻게 변할 것인가?

부처님께서는 이 두 가지 극단을 다 경계하셔서 어느 한쪽에도 치우치지 말라고 하셨던 것이다. 금강경에서도 "너희들 비구는 나의 설법을 뗏목같이 여겨라"고 강조하시며 극단의 위험을 깨우치셨다. 중도는 모든 존재를 관찰함에 있어서 그 존재 자체가 무상하지도 않고 영원하지도 않다는 것을 깨닫는 것에서 출발한다. 이 영원과 무상 사이의 올바른 것은 어떤 형체를 가지고 있지도 않고, 보이지도 않으며, 나타나지도 않고, 인식될 수도 없으며, 무어라 이름 붙일 수도 없는 것이다. 어리석은 생각에 사로잡힌 중생들이 어두운 눈으로 그릇된 판단을 하고 있을 뿐이다.

그러면 과연 어떤 것이 극단이며 어느 한 쪽에도 걸리지 않으려면 어떻게 해야 하는가? 중요한 점은 우리가 어느 것이 양극인가를 제대로 알고 있으며 또한 치우치지 않으려면 어떻게 살아야 될 것인가를 확고하게 파악하고 있는가 하는 문제이다. 각자 나름대로의 실천 기준이 있지 않으면 자칫 관념의 함정에 빠져 이도 저도 아닌 헛된 삶을 살기 쉽다. 이것이 가장 무서운 중도의 함정인 것이다. 흘러가는 강물처럼 어느 쪽에도 붙지 말고 백로주같은 중간에도 걸리지 말라는 부처님의 말씀은 집착하기 쉬운 모든 요소들을 초월, 그것에 걸리지 말고 그렇다고 무시하지도 말며 그러면서 겁냄도 없어야 한다는 뜻이다.

옛날 선인들은 말로 표현하는 것에 어려움을 느끼고 참선에 몰두하셨다. 다 버리고 화두만을 생각하여 마음으로 깨쳐야 무명에서 벗어나 해탈을 이룰 수 있다고 생각한 것이다. 그러나 화두도 집착하면 병이 된다. 차례차례 단계를 밟고 올라가기 위해서 필요한 방편임을 알고 화두 자체에 매달리는 어리석음을 버려야 한다.

결론적으로 진실한 관찰은 올바른 수행을 위해 필요한 조건이라고 할 수 있다. 대승에서 진실한 수행사문에 대해 언급한 것이 있다. 수행이 잘 된 사문에 대한 정의는 진실한 관찰에 대한 어떤 해답을 주는데 도움이 될 것 이다.

진실한 사문은 '공', '무상', '무원' 그리고 '무자성'의 이치를 깨닫고 진실로 이해해야 한다.

로켓을 발사해서 우주 공간에 들어서면 '팡' 하고 껍질을 벗어 던지고 새로운 궤도로 진입한다. 마치 로켓이 껍질을 벗고 알맹이만 돌다가 다시 껍질을 벗고 하여 결국에는 그 남고 남은 알맹이마저 버리듯이 자기자신까지를 버려야 진실한 관찰이 가능하게 된다. 아울러 무상이라는 것은 상념을 부정한다. 성불해야겠다, 더 좋은 말씀을 듣고 수행의 길잡이를 삼아야겠다, 또는 인생의 목표를 세워야겠다는 등의 생각도 무상의 경지에서는 하찮은 상에 불과할 것이다. 원래 생긴 그대로가 진리이지 하얀 학이 몸을 씻어서 하얀 것은 아니며, 까마귀가 검은 것은 물들여서 그런 것은 아니다. 모든 존재가 그 본성이 청정하여 더럽지 않은 것을 인간이 상을 통하여 잘못 보고 있는 것이다.

상념은 한 단계 올라가면 원을 낳게 된다. 열반에 대한 원도 중요하지만 수행하는 데는 무원을 궁극으로 삼아야 한다. 지극한 원이 있어서 그것에 몰두하면 상을 갖게 되고 상에 의해 청정한 판단이 흐려지게 된다. 원이 없는 삶은 인생포기로 비치기도 하나 '생각을 움직이면 곧 틀린다(動念卽乖)'라는 말과 같이 생각을 움직이지 않고 활활 타오르는 이치 위에서 성성하고 적적한 정진을 해야만 중도를 바로 볼 수가 있다. 마음 속으로 이걸까 저걸까 하는 생각을 내면 이미 중도에서 어긋나 있기 쉽다. 이상과 같이 원도, 상도, 모양도 없고 자성도 없는 그런 자리에 이르러서야 비로소 진정한 중도를 본다는 얘기는 선에서 말하는 꿰맨데 없는 하늘 옷같은, 그야말로 생각을 조금만 움직이면 곧 틀린다는 사상과 만나는 준엄한 점이 있다.

진실한 관찰은 어디서 어디까지가 진실한 관찰이고 어디까지는 아니라고 구분되어진 것이 없다. 항상 자기 마음속의 일정한 선 안에서 자기 것만 보지 말고 남의 것도 넘겨다 볼 줄 아는 융통성이 있는 반성기능이 주가 되어야 한다.

 부처님 성도절을 맞아 그 분의 성도를 기리고 배우며 그 뜻을 빛내드리는 한 해를 구상하고 정진하는데 진실한 관찰이 밑받침되기를 바란다.

선과 교

 스스로가 대승(大乘)의 법을 닦되 닦는다는 생각을 두지 않는 것, 이것은 분명 언어나 문자로 미칠 수 없는 그 어떤 세계에 도달한 후라야 가능한 것이다.

 선(禪)은 부처님의 마음이요, 교(敎)는 부처님의 말씀이라 한다. 그러나 마음을 떠나서는 말이 있을 수 없으므로 선 밖에 교가 있을 수 없고, 말에 의지하지 않고는 마음의 형태를 짐작할 수 없으므로 교를 여의고 선을 이야기 할 수가 없다.

 그러므로 부처님께서도 한평생 많은 말씀을 하시다가 가끔 말씀없는 설법을 하셨으니, 영산회상에서 아무 말씀도 없이 꽃 한송이를 들어 대중에게 보이셨는데 아무도 그 뜻을 몰라 어리둥절해 있을 때 가섭존자만이 그 뜻을 아시고 빙그레 웃었다는 사연으로 마음을 보이신 시초로 삼는다. 부처님은 무슨 뜻으로 꽃을 들어보이셨으며 가섭은 무엇을 보았기에 빙그레 웃었을까? 여기에는 어떠한 이론이나 형식을 통해서 설명될 수 없고 오직 마음이 서로 통하는 사이라야 서로 이해될 수 있는 도리가 있다. 그러기에 흔히 말하기를 선은 불립문자, 이심전심이라 한다. 문자에 의존하지 않고 마음으로써 마음을 전해 보인다는 말이니, 도의 정도가 비슷해야 서로 통하는 소식이다. 언어와 문자에 걸리지 않을 뿐 아니라, 언어와 문자를 여의었다는 생각에서도 벗어나야 되고 나아가서는 불조(佛祖)라는 존재까지도 마음에 두기를 거부해야 한다. 마치 맑은 거울이 아무런 티 하나도 없을 뿐 아니라 자신이 티없이 맑다는 생각조차 없을 때 비로소 맑은 거울이듯이 말이다.

 그런데 우리들의 상념은 생각으로 따지고 말로서 규명하려는 것이 언제부터인지 상습화 되었다. 그러한 상식으로 따져서 알려고만 하기 때문에 해답이 어떻게 나왔든 그것은 따져진 것이지 마음의 본체를 바로 이해한 것은 못된다. 마치 바닷물이 짜다는 말만 듣고 그 짠맛을 설명하기 위해 갖은 방법으로 따지고 입증하더라도 역시 바닷물의 짠맛은 아닌 것과 같다. 이렇게 철저히 체험하기를 요하는 절대적인 경지가 선이기 때문에, 그 세계를 설명해내기 위한 말씀도 적지 않았으니, 그것이 바로 선문의 많은 어록과 나아가서는 경전들이라 하겠다. 부처님께서도 당신 스스로의 말씀을 달 가리키는 손가락에 견주셨으니 상대방으로 하여금 달을 보게 하려 했건만 좀체로 달을 똑바로 보지 못하고 도리어 손가락을 달로 오인하는 이가 많다고 개탄하셨다. 열반경에는 배냇봉사에게 달을 설명하기 위해 2백 4십여 종의 비유를 들었다. 쟁반같이 둥글다든가, 솜 같이 희다든가 하여 되도록 달에 가까운 비유를 들었지만 번번히 소경은 말에만 집착하고 만다. 이렇게 달을 가르쳐 나가는 말씀의 부문이 교, 즉 교학인 것이다. 모르는 자를 알도록 가르치시고 알기까지 이끌어 주시는 것이 교의 특징이다. 그러므로 선문에서는 한순간 깨달으면 그것으로 족할 뿐, 별달리 지위나 점차(漸次)가 없다 하였지만 교에서는 그 대상으로 3승의 차별을 인정하고 시간으로는 세 아승겁의 수행을 쌓아 55위의 계급을 겪어나갈 것을 가르치셨다. 선악의 인과를 모르는 자를 위해서는 업과의 두려움을 보여 발심수행을 권장하고 이미 수행에 뜻을 둔 자에게는 이기적인 소승의 가르침보다는 이타적인 대승의 행을 닦으라 권장했고, 이미 대승에 주심(住心)한 자에게는 마음에 티를 남기지 않는 참 수행을 쌓으라고 권하셨다. 스스로가 대승의 법을 닦되 닦는다는 생각을 두지 않는 것, 이것은 분명 언어나 문자로 미칠 수 없는 그 어떤 세계에 도달한 이라야 가능한 경지이다. 교승(教乘)은 이것을 무심합도(無心合道), 즉 무심히 도에 부합되는 경지라고도 하고 또 사교입선(捨敎入禪), 즉 교를 버리고 선으로 들어가는 과정이라고 하였다. 신라 때 고승 무염국사에 관한 기록으로 '무염국사집'에는 이런 말씀이 있다. 문선왕께서 묻기를,

"선과 교 중 어느 쪽이 높고 어느 쪽이 낮은지 과인에게 설명해 주기 바라오."

하자 국사께서 대답하시기를,

"문무백관이 제각기 자기의 기능을 다하니 제왕은 팔짱 끼고 묘당에 가만히 앉아계셔도 만백성은 태평가를 부르오리다."

하니 왕이 몹시 기뻐하더라고. 모든 일에는 본질과 현상, 두 측면이 있다.

이것을 불교에서는 가리사(家裡事). 즉 집안일이라는 말과 도중사(途中事), 즉 바깥일이란 말로 표현한다. 선과 교의 관계를 이 가리사와 도중사로 표현할 수 있다. 집안일만을 귀히 여기고 바깥일을 무시하여도 원만한 처사가 아니요, 바깥일만 중시하고 집안일을 경시해도 될 수 없는 것 같이 왕은 묘당에서, 문무백관은 제자리에서, 자기의 직분을 다할 때 그 나라가 태평해지는 것이다. 여기에 어찌 고하가 있겠는가? 그런데 요즘 이 원리를 모르는 몇몇 사람은 선만이 불법의 정통이요, 그밖의 것은 몹쓸 것으로 여기기도 하고, 또 어떤 이는 선의 심오한 도리를 무위한 것으로 생각하기도 하니 불조의 본지에서 심히 멀다 하겠다.

불교를 배우고자 하는 분이 찾아오면 나는 이렇게 이야기해 준다. 먼저 교학의 해박한 이론을 들어서 수행의 필요성과 성불의 가능성을 확인한 뒤에 다시 한 걸음 나아가 모든 지식을 포기하고 선의 실천수행으로 들어가서 불법의 참맛을 몸소 맛보라고.

그리하여 영산회상에서 부처님께서 드신 꽃을 보고 가섭존자가 미소한 뜻을 묵묵히 체험해 보라고…….

방관자

옛사람의 말씀에 '부재기위불모기정(不在其位不謀其政)'이란 것이 입에 오르내리고 있다. 이 말씀은 책임자가 아니거든 간여하지 말라는 뜻이다. 사실, 자기와 관계도 없는 일에 뛰어들어,

"배 놓아라, 감 놓아라."

하는 꼴이란 참으로 봐 주기가 힘들고 구역질이 날 지경이다. 그래서 그 위치에 있지 않거든 그 정사를 꾀하지 말라고 한 것이다. 자기와 관계없는 일, 자기가 뛰어들지 않아야 할 자리를 점잖게 지켜볼 줄 아는 인격은 퍽이나 군자답게 보일 것이다.

요즘은 별로 들을 수 없지만 조금 흘러간 유행으로 이웃에 누가 새로 이사를 해오면 가난한 사람들은,

"그 사람 밥 술이나 먹나?"

하고 자기들끼리 수근거린단다. 또 무식해서 한이 되는 사람들은

"그 사람 성명 석자나 쓰는가?"

하고, 지체가 낮아 한이 되는 사람은

"그 사람 남의 바둑에 쓸데없는 훈수는 안 할 줄 아는가?"

라고 한단다. 하기사 뺨맞으면서 훈수한다는 속담도 있지 않은가? 죽자하고 이길 기회를 노리는데 원치 않는 훈수를 해서 그만 기회를 놓치게 만드니 그 화나는 입장을 생각한다면 뺨을 때리는 정도는 당연하다 하겠다. 그때 뺨을 맞은편에서는 퍽이나 억울하겠지만 따지고 보면 역시 나서지 않을 자리에 뛰어든 것이 흠이었음을 알아야 할 것이다. 이렇게 나서지 않을 자리에 나서지 않는 태도는 남 보기에도 점잖고 자신의 뺨을 보호하기 위해서도 바람직한 일이라 하겠다.

그런데 나와 관계없는 일이라 해서 무조건 모른 체 해서도 안 되는 경우가 있다. 의당 적극적으로 뛰어들어야 할 자리에 나 몰라라 하고 자신의 안일함만을 구한다면 이를데 없이 얄밉다.

이웃집에 불이 났다. 그런데도 자기와는 관계가 없다고 해서 뒷짐이나 지고 서서 구경이나 한다면 얄미운 정도가 아니라 인간 이하로 야비하게 보일 것이다. 그러한 부류를 '방관자'라 부른다. 물론 굿이나 연극을 하는데 배우와 구경꾼이 모두 무대로 뛰어든다면 안 되겠기에 구경꾼은 구경꾼 자리에, 배우는 무대에 있으면서 자기의 구실을 다하면 그때의 구경꾼은 대견스러운 존재이겠지만, 의당해야 할 일을 외면하는 사람은 지탄을 받아야 마땅할 것이다. 해야 할 일을 외면하는 사람에게는 대체로 다음과 같은 몇 가지의 특징이 있다. 첫째, 자기가 해야 할 일에 대한 확실한 신념이 없는 것이다. 자기가 적극 참여해야 할 자리에서 망설이는 행위를 경전에서는 유예(猶豫)라 부른다. 하기는 해야 되겠는데 하자니 손해를 보겠고, 안하자니 꺼림칙해서 마음이 갈팡질팡하게 되는 것이다. 그러나 자기가 해야 할 일에 손해를 보든 비웃음을 받든 과감하게 뛰어들 줄 아는 사람은 드물다. 그래서 그들을 의인이니 달사니 하여 추앙하는 것이다.

둘째는, 기회를 노리는 약삭빠른 심사를 들 수 있다. 설사 어느 쪽이 옳다는 판단이 들었다 하더라도 좀 두고 보자는 생각이 주동이 되어서 방관자를 만든다는 것이다.

속담에 박쥐가 짐승들의 싸움에 어느 한 쪽에도 가담하지 않고 있으면서 새 편에 가서는 '나도 새다' 하고, 짐승 편에 가서는 '나도 짐승이다' 하다가 끝내는 어느 한쪽에도 들지 못하고 모든 동물계에서 배척당했다는 것은 익히 알려진 우화다. 이러한 심사를 경전에서는 거짓(欺狂)이라 지적했다. 일시적인 미봉책으로 남을 속이고 나도 속이는 행위다. 그래서 부처님은 자신을 소개하실 때 거짓말을 하지 않는 사람(不狂語者)이라 하신 것이다. 기회를 보자니 자연 거짓을 말해야 되고, 거짓을 이야기하자니 자신이 진실하다고 강조하게 되는 딱한 일이다.

셋째로, 또 한가지가 있다면 남을 비방하는 심사가 깔려 있다고 보아야 할 것이다. 옳다고 생각되는 일에 참여해야 될 줄은 알지만 '네까짓 것이 하는 일에 내가 어찌 참여하겠느냐' 하는 식의 의식이 꿈틀거리고 있기 때문일 것이다. 더구나 남이 죽자고 하는 일에 참여는 하지 않다가 만에 하나 잘못된 것을 보면 여지없이 헐뜯는 일을 보아 왔다. 애초에 자신이 모른 체 했으면 그가 잘못했을 적에도 끝내 모른 체, 아니면 조용히 고쳐지기를 기다리거나 바로 되도록 충고해 주어야 할 것인데 그렇지 않은 것이 현실이다. 그 현실이란 것이 예사로운 상태가 아니라 가만히 있었던 자일수록 더욱 요란하게 떠드는 것이다.

이상 여러가지 사례를 들어 설명했거니와, 여기서 강조하고 싶은 것은 우리 모두의 마음 속에서 이 방관자적 자세를 추방하고 주역자의 위치로 뛰어들자는 것이다. 우리들은 지금 여러가지 형태로 거센 저항을 받고 있다. 그런 중 가장 가까운 일로는 우리가 이제까지 소중이 가꾸어오던 가치기준이 여지없이 흔들리고 있다는 것이다. 그 사례를 든다면 단군이 우리의 국조가 될 수 없다는 주장을 하는 부류가 상당히 세차게 늘고 있다는 사실이다. 또 한 가지 놀라운 일은 우리가 최상의 가치기준으로 생각하고 있는 부처님까지도 사탄이니 마귀니 하고 매도하는 부류가 극성을 부리고 있다는 사실이다. 이런 현상을 하나의 전쟁에 견준다면 이미 중반전에 깊숙이 들어갔다고 말할 수 있겠는데, 전쟁의 중반에 들어서서 머지 않아 자신까지 비참한 죽음을 당하게 될 자가 우두커니 뒷짐을 지고 방관한다면 그의 종말은 뻔한 사실이다. 그러므로 우리는 자신이 어떤 위치에 있든지 자신의 자리에서 방관자적 자세에서 벗어나야 할 것이다. 부처님의 가르침에 귀의한 몸이라면 의당 자신의 수행을 위해 혼신의 노력을 기울여야 할 것은 물론이거니와 법을 지키는 일에도 소홀해서는 안 된다.

불제자가 지켜야 할 규범 중 으뜸가는 것으로 범망경을 들고 있는데, 거기에는 법을 지키는 일을 굉장히 강조하셨다. 삼보의 명예를 더럽히는 말을 들으면 부모를 죽인 원수같이 여기라고 하셨고, 경전이나 불상이 천하게 굴려지는 것을 보면 어떤 값을 치르고서라도 사서 정결히 모시라, 삼보를 헐뜯는 소리를 들으면 천 개의 송곳으로 귀를 찌르는 것 같이 여기라 하신 것을 비롯하여 헤아릴 수 없다. 모든 것을 던져 보시하라, 부모를 죽인 원수를 만나더라도 미워하는 마음을 없애라고 가르치신 부처님께서 왜 불법을 헐뜯는 자에게만은 그토록 강렬한 말씀을 하셨을까?

대체로 올바른 가치관을 지키는 것이 모든 수행의 기조가 되기 때문이라고 생각하신 것이다. 만일 이래도 좋고 저래도 좋다면 도대체 무엇을 위하여 혼신의 힘을 다해야 하며, 무엇을 위하여 모든 것을 버리고 무소유를 배워야 한다는 것일까?

'가장 소중히 여기는 그 일을 위해 자신을 혼연히 버릴 수 있다는 것은 진정 인간만이 누리는 최상의 영광이다'라고 어떤 철인은 말했다.

가을걷이도 끝나서 추수의 감사를 천지신명께 고사드리는 계절의 문턱에서 우리는 다같이 불법을 지키는 대오에서 방관자가 되지 않기를 조용히 다짐해 보자.

착 각

　한때 '착각은 자유지만 망상은 해수욕장이다'라는 풍자가 학생들 사이에 퍼졌었다. 그냥 듣기에는 농담같지만 너무나 진실성이 짙어서 오늘은 그 언저리에서 이야기를 엮어볼까 한다. 여기에서 주로 거론코자 하는 것은 착각이다. 착각이란 애써 고증을 찾을 필요도 없이, 잘못 깨달았다는 뜻을 담은 한자어다. 사실을 사실대로 보지 못하고 사실과 다르게 인식하는 정신상태다. 사실과 다르게 인식할 뿐 아니라 자기의 인식이 옳은데 왜 남들이 몰라 주느냐 하고 나서는데 문제가 있는 것이다. 이러한 착각을 경전, 특히 법상종 계통에서는, 부정지(不正知)라 부르고 있다. 부정지란 내 앞에 닥친 사물에 대하여 바르게 알지 못하는 것이라 정의하였고, 그 주체는 어리석음과 잘못된 지혜라고 말하고 있다. 내 나름대로의 지혜를 발동하는데 어리석음이 가세하여 바르게 알지 못하게 한다는 것이다. 이 부정지는 20종의 수번뇌(隨煩惱) 중 대품에 속하는 것으로서 거의 모든 영역에 나타나는 현상이라고 한다. 예를 들면 자신이 깨달았다고 생각하는 경우, 내 주장이 옳다고 여기는 경우, 내가 너보다 훌륭하다고 생각하는 경우 등 실로 다양하게 나타난다고 풀이한다. 이러한 착각을 바탕으로 한 부정지의 현상은 경전에서 자주 우화로 등장한다. 그 중 하나가 유명한 연야실두(演若失頭)다. 연야달다라는 사람은 어느 날 아침에 우연히 거울을 들여다 본다. 그 속에 비친 자신의 그림자에는 눈, 귀, 코 등이 선명한데 자신의 얼굴에 있는 것은 전혀 보이지 않았다. 이에 의혹을 일으킨 그는 귀신이 와서 자기의 머리를 훔쳐 갔다고 단정한다. 그리고는 '내 머리 어디 갔느냐?' 하면서 거리를 헤매고 다니지만 어디에도 머리는 보이지 않았다. 그러다가 그는 마침내 자기의 머리는 본래 잃었던 것이 아님을 깨닫게 된다. 이 비유는 자기의 근본성품을 딴 곳에서 찾으려는 어리석음을 풍자한 이야기지만 그밖에도 착각에 의한 사건은 얼마든지 보여지고 있다. 선문에서도 이 착각을 대단히 경계하여 이른바 착각에 착각을 더하는 일이라 하였으니, 잘못 알지 않기 위하여 자신이 게을러지거나 경계에 끄달리는 것을 경계하셨던 것이다.

우리나라 신라 때 진각국사라는 큰스님이 계셨다. 그분은 학덕이 매우 높으신 분이었는데 인근에 사는 해양이라는 거사 등 10여 명이 와서 좋은 교훈을 내려 주십사 하고 청했다. 그 내용을 보면,

"주인공아!"

"예."

"내 당부를 들으라, 살생 투도 음행을 꼭 제거해야 하느니라. 화탕, 노탕 지옥을 누가 만드는 줄 아느냐? 모두가 네 스스로가 마음을 잘못 썼기 때문이니라."

"주인공아!"

"예."

"내 훈계를 들어보라. 간 곳마다 사람을 만나거든 입을 삼가라. 입이란 재앙의 문이니 꼭꼭 닫고서 유마거사가 묵언한 맛을 알도록 힘쓰거라."

"주인공아."

"예."

"내 가르침을 들어봐라. 원수같은 10가지 악업, 속히 여의어라. 악이란 제 마음에서 생겨나 다시 자기를 해치나니, 무성한 나뭇가지가 부러지면서 자신을 망치는 것 같느니라."

이렇게 자기 자신을 채찍질하고 타이르는 것으로 수행의 과정을 삼으셨다. 이것은 비단 형식으로 끝나는 것이 아니라 죽음으로 지켜온 신조였다. 인도의 가나제바 보살은 용수의 제자로서 불교의 사상 특히 공 사상을 크게 선양하신 분이다. 그는 아직 대승사상의 보급이 미미했던 그 당시 '모든 법은 공하다(諸法皆空)'는 사상을 제창하였다. 철저히 공하고 또 공할 때, 진실하고도 영원한 본체를 볼 수 있다고 주장하는 이 가르침은 누구나가 성불할 수 있는 가능성을 보여 주었다 해서 대승의 완문(大乘始敎)이라 불린다. 이러한 새로운 사자후는 당시의 많은 승속을 매혹시켰고, 불교와 반대되는 외도에게는 치명적인 열세를 안겨다 주었다. 그는 자신의 포부를 매일 한 가지씩 백 일을 두고 설해나갔는데 이것을 모은 것이 그 유명한 백론(百論)이다. 그런데 마지막 설법을 마치고 숙소로 돌아오는데 그의 폭발적인 인기에 앙심을 품은 외도가 자살(刺殺)한다. 목에 칼을 맞고 신음

하는 소리를 들은 제자들이 달려와서 보고는 이내 자객의 소행임을 알고 당장에 뒤쫓아 나서려 했다. 이때 보살은 준엄한 말투로 이렇게 타이르셨다.

"잠깐! 어디를 가느냐? 잘못 알지 말라(莫錯解). 모든 법은 다 공이다. 누가 죽이고 누가 죽는단 말이냐?"

하시고는 숨을 거두셨다. 물론 특수한 인물의 특수한 사례를 든 것이지만 착각하지 않기란 매우 어렵다 하겠다. 말로도 형상으로도 표현할 수 없는 지고한 경지를 오직 깨침이라는 체험 하나만으로 바르게 알자면 착각의 함정이 많을 것임은 심히 평이한 추리라 하겠다. 착각은 편견을 낳고 그 편견이 아집과 어울려 독선이 되는 것이다. 우리는 너와 나의 착각을 막기 위해 바른 눈을 갖추기에 정진해야 할 것이다. 내가 착각을 해서도 안 되고 남에게 착각할 기회를 주어서도 안 되는 것이다.

생활 불교

우리 종단 주변에서 말 마디나 하는 사람이라면 언필칭 불교의 생활화를 부르짖는 것이 버릇처럼 되었다.

그러나 이 방면에 대하여 그리 많은 여러 분이 백고경명(百鼓競鳴)으로 제창해 왔건만 아직도 아무런, 혹은 이렇다할 효과가 없는데 또 한 마디 거든다면 독자들의 식상만 더할 뿐이 아니겠는가, 걱정하면서 평소에 생각했던 몇 가지 사안을 정리해 볼까 한다.

첫째, 생활 불교의 개념과 그 필요성에 관하여 말하면, 생활 불교란 불교적 신앙을 생활화 하자는데 그 주안점이 있음은 두말 할 필요가 없다. 자신은 불교인임을 자처하면서도 생활 속에 그 신앙의 행위가 없으면 한낱 불교 애호인은 될지언정, 또는 불교 학자는 될지언정 진정한 불교인이기는 어려울 것이다. 좋은 일을 만났을 때에는 부처님께 감사할 줄 알고 궂은 일을 당하여서도 부처님께 그 해탈을 호소할 줄 알 때에 비로소 부처님의 품 안에 있는 사람일 것이다. 불정경에는 이런 구절이 있다.

"어머니가 자식을 생각하고 자식이 어머니를 등지지 않으면 이들 친자는 항상 서로 만날 수 있지만, 어머니가 자식을 생각해도 자식이 어머니를 등지면 이 모자는 억겁에 만날 수 없으리라."

여기서 자식과 어머니가 만날 수 있는 요건은 반드시 서로가 생각해야 하겠지만 특히 자식 편에서 생각하기를 잊지 않는 것이 중요하다고 한 바와 같은 중생들은 잠시도 부처님을 잊지 않는 생활을 해야만 부처님을 여의지 않을 수 있다는 것을 알게 된다. 생활 속에서 부처님을 잊지 않는다는 것은 쉬운 것 같으면서도 그리 쉽지 않으니 무심결에 넘기는 것이 그 주된 요인이겠고, 설사 생각은 있더라도 무엇을 어떻게 할 것인가를 모르기 때문인 것도 한 요인이라 하겠다. 우리의 생활이란 크게 나누어 불길한 재앙을 여의려는 소망이 하나요, 희망하는 일이 이루어지기를 바라는 부분이 또 하나일 것이다. 그래서 고래로 전하는 의식의 내용은 영복소재(迎福逍災), 즉 재앙을 물리치고 복을 맞아들이는 일로 일관되었고 현행하는 여타의 종교들도 주로 그런 방향으로 운영되고 있다고 본다. 영복소재는 차라리 일반적인 현상이라 하겠지만 여기에 종교적인 특색으로서 산 자와 죽은 자의 관계라든가 현재와 미래의 세계를 설정하고 있음을 쉽게 이해할 수 있는 것이다. 이러한 종교적인 의미에서의 영복소재 의식은 세태의 변화에 따라 다시 생각해야 할 단계에 와 있다고 보겠으니, 예전에는 혼자서 마음 편하게 사는 방법이면 족했던 것이 요즘은 모든 분야에서 공동보조를 취하지 않고는 외로워서 견디기가 어려운 형편이기 때문이다. 그래서 생활 불교를 운위하려면 반드시 뜻을 같이하는 인원을 모으는 조직과 그들에게 소정의 이론을 가르치는 교육과 그들로 하여금 어떻게 실행토록 하는가의 방법론적인 실천요강을 제시하는 작업이 끊임없이 지속되어야 할 것이다.

둘째, 조직에 관하여 생각해 보자.

현대의 특징을 조직의 시대라 하는 이도 있지만 그만큼 혼자서는 살 수 없는 시대라는 말이 된다. 여기서 말하는 조직이란 대체로 힘을 창출하는 집단이란 개념으로 이해되지만, 우리의 경우는 꼭 그렇다기보다는 신앙인구가 횡적으로 유대를 형성하여 우리 모두의 염원인 불국토 건설을 이룩하자는 것이다. 그런데 요즘 사원에서 소속 신자를 관리하는 방법에 있어서 그것이 과연 조직관리라 할 수 있겠는가 하는 의문이 없지 않을 정도다. 그 이유는 세대별로 만들어 놓은 축원 카드가 그 사원의 신도수를 산출하는 근거인데, 그 한 장의 카드에 실린 가족 전원이 과연 불교를 자신의 종교라고 생각하고 있겠느냐 하는 점이다. 또 하나는 그 한장의 카드가 과연 자기네 사원에만 등록되어 있겠느냐 하는 것이다. 한 가정에도 그 주부가 절에 와서 등록을 했을지언정 자녀 중에는 무교인도 있을 것이요, 심지어는 타교인도 있음을 알고 있는 터이다. 더구나 한 세대가 여러 절에 얹혀 있는 것은 서로가 다 아는 사실이다. 그래서 나는 신도 축원 카드에 본소제도를 도입해서 처음 발심한 사찰을 본소로 하고 본소사원은 그의 신앙지도에 책임을 지자는 것이다. 또 식구마다에게 입교 절차를 이수시켜 신앙의 동태를 파악, 지도하는 것이 좋겠다는 것이다. 그러자면 축원 카드와는 별개의 신도대장 같은 것을 작성하여 관리하되 본소를 옮기는 경우, 일건의 신행기록이 같이 따라가야 될 것으로 생각된다. 그렇지 않아도 일이 많은데 그 무슨 군짓을 하자느냐 하고 걱정하실 분도 있겠고, 신도님들 편에서도 번거롭다 하실런지 모르나 실은 백년대계를 위해 감수해야 할 과제라 생각된다. 그리하여 실질적인 자기 사원의 신자를 형성하여 보시를 받는 일과 법을 설해 주는 여수(與受)의 관계가 유지되어야 한다고 본다. 그러지 않고는 책임있는 교육도, 효과적인 실천도 기대하기 어려울 것은 자명한 일이다. 왜냐하면 항상 새떼처럼 떠다니는 몇몇 인기있는 신도들만 중심되다 보면 조용한 다수인의 외면을 사게 되기 때문이다.

내가 아는 분 가운데 신심도 장하고 각 사찰에 시주도 많이 해서 여러 절에 축원이 있는 분이 있었는데 그 분이 어느 날 돌아가셨다. 그 때 내 생각으로는 그 분이 여러 절엘 다니면서 시주도 많이 했으니 내가 안가더라도 다른 주지들이 가겠지, 하고 다른 일을 보느라 가지 못했다. 그런데 다른 주지들도 그렇게 생각하였던지 결국 아무도 그의 장례에 나타나지 않더란다. 그러니 그런 사연도 모르는 자손들은,

"우리 모조께서 그렇게 여러 절을 필생토록 다니면서 시주를 했는데, 절에서 아무도 들여다 보지도 않으니 괘씸한 것들이다."

고 하면서 하루 아침에 온 가족이 타종교로 돌아가는 비극이 생겼다는 것이다. 그저 안일하게 지낼 시기는 지나간 것 같다. 계속 뛰면서 단 한사람에게라도 더 많이 책임있는 포교를 해야 할 시기가 왔다고 본다. 내가 아는 한분은 재가의 몸으로 적이나 포교에 열의가 있어 일정한 곳에 살지 않고 자주 이사를 하는 것이었다.

한 동네에 가서 그럴듯한 집을 찾아다니면서 불교를 권하여 20집을 채우고는 다시 이사를 가고, 그렇게 해서 포교도 하고 요행히 집도 늘어서 큰 집도 장만하고는 부처님이 주신 복이라고 좋아하는 것을 보았다. 이렇게 열성있는 분이 그다지 많지 못한 것이 우리의 결점이다. 뿐만 아니라 그러한 포교에 결정적으로 찬물을 끼얹는 일이 간혹 TV에 나타나는 스님네들 답지 못한 모습이다. 요즈음은 스님네들도

각성해서 그런 일이 없도록 조심하고 있어 조용하지만 앞으로 교단원 전체가 행지(行持)에 힘쓰는 일이 포교에 지대한 몫이 될 것이다.

셋째, 교육은 어떻게 하면 좋을까 하는 점이다.

공자님도 가르치기를 게을리하지 않고 배우기를 게을리하지 않으면 도에 가까워진다고 하셨다. 그런데 요즘 우리 교단에는 이 부분이 대단히 허술하다. 설사 조직의 힘을 다해 불전에까지 나오게 했더라도 지속적인 교육이 없으면 다시 중단하게 된다. 일단 절에 나온 사람에게는 짭짤하게 재미를 붙일 수 있도록 유도하는 노력이 있어야 할 것이다. 다른 종교의 경우와 같이 학교, 병원, 사업체 등이 있으면 직장을 겸해서 교육을 실시하므로 상당히 용이하겠지만 우리의 경우는 먹고사는 것과는 관계없이 순전히 취향심 하나만을 바라보고 실시해야 하기 때문에 더욱 어렵다. 나는 일찍이 이 문제에 대하여, 어린이에게는 꿈을, 어른에게는 희망을, 노인에게는 안심을 주는 방안이 교육에 반영되어야겠다고 했지만 이것 역시 별다른 효과를 거두지는 못하고 있다. 어쨌든 모든 세대에 걸쳐 그 세대에 맞는 지식과 화법이 개발돼야 한다는 것이다. 이러한 과제는 사실 한두 사람의 개인이 뛴다고 될 것이 아니다. 이런 동인들을 대표하여 연구하고 검토하는 기관이 있었으면 좋으리라고 생각되며, 아울러 좋은 안이 나오면 긍정적인 생각을 가지고 관심을 보여 주는 성의 또한 중요하다고 생각한다. 내가 평소 생각한 바로는 교리, 역사, 의식의 3요건을 담은 내용을 가르쳐야 되리라 생각하고 있다. 교리로는 불교교리의 주축과 기본 사상이 무엇인가를 알리고, 또 그것이 다른 종교의 그것과 어떻게 다른가를 분명히 알려 주는 것이 좋겠다. 역사로서는 부처님의 생애를 비롯하여 불교 교단의 발자취를 알도록 해야 되겠고, 의식으로는 천수경의 송지를 비롯해서 각종 지송물과 길흉사의 축원과 이웃의 그런 일에 대한 경조의 법도를 익혀 두는 것이 필요하리라 생각한다.

특히, 오랜 세월 동안 존속하면서 각종 의식이 뒤섞여 절마다 예불부터가 다른 양상을 보이고 있음은 실로 아쉬운 일이다. 요즘 뜻있는 개인이나 단체에서 이런 부분에 관하여 좋은 책을 내고 있음은 다행한 일이다. 개중에는 교리의 교재로서, 때로는 의식의 교재로서 꾸며졌는데 대체로 교리, 역사, 의식의 각 요소가 골고루 들어있어 실로 찬탄하기에 부족함이 없는 것들이 있다. 그러나 이런 것들이 거의가 나오는 것으로 끝나고 별달리 이용되는 것을 볼 수 없음은 안타까운 일이다.

나는 이렇게 교육이 부진함을 아쉬워하다가 수 년 전부터 카세트를 만들어 보급하는 일을 시작하여 현재에까지 이르고 있다. 거리가 멀다든가 시간이 바빠서 일정한 법회에 나갈 수 없는 스님네나 불자님들을 위해 신청만 있으면 언제라도 우송해 드리는 제도인데 상당한 호응을 받고 있다. 그러나 백 년 동안 기른 군병이 일조 유사시에 쓰이지 못한다면 아무런 의미도 없는 것처럼 실제의 현장에서 쓰여지지 못한다면 무슨 소용이 있겠는가.

넷째는 실천방안에 대하여 생각해 보자.

실천이란 실지에서 이행한다는 뜻을 가지고 있지만 이 말의 연유는 영어 practice를 번역해서 얻은 것이다. practice는 다른 뜻도 되겠지만 간단 명료하게 정돈해서 '반복 숙지한다는 것'이 그 특징이다. 길을 가다가 우연히 우물로 엉금엉금 기어드는 세 살박이 어린이를 발견했을 때, '이 애가 누구 애이며, 왜 여기엘 왔으며…….' '화장세계 노사불이 어쩠느니…….' 하고 앉았다면 벌써 한걸음 늦은 것이다.

인생은 드라마라고 한 사람이 있었다. 인생이 연극이라면 삶의 현장은 바로 무대의 한 장면이다. 그런데 그 무대의 장치 또는 활용법이 시의(時宜)에 맞지 않는다면 멋진 연기가 나올 수 없다. 부처님께서도 자식을 잃은 노부부를 만나시면 위로의 말씀을 잊지 않으셨고 게으른 자를 보시면 근면의 필요성에 대하여 이론과 사례를 들어가면서 알기 쉽게 이야기해 주셨다. 실천이란 바로 이 인생살이 속에서 그때그때 펼치는 막간극들인 것이다.

끝으로 김구 선생의 옥중시 하나를 소개하여 새로 시작하는 생활 불교가 잘 정착되어야 하겠다는 뜻을 맺는 말에 대신하려 한다.

숫눈길을 가는 사람아 갈팡질팡 하지 말아라
오늘 그대의 발자취는 뒷사람의 길이 되리니.
踏雪野中去 不須胡亂行
今日我行跡 遂作後人程

고산(杲山) 스님

고산(杲山) 스님

1934년 경남 울주에서 태어남.
1945년 범어사에서 동산화상을 은사로 득도 수계.
1954년 범어사 금어선원에서 안거이래 25안거.
1956년 동산화상을 계사로 비구계 수지.
1961년 직지사에서 대덕법계 품수 및 고봉화상으로부터 전강을 받음.
1974년 동산화상과 유석암화상으로 이어진 범어사 계맥을 이어 받음.
1994년조계종 호계원장.
1999년 조계종 총무원장 역임.
현재 하동 쌍계사 조실로 계심.

새벽 동천에 뜨는 샛별아

몇 줄기 푸른 물은 바위 앞을 지나가고
한 조각 흰구름은 강 위를 떠도네.
幾條靑流水岩前
一片白雲江上來

산도 그 산이요, 물도 그 물이로다. 그 하늘, 그 구름, 무한한 시간과 드넓은 공간…….

성도(成道)가 무엇이고, 열반(涅槃)은 무엇인가? 번뇌의 타는 불을 꺼버린 상태를 열반이라 한다. 생노병사에 얽힌 모든 부자유와 무명을 완전히 제거한 적정의 상태라 할 것이다.

그리하여 부처님께서는,

"나는 일체의 승자(勝者)이며, 일체의 지자(智者)이다. 일체법에 물들지 않고, 일체를 버렸으며, 갈애가 다하여 해탈하였다."

고 말씀하시어, 성도의 깊은 의미를 간파하셨다. 즉, 우주와 인생의 진리를 체득하여 완전히 깨친 각자(覺者)가 되었음을 의미한다.

성도는 보편타당한 진리를 바르게 보고 참되게 알며, 또한 그것을 자기체계화하여 자율적인 인격을 완성함을 일컫는다 할 것이다. 그렇다. 석가모니 부처님은 분명히 새벽의 동천(東天)에 뜬 샛별을 보시고 문득 성도하시었다.

동천에 뜬 샛별은 석가세존께서 성도하시기 전에도 떴을 것이며, 앞으로 몇만 겁을 지나도 변함없이 그 자리에 뜰 것이다. 그 뿐 아니라, 석가세존께서 성도하시기 이전의 많은 세월 동안에도 그 자리에 뜨고 또한 날이 밝으면 사라졌을 것이건만, 어찌하여 석가세존께서만 성도의 길잡이로 삼을 수 있었단 말인가?

우리들의 눈에도 샛별은 보이고, 우리들에게도 무한한 세월과 계기가 주어졌다.

그러나 우리는 아직껏 어둠 속에서 샛별을 등지고 무명을 즐기고 있을 뿐이다. 같은 날, 같은 새벽, 같은 별을 보면서도 어찌하여 우리들에겐 성도가 없단 말인가!

청정법신(淸淨法身), 본래의 대광명, 대자재, 묘용난사한 진리의 세계에서야 탄생도 없고, 죽음도 없으며, 성도마저도 없는 것이겠으나, 우리 어리석은 중생들에게 바른 길을 가르치고 전미개오(轉迷開悟)의 큰 법을 보이기 위해서는 팔상(八相)의 시현(示現)이 분명하고 방편의 가설이 역연하지 않을 수 없는 것이리라.

우리는 어디까지나 미혹을 헤매는 어리석은 중생일 뿐이다. 논리적으로 추측하고, 구두선(口頭禪)으로 나불대며, 사비량(似比量)으로 짐작하면서 그것이 성도인 것처럼 착각하고 오만을 부리는 세태가 한탄스럽지 않을 수 없다.

성도란 진리의 세계로 나아가는 바른 길을 완전히 발견하였다는 뜻이다. 번뇌의 찌꺼기가 없는 무루(無漏)의 지혜라고도 하며, 성불 또는 성등정각(成等正覺)이라고도 하여, 불과(佛果)에 이르는 참된 수행을 이룩함을 뜻한다.

이것은 체험으로부터 우러나오는 자기개발의 광명이요, 진루망상(塵累妄想)이 모두 떠나버린 슬기의 결정이며, 오욕과 무명을 여읜 해탈의 극점이기도 하다.

성도절을 맞음에 있어 우리 모두는 뼈를 저미는 마음으로 오늘의 수행을 반성하여야 할 것이요, 새로운 각성의 마음 무장에 주저하지 말아야 할 것이다.

우리 모두 같은 인연으로 세상에 태어나, 석가모니 부처님은 3천 년 전에 성도하시었건만, 어찌하여 우리들은 끝없는 생사고해에서 순류표침(順流漂沈)만을 계속하고 있단 말인가. 마땅히 우리들 수행력을 뒤돌아 볼 일이다.

어찌 성도가 남의 일일 수 있으랴.

어떻게 행할 것인가

　불교의 절대적이며 근본되는 교리의 골격으로 삼학(三學)이 있다. 계(戒)·정(定)·혜(慧)가 바로 그것이다.

　그것은 불교를 배워 도를 이루려는 이가 반드시 닦아야 할 세 가지 배움의 길이라는 뜻이다. 러시아의 문호 푸쉬킨은 일찍이 다음과 같은 말을 한 적이 있다.

　"양식있는 인간이란 많은 지식을 가지고 있을 뿐 아니라, 무엇이 좋고 무엇이 나쁜가를 신속하게 판단하는 능력을 가진 자라 할 것이다."

　불교도가 지향하는 궁극의 도달점은 '깨달은 사람'이 되는 것인 바, 위에서 푸쉬킨이 말한 '양식있는 사람'과 상통하는 바가 있을지도 모르겠다.

　'건전한 육체에 건전한 정신'이라고 하는 슬로건이 말하듯 정신을 청정하고 건강하게 유지하기 위해서는, 자신의 일상 언동에 특별히 유념하여야 할 것이요, 규범에 어긋나지 않는 생활로서 일관하지 않으면 안 된다.

　정이란 마음을 하나로 모으는 의식작용으로서, 흔히 선정(禪定)이라 표현하며, 마음을 안정시켜 하나의 사고대상으로 전심전념하는 것을 말한다. 혜는 계와 정으로 대표되는 건강하고 균형있는 신체작

용과, 안정된 정신을 통일할 때 얻어지는 식견이자, 지혜라고 표현할 수 있을 것이다.

이 세 가지 조건에 충실할 때, 비로소 그 사람을 양식 있는 사람이라 부르는 것이요, 그것은 곧 불교인의 궁극의 목표인 깨달음의 길로 나아가는 그 첫걸음이라 할 것이다.

대승불교에서는 이러한 기본적인 수행의 조건을 '신(信)' 속에 포함하여 그 본래의 뜻을 살리고 있다.

계는 산만한 마음을 방지하여 산란하지 않게 하는데 그 뜻을 둔다. 불교는 신을 존중하여 믿고 의지하는 유신론적인 종교가 아니라, 인간의 본래 청정한 자성을 깨닫고, 그게 곧 우주 본연의 이치요 진리임을 알아, 최고의 지혜를 증득 완성함에 그 목적을 두는 철저한 자력신앙의 종교임을 알아야 한다.

마음이 곧 부처님이라고 하였으니 일체만유는 마음에서 비롯되어지는 것이다. 따라서 마음을 청정하고 바르게 갈고 닦아 본래의 목적을 향해 나아가도록 노력하여야 한다.

그러나 중생들에게는 안(眼), 이(耳), 비(鼻), 설(舌), 신(身), 의(意)라고 하는 육근(六根)이 있어, 온갖 번뇌와 망상과 시시비비가 생겨나고, 그에 따라 공연한 분별심이 일어나는 것이니, 이를 어찌 할 것인가? 이 육근이 요구하고 가고자 하는 바, 이끄는 대로 이끌려 가게 된다면, 부처님 되고자 하는 본연의 길과는 전혀 엉뚱한 방향으로 흘러가고 말 것은 당연지사다.

어찌 육근의 시종이 되고서 성불의 대도를 이룰 수 있겠는가? 즉, 계(戒)는 이 육근에서 비롯된 온갖 부정한 욕망과 번뇌 망상, 삿된 분별심을 엄히 단속하는 채찍과도 같은 것으로, 가히 불심을 보호하는 울타리요, 담이라 할 것이다. 계를 지킴으로 하여 안정을 얻게 되며, 번뇌와 망상이 구름 걷히듯 소멸한다. 정(定)은 경거와 요동이 없는 평온정착한 마음상태를 가리키는 가르침이다.

마음에서 잡된 물결이 고요히 잠들고, 식랑(識浪)의 거친 파도가 침식되어버린 상태야말로 부처님의 얼굴을 볼 수 있는 정담(靜湛)한 현상이라고 할 것이다.

정(定)은 참된 사고와 참구의 기본이다.

산란한 마음에서 어찌 바른 사고 작용과 몰두가 행하여질 수가 있겠는가? 모든 과학과 문학적 유산이 곧 정에서 가능했던 것임을 알아야 한다.

혜(慧)는 슬기로움을 의미한다.

계를 준수하여 고요함의 울타리를 두르고, 그 속에서 마음의 안정을 얻어 밝고 자유로운 사유를 행하고, 그로부터 지혜 즉, 참된 슬기가 생겨나는 것이며, 비로소 부처님의 절대 자유하고 평등무애한 세계로 나아가는 바른 방편을 얻게 되는 것임을 알아야 한다.

대비바사론의 삼장(三藏)과 삼학(三學)을 비교할 수 있다. 율(律)은 계학(戒學)에, 경(經)은 정학(定學)에, 론(論)은 혜학(慧學)에 대비된다 할 것이다.

팔종강요권상을 보면, 삼장은 능전(能詮)의 가르침이며, 삼학은 소전(所詮)의 의(義)라고 하였다. 경・율・론・삼장은 주관적인 교리라 할 수 있으며, 계・정・혜・삼학은 객관적인 교의라고 할 수 있다.

이 말은 삼장의 교리를 근본으로 하여 삼학의 깊은 뜻을 실천하여야 한다는 뜻이다.

천 가지 경과 만 가지 이론에 모르는 바 없이 모조리 통하였다 하더라도, 결국 두 발로 부지런히 뛰어다니는 실천력과 치열한 수행에의 정진이 결여되어 있다면, 그 많은 지식과 알음이 무슨 소용이 있단 말인가?

그것은 마치 가을이 저물어 가는 산 속에 떨어져 내리는 낙엽과 같은 것이다.

이 글은 계・정・혜 삼학을 이론적으로 자세히 설명하자는 데에 그 본래의 뜻이 있다.

경과 율을 모른다고 하더라도 마음이 청정하고, 수행의 실천력이 바르다면 그것이 성불작조(成佛作祖)의 가장 확실한 씨앗이 됨을 밝히고자 함에 뜻이 있는 것이다.

거듭 말하건대, 계는 악이 새어들 틈을 틀어막는 데 필요한 처방이며, 정은 지(止)와 적(寂)을 위한 것이라면, 혜는 지(智)와 관(觀)을 의미하는 것이라 할 것이다.

어느 일이건 그 근본되는 바 기초를 바르고 튼튼하게 닦음이 우선 이렇듯이 불교수행의 근본은 곧 삼학인 것이니 잊지 말고 명심할 일이다.

참 회

우리 불자들이 생각생각마다에 공부할 생각을 지니지만 뜻대로 이루지 못하고 허송세월만을 보내게 되는데 이것이 바로 중생사인 것이다.

이렇게 한 해 한 해 지나가고 점점 죽음의 문에 다다르게 되니 곧 죽음에 이르게 된다. 마치 도살장으로 향하는 축생들처럼 한걸음 한걸음 죽음을 향해 나아가고 있는 것이거늘 모두가 이를 바로 깨닫지 못하고 있기에 어리석은 중생인 것이다.

매일매일 자신의 지나간 행적을 참회하고 살펴본다면, 우리는 많은 시간들을 벌 수 있다.

참회는 왜 하는가 하면 모든 중생들이 본인도 알게 모르게 십악죄를 짓게 되기 때문이다.

'내가 이 세상에 태어나서 죄 지은 일이 없는 데 무엇 때문에 참회를 하는가?'라고 생각하는 사람이 있다. 불효를 했거나 남편 봉양을 제대로 하지 못한 사람 등은 양심 때문에 참회를 잘 한다.

그런데 그렇지 못하고 뚜렷이 죄지은 일이 없는 사람은 참회하는데 인색하게 된다.

그러면 우리 중생들이 왜 참회를 해야 하는지 살펴보자.

정초 참회 7일 기도를 할 때 10가지 죄악 중 첫째가 산 목숨 죽인 죄를 참회하는 것이다.

이 세상에서 살생 한 번 하지 않은 사람은 아마 없을 것이다. 무의식 중에 산 미물을 살생한 경우가 허다하며 몸에 이롭다고 닭이나 소, 돼지, 개 등을 마구 잡아먹는 것이 중생들이다.

그 다음에는 도둑질한 죄를 참회하는 것이다. 요즘 세상에 도둑질 한 번 하지 않은 사람도 없다.

양심에 손을 얹고 잘 반조해 보면 누구나 도둑질 한 것을 인정하게 될 것이다.

세 번째는 사음한 죄를 참회하는 것인데 정한 부부 이외에 다른 사람 생각만 내도 사음한 것이 된다.

네 번째는 거짓말한 죄를 참회하는 것인데 세 살까지만 해도 거짓말을 하지 않다가 네 살만 넘어 분별심이 생기면 벌써 거짓말을 하게 된다.

이렇게 중생들이 무의식중에도 죄를 짓기에 참회를 하지 않으면 안되는 것이고 부처님께서 사바세계에 출현하신 것은 바로 이러한 중생들을 올바른 길로 인도하시기 위함이다.

그렇기 때문에 부처님의 가르침대로 의지, 수행하면 밝은 세계가 되고 사람이 착하고 어질게 된다.

사람은 사람으로서 각자의 길이 있다. 남자의 길, 여자의 길, 농부의 길, 상인의 길, 이 길이 바로 도(道)이다.

이 길대로 점차적으로 수행하면 되는데, 중생들은 신(身), 구(口), 의 (義), 삼업(三業)을 끊임없이 지어 죄를 짓게 된다.

부처님께서 하신 마지막 법문 중에 입을 봉하여 꼭 한 마디 할 때 열 번 이상 생각하고서 하라 하셨다. 간단하면서도 여기에 모든 도리가 다 들어있다.

또한 뜻도 함부로 일으켜서는 안 된다. 자기도 모르게 중생들이 수 시로 업장을 일으키고 계속 십악(十惡)을 지을 뿐 아니라 팔만 사천 번뇌 망상이 쉴사이 없이 일어나고 있는데 입을 모으고 생각을 가다 듬으며 행동을 함부로 옮기지 않으면 모든 것이 다 씻겨지게 되고 하 루하루가 행복하게 될 것이다.

내 양심대로 살려고 하는 것이 바로 참회다. 우리 손가락 하나하나 에도 전부 이름이 있다.

손가락 하나하나는 따로따로 힘을 쓰지 못하지만 합치면 힘을 쓰고 사용할 수 있다.

우리 불자들도 분열하지 말고 화합, 단결하면 안락국토가 되는 것 인데 분열된 생각이 서구에서부터 밀려들어오기 시작했다.

불자들은 서구의 개인주의 정신을 본받지 말고 우선 이웃부터 화합하여 불행한 일, 즐거운 일을 함께 하는 보살행을 실천해 나가야 하겠다.

불교의 대자대비 정신으로 화합하여 민족정신을 통일시키고 동강난 우리 민족도 통일시켜야 한다.

우리 세상사람들이 살아가는데 흔히 복을 말하고 있다. 복 중에서 제일은 오복(五福)이다.

경전에서 오복은 세 가지로 나오는데 그 한 가지는 수명장수, 부귀, 강령(편안한 생활을 하는 것), 호덕(好德), 임종을 잘 하는 것이고 두 번째 오복은 수명장수, 부자로서 넉넉하게 사는 것, 몸에 병이 없는 것, 재앙이 없는 것, 도덕군자이며 세 번째 분류는 오래 사는 것, 부귀, 기(氣)가 있는 것, 강령, 아들 많은 것이라 했다.

이 세 가지 오복의 분류 중에서 요즘은 세번째 것을 많이 찾고 있다.

그러나 이 세 가지 오복을 말해도 이에 해당하는 자가 없어 자나깨나 걱정이 많은 것이다. 재산이 많으면 수명이 짧다든가 수명이 길면 재산이 없다든가 한다.

이러한 이치를 알면 한 가지 성취되면 다른 것은 성취되지 않을 것이라는 생각을 가지게 된다. 부처님께서는 세상이 전부 이와같다고 하셨다. 즉, 장단이 있다고 하신 것이다. 모든 것을 다 갖출 수는 없다. 그래서 세상 사람들은 좋은 일은 잘하지 않으려 하고, 나쁜 일은 하지 말라고 해도 하기 쉽다.

그러니 우리 불자들은 나쁜 일 하기를 멀리 하고 좋은 일, 하기 어려운 일을 자꾸 실천해야 보살이 되고 성불도 할 수 있다.

 이 점을 명심하고 부처님 말씀대로 선업을 쌓아 늘 행복한 하루하루가 되도록 하자.

절망 속에 희망이

사람이 물 가운데에 앉아서 다시 물을 찾고,
중생이 부처님을 안고 문득 부처님을 찾는도다.
이! 대나무 말이 한 번 뜀에 나무 닭이 세 번 우는도다.
人坐水中　更覓水
衆生抱佛　更覓佛
咦竹馬一躍木鷄三聲

 아직도 우리가 사는 이 사바세계는 미혹과 어둠에서 벗어나지 못하고 있다.

 일찍이 부처님이 이 땅에 몸을 나투시어 팔만 사천 법문을 설하시고 중생구제의 높고 큰 원력을 세우셨다.

 역대의 모든 선지식과 조사님들의 가이없는 노력이 끝간 데 없다.

하지만 아직도 미혹과 어둠의 중생계는 계속되고 있다. 탐·진·치 삼독에 의해서 미망의 어둠이 계속되고 있다.

우리의 가까운 이웃이 아직도 추위와 배고픔에 떨고 있고, 물질에 대한 탐욕은 소수의 수중으로 재물을 집중했다. 함께 나누어야 할 재물이 집중되고 다수의 사람들은 경제적 궁핍에서 벗어나지 못하고 있다.

역시 집중된 부를 물쓰듯이 하는 일부의 사치와 허영은 사회적 도덕률을 위협한다.

사회의 도덕과 윤리가 땅에 떨어지고 범죄와 무질서가 이 사회를 암울하게 한다.

이에 많은 이들이 공포와 두려움에 떨고, 인간의 존엄이 지켜지지 못하는 지경에 이르렀다. 결코 '범죄와의 전쟁'이 우리의 문제를 해결할 수 없다.

이제 이 세계는 인간의 탐욕과 미망에 의해서 이웃간, 계층간, 민족간 대립이 점점 심화되고 있다. 가진 자는 없는 자를 무시하고 경멸한다. 없는 자는 가진 자를 증오하고 미워한다.

계층간의 갈등과 대립이 심각한 사회적 문제를 일으키고 있다.

또한 선진국의 수입개방 압력은 우리의 농민을 땅에서 몰아내고 있다. 문제는 여기서 끝나지 않는다.

선진국의 경제적 폭력은 대다수의 가난한 나라의 사람들에게 궁핍과 기아를 강요하고 있다. 전쟁과 파괴의 위협이 상존한다. 계층간,

민족간 갈등의 해결을 위한 물리력에의 의존은 아직도 여전히 인명을 위협하고 있다. 약육강식의 페르시아만 사태와 선전포고가 인류를 전쟁의 위협 속으로 몰아넣고 있다.

이제 끝간 데 없는 인간의 탐심은 지구의 생존조차도 위협하고 있다.

부존자원의 남획에 의한 생태계의 파괴가 가속화되고 있고, 가공할 핵병기의 개발에 의해서 지구의 존망이 장대 끝에 매달려 있다.

바야흐로 인간과 세계의 운명이 위기에 이르고 있다.

하지만 부처님의 법음이 온 세계에 충만하고 자비를 통하여 부처님께서는 이 세계를 치유하고 계시다.

그렇기 때문에 절망 속에서도 인간과 세계는 발전하고 위기 속에서 부처님의 가르침은 더욱 빛을 발하고 있다.

경제적 형평을 지향하는 민중들의 노력이 계속되고 민주주의를 위한 가녀린 노력들이 끝없이 경주되고 있다.

동구권의 변화로 상징되는 동서 화해와 세계평화의 노력은 괄목할 만큼 진전되고 있다. 바로 절망 속에서 희망이 있고 위기 속에 비약이 준비되어 있다.

이제 모든 것은 갖추어져 있다. 자신 속의 부처님을 찾아 정토의 내일을 준비하는 지혜가 필요한 때다.

그것은 미움이 사랑으로, 대립이 통일로, 욕심이 베풂으로 전환하는 것이다.

우리의 마음 속에 세계가 있고 부처님의 품 안에 세계가 있다. 부처님을 찾아 서둘러 길을 나서야 할 때다.

생활의 진리

부처님께서 한번은 법상에 올라 가셔서 내의에 속하는 열반승을 단정히 하시고 겉옷인 승가리를 정돈하셨다.

열반승이란 속적삼이나 고쟁이와 같고, 울타라승은 바지적삼에 해당되고 승가리는 두루마기와 같다.

이렇게 인도에서는 세 가지 옷이 있어서 집안에서 일을 할 때는 열반승과 울타라승만을 입었고 출행할 때는 꼭 그 위에 승가리를 더 입었다 한다. 집안에 있을 적에는 내의와 바지적삼만 입고 일을 하며, 출행할 적에는 겉옷 즉 두루마기를 입고 나가는 것이 우리나라 사람과 비슷하다.

그와 같이 우리 부처님께서도 하루는 내의와 승가리를 잘 정돈해 입으신 후 칠보로 된 책상을 앞으로 당겼다.

칠보로 된 책상이란 부처님이 사용하시는 책상으로서 그 위에는 수건도 있고 책도 있다. 부처님께서는 겁바라 천신(天神)이 바친 아주 좋은 무명수건을 집었다.

부처님께서 겁바라 천신이 바친 수건을 집어들고서 대중들 앞에 한 묶음 매듭을 매어 보이시며,

"이것을 뭐라고 하느냐?"

하고 물었다. 그랬더니 아난다와 대중이 동시에 보고

"예, 매듭입니다."

하고 대답했다. 그러니 부처님께서는 또 한 매듭을 매어서

"이것은 뭐라고 하느냐?"

하니,

"예, 그것도 매듭입니다."

라고 아난다와 대중이 대답했다. 이렇게 차례로 여섯 번째 매듭을 매어 마지막으로 묻기를,

"이것은 뭐라고 하느냐?"

"예 그것도 매듭입니다."

그렇게 한결같이 대답을 하니 부처님께서는 못마땅하셔서,

"어떻게 자꾸 매듭이라고만 대답하느냐? 너희들이 한번 생각해 보아라. 내가 손으로 맺었기 때문에 여섯 매듭이 된 것이지 본래는 하나의 수건이 아니냐?"

겁바라 천신이 바친 이 무명베 수건은 하나인데 맺을 때마다 매듭이라하니 처음에서 여섯 매듭까지 맺었으니 그것은 여섯 매듭이라 해야 옳겠느냐? 수건이라고 해야 옳겠느냐? 하는 것이다. 자, 한 번

생각해 보자. 부처님께서 왜 이와 같은 비유를 들었을까? 하는 그 근본취지를 잘 알아야 한다. 흔히 육근이라 부르는 안·이·비·설, 신, 의는 여섯 매듭에 비유하고 수건은 하나의 마음자리를 말한다. 이 마음자리에서 육근이 벌어져 나온 것이다. 왜 그것을 여섯이니, 하나니 이름을 붙이지 못하느냐하면 그 마음자리에는 본래 여섯이니, 하나니 하는 것이 없기 때문이다.

예를 들면, 여기 하나의 요령이 있다고 하자. 소리를 내는 요령이 분명하다. 그러나 이것의 본성은 무엇인가? 쇠다. 이 쇠를 요령이라하는 게 맞는가? 이 요령을 쇠라 하는 게 맞겠는가? 쇠라 해도 맞지 않고 요령이라해도 맞지 않다. 그처럼 여섯이라해도 맞지 않고 하나라해도 맞지 않는 것이다. 그런데,

"하필이면 여섯 맺음을 맺었습니까?"

하고 물을 수도 있다. 그 이유는 중생들의 본성품은 하나인데 다섯도 아니고 일곱도 아닌 여섯 뿌리, 즉 육근이 있기 때문이다. 즉 안·이·비·설·신·의 등 여섯을 의미하는 것이다. 그런데 아난다 존자가 부처님이 처음 맺은 것은 매듭이라 하시고는, 제2, 제3 내지 제6은 매듭이라 허락하지 않는데 대해서 의문을 품고 물으니 부처님께서 다시 아난다에게 일러 말씀하시기를,

"이 수건은 원래 하나이나 내가 맺음을 맺을 때마다 이름이 달라졌다. 곧 너희 육근도 또한 다시 이와 같아서 필경에 같은 가운데 다름이 있나니라. 네가 반드시 여섯 매듭이 이루지 못함을 혐의해서, 하

나 이루기를 원할진대 다시 어떻게 얻을 것인가?"

아난다가 사뢰되,

"만약 매듭이 있으면 시비가 다투어 일어나서 저 가운데 스스로 이 매듭은 저것이 아님이요 저 매듭도 또한 다시 이것이 아니니 여래께 서 만약 금일에 다 풀어헤쳐서 맺음이 만약 생하지 아니하면 곧 피차 가 없어서 오히려 하나라는 이름도 없거니 어찌 여섯이 이루어지겠 습니까?"

부처님께서 말씀하셨다.

"여섯을 풀고 하나까지 없애는 것도 또한 다시 이와 같나리라. 네가 무시이래로 심성이 광란함으로 말미암아 지견을 망녕되이 발해서 망을 발하여 쉬지 아니해 수고로운 견에 진을 발하는 것이 수고로운 눈동자에 다시 광화가 있는 것과 같아서 당정명에 까닭없이 일체세 간의 산하대지와 생사열반이 어지러이 일어나니 다 각로의 전도화 상이니라."

부처님께서 결론을 내리시기를,

"너희 육근도 또한 다시 이와 같아서 같은 가운데서 다른 것이 나왔 나니라."

하셨다. 같은 가운데서 필경에 다른 것이 나오게 되었다는데, 여기서 생각할 바가 무엇인가? 아는 바처럼 부처님이 이미 성불하셨으므로 일체중생도 성불한다는 것을 어떤 이는, 부처님이 많아서 어떻게 할 까하고 걱정하시는 사람도 있고 또 어떤 이는 저 사람도 성불하고 나도 성불하면 부처님 세계가 비좁겠다고 걱정하는 사람도 있고, 뿐만 아니라 중생들이 다 성불하면 중생세계가 텅 비어버리겠다고 걱정하는 사람도 있다.

그러나 필경 같은 가운데 다른 것이 나온다. 같다는 것은 비유하자면 저 바닷물을 보자. 바닷물은 똑같은 물이다. 동서남북 상하 어느 곳의 바닷물이라 할지라도 똑같다. 그러나 이렇게 같은 물이지만 태풍이 불어 파도가 치면 그 모양이 각기 다르다. 이와 같이 우리 중생도 모양의 차별이 있어 다르기는 하나 그 본래 심성자리인 불성에 있어서는 동일하다. 다시 부처님께서는 아난다에게 말씀하기를,

"네가 반드시 이 여섯 매듭을 이루지 못하는 것을 혐의해서 하나 이뤄지기를 원할진대 이것이 다시 어떻게 되겠느냐?"

아난다가 대답하기를,

"만약 이 매듭이 있으면 시비가 다투어 일어나서 저 가운데 스스로 이 매듭은 저것이 되지 못하고 저 매듭은 이것이 되지 못해서 서로 통하지 못한다."

고 했다. 그러므로 귀가 코가 되지 못하고 코가 입이 되지 못하듯이 모두가 스스로의 소임이 다르다. 이렇듯이 우리 중생도 자기의 업력에 따라서 살아가는 것이 모두 다르다. 부와 모, 형과 제, 너와 나, 너는 부자고 나는 가난하며, 너는 서양인이고 나는 동양인, 나는 남자고 너는 여자, 너는 아이고 나는 어른, 너는 김가 나는 이가라는 등 가지각색의 시비가 봉기하여 있지만 여기서 한 생각을 돌이켜,

"악, 아이고 이것 참 좋은 수가 있구만."

하고 그만 이렇게 매듭을 싹 풀어버리면 하나도 없는 것을 왜 이렇게 걱정을 했는가 하는 것이다. 이리하여 부처님께서는 80년 간 오직 이 한 법을 전하기 위해 이 사바세계에 출현하신 줄을 알아야 한다. 바로 성도하신 근본 뜻도 중생들이 갖가지 시시비비에 물들어 있는 것을 풀어주시기 위함인줄 알아야 한다.

그 풀리는 것이 무엇인가? 한 생각 쉬어버리라는 것이다. 한 생각 쉬어 버리면 만사가 태평이다. 비유를 들어보자.

옛날 어떤 사람이 자기의 그림자가 따라다니는 것을 두려워하여 계속 달리고 있었다. 동으로, 서로, 남으로, 북으로 계속 뛰어도 그림자는 여전히 따라오니 두렵고 화가 나서,

"이놈 네가 계속 따라 올거냐?"

하니 그림자도 똑같이 얘기하고, 돌을 확 던지면서,

"이놈 당장 물러가거라."

하니 그림자도 똑같이 돌을 확 던지면서,

"이놈 당장 물러가라."

한다. 꼭 하는 대로 따라하니 더욱 두렵고 놀라서 강에 뛰어들어가니 강에도 따라 들어오고 육지로 올라오니 육지에도 올라오고 하여 이제는 신을 벗어 양손에 쥐고는 냅다 뛰었다.

한참 뛰어가는데 마침 지나가던 어떤 스님이,

"여보시오, 여보시오, 왜 그렇게 뛰고 있소?"

하고 물었다. 뛰던 것을 멈추고 자초지종 얘기했다. 스님이 껄껄 웃으면서,

"그대의 그림자는 뗄 수가 없는거요. 저 그늘 나무 밑에서 푹 쉬어 보세요. 그러면 안 따라올 것입니다."

그래서 그 사람은 의심 하면서도 큰 나무 밑에서 쉬고 있으니 정말 그림자가 없어졌다.

이렇듯 우리의 업식도 그와 같아서 한 생각 푹 쉬면 해탈 하는 것이다. 다만 한 생각 푹 쉬어야 된다. 그런데 세상 사람들은 한 생각 쉴 줄은 모르고 그림자를 피해 도망가듯이 업의 굴레로부터 도망가기 바쁘니 무슨 해탈이 기약되겠는가?

그러니 4고(苦) 8고(苦)가 주렁주렁 매달리는 것이다. 4고란 생노병사로서 나고 늙고, 병들어 죽는 것을 말하고, 8고란 그 4고에다가 구부득고(求不得苦), 애별리고(愛別離苦), 원증회고(怨憎會苦), 오음성고(五陰盛苦)를 더한 것이다.

'구부득고'가 무엇이냐 하면 '잘 구해지지도 않는데 죽자사자 구하는 것'을 말하는 것이다. 욕심의 불덩이가 가슴에서 확확 불붙는 고통, 그것이 구부득고다.

그 다음 '애별리고'란 사랑하는 사람과 항상 가까이 살아야 하는데 자꾸 이별하는 괴로움이다. 너무 사랑했다 하면 이별하게 된다. 적당히 좋아해야지 사랑에 눈이 어두어 아무것도 보지 못하고 죽자사자 좋아하면 운명의 신이 싹 갈라 놓는다는 것이다. 적당히 좋아하면 오

래 놔 둔다하니 자식도 너무 사랑하면 갑작스레 죽어버린다. 좋아할
것 다 좋아했으니 그만 끝내고 가는 것이다. 애별리고의 인연은 참으
로 이상야릇하게 얽히는 모양이다.

'원증회고'란, 부모자식이 원수로 태어나고 친척과 형제들과 원결
을 맺어 늘 만나는 고통을 말하는 거다. 그러니 원수를 만들지 말아
야 된다. 그 다음 '오음성고'란 우리 중생의 오음색신이 곧 괴로움의
덩어리란 뜻이다. 왜 괴로움의 덩어리냐 하면, 자고나면 쓰다듬고 화
장해야지, 목욕재계 시켜야지, 계속 중수를 해야 된다. 이 놈의 육신
은 어떻게 그렇게도 자주 수리를 해야 되는지 모른다. 또 이 몸뚱이
전체가 그렇게 고장이 잘 난다. 병이 나면 치료를 해야 하는데 잘 안
되면 죽는다. 이렇게 우리의 오음색신은 괴로움의 덩어리다.

어디 그것 뿐인가? 계속 밥을 먹여줘야만 한다. 날만 밝으면 자기
법당 중수하기에 바쁘다. 앉으나 서나 오나가나 고치고 다듬고 찍어
바르고 단청한다.

그런데 모처럼 절의 법당을 단청하려고 이야기하면,

"아이고 그전에 했지 않소? 벌써 또 합니까?"

한다.

"법당에 비가 샙니다. 모두 십시일반으로 중수불사에 동참합시다."

하면,

"아니 지은 지 얼마됐다고 벌써?"

한다. 자기 법당 지은 지는 얼마되지 않았는데도 매일 중수하면서 말

이다. 그러니 앞으로는 이런 점은 고쳐야 한다.

마지막으로 부처님께서 아난다 존자에게 일러 말씀하시기를,
"이 여섯 맺음이 하나가 되기를 원한다면 어떻게 하면 되겠느냐."
고 물었다. 아난다가 대답하기를 "한 생각 쉬면 다 없어지나이다."
라고 대답한다. 이를 육해일망(六解一亡)의 소식이라 한다.

> 허공산 위에 달빛 밝고
> 수미산 계곡은 물없이 흐르네.
> 오운산 중의 무량도량
> 보혜법당 무량불이로다.
> 虛空山上明月照 須彌山谷水空流.
> 五雲山中無着寺 普惠法堂無量佛.

불자들은 가만히 생각해 보라. 각자 자기 성품의 하늘이 있다. 이 성
품의 하늘 가운데는 아무런 장애물이 없다. 아무런 장애물이 없기 때
문에 자기 망상심이 조각구름과 같다. 그 망상심만 쉬어버리면 그대
로 명월이 환히 비춘다. 자성달이 환히 비춘다. 이러한 때에는 수미
산곡이 다른 것이 아니고, 자기의 안이비설신의라는 것이 칠식 팔식
까지 전부 수미산이다. 오음산은 수미산이고 칠식 팔식까지는 수미
산곡에 흘러내려가는 물이다. 이 오음산의 물이 그대로 철철 흘러내
려 간다. 이러한 때 가서는 자세히 그 도리를 살펴 아는 사람이 있다

면 그대로 이 보혜법당에서 한량없는 부처님이 대광명을 놓고 있는 도리를 알게 될 것이다. 그대로 광명을 계속 놓고 있는 것이다. 육근 문두로 계속 그 광명이 비쳐나오고 있다. 자성의 아미타불이. 눈으로 보아 아는 것도 광명이요, 귀로 소리를 들어 아는 것도 광명이다. 코로 냄새를 맡아 아는 것도 광명이다. 이 모든 것이 다 자성부처님의 광명이다. 이 광명이 다른 것이 아니고 자기의 '진아'인 줄 안다면 참으로 어떻게 해야만 부처님의 은혜에 보답하며 우리가 현세에 행복하게 잘 살 수 있고 필경에 성불할 수가 있는가를 알게 되는 것이다. 불교에는 법륜이라는 것이 있다. 무슨 말인고 하니 부처님의 자비와 지혜의 가르침이 중생의 올바르지 못한 마음을 바르게 해 주는 것이다. 마치 울퉁불퉁한 거리를 굴러가는 수레바퀴에 비유하여 법륜이라 하였던 것이다.

이렇듯 불교는 고(苦)에 시달리고 뇌(惱)에 아파하는 중생의 마음을 깨끗이 치유하는 약인 것이다.

"나라에 불법이 유포되지 못하고 민족에 진리 사랑이 멈추게 되면 나라는 위태로워진다."

이것은 부처님의 말씀이다. 바로 여러분들의 생활이 진리롭고, 마음이 진리롭고, 행동이 진리로우면 그 자리가 곧 극락이요, 이러한 여러분들이야말로 나라를 구하는 사람, 민족을 이롭게 하는 사람인 것이다.

그러면 진리(法)로운 생활이란 무엇이냐? 그것은 윤리도덕(戒)에

게으르지 않고, 직업에 충실하여 가정과 사회에 평화와 안정(定)을 가져오며, 환하고 깨끗한 본심으로 돌아가려는 생활(慧)이 바로 진리로운 삶이다. 또한 입을 지켜 남의 그릇됨을 말하지 아니하고, 뜻을 지켜 지혜를 거둬들이며, 몸을 지켜 비난받을 일을 범하지 않는 것이 진리로운 삶이다. 또 경에 말씀하시기를,

"안정치 아니하면 보지 못하고, 애욕에 물들면 보지 못하고, 두 눈을 잃으면 보지 못한다."

고 하셨다. 이 말씀은 무조건 빨리 달리려고만 하는 운전기사 여러분에게 꼭 기억되어야 할 경구라고 생각된다.

왜냐하면 이러다가 사고를 내어 인명을 해치고 불행을 초래하기 때문이다. 이것은 오랜 생활의 훈습이 가져오는 병이다. 몸이 아픈 것만이 병은 아니다. 옛 사람의 말씀에 네 가지 병이 있다.

"재산에 병든 자는 친척도 이웃도 보지 못하고, 사랑에 병든 자는 수치도 공포도 없으며, 지식에 병든 자는 수면도 안락도 없고, 주림에 병든 자는 맛도 요리도 없나니라."

이 말이 주는 의미 또한 매우 깊다고 생각된다. 눈이 있으나 어두운 자는 무명에 사는 자요, 눈이 없으나 지혜로운 자는 광명에 사는 자다. 눈을 뜨고 확실히 보면서(正見) 살자. 진리가 사랑받는 나라는 망하지 않고 불법이 유포되는 곳에는 부처님이 항상 계시어 보호하신다. 법륜을 굴리며 법륜 속에서 행복하게 살도록 하자. 진리로운 생활을 영위하여 나아가자.

행동으로 실천하는 보살행

보살행을 알기 전에 먼저 보살의 정확한 뜻풀이가 있어야만 할 것 같아 보살이란 어떤 분인가를 대강 설명하고자 한다. 보살이란 보리살타의 준말로서 두 가지 해석이 가능하다.

첫째, 보살이란 '깨달은 중생'이다.

이는 그 본모습은 부처님이지만 짐짓 중생을 구제키 위해 중생으로 화현하는 하화중생적인 의미의 대성자를 가리킨다.

둘째, 보살은 '깨달음으로 가는 중생'으로서 육바라밀, 팔정도, 사홍서원 등을 닦아 나가는 상구보리적인 불국토 건설의 본원을 가진 모든 불자들을 지칭하는 뜻으로 봐야 할 것이다. 물론 여기서 다루고자 하는 보살행은 두 번째의 '깨달음으로 가는 중생'으로서의 보살을 이야기하는 것이다.

그러면 지금부터 보살행을 익히는 요령을 배워보자. 보살행이라고 하면 불경에서는 대체로 육바라밀, 사홍서원, 자리이타, 상구보리 하화중생, 동체대비 등으로 말씀하고 있으나 여기서는 그러한 본격적인 보살행에 들어가는데 필요한 기초적 소양으로서의 '세 가지 독한 마음 여의는 방법'을 중점적으로 논의하겠다.

첫째, 보살은 욕심을 부리지 않는다.

막연히 '욕심'하니까 그 한계가 분명치 못하나 대체로 분수에 맞는 삶을 벗어나는 것이라 생각된다.

욕심에는 다섯 가지가 있다. 재산에 대한 욕심, 성욕, 음식욕, 명예욕, 그리고 수면에 대한 욕심이 있는데 사실 이 다섯은 어느 하나도 생활에 필요치 않는 것이 없다. 그러나 이것이 지나치면 욕심이 된다는 것을 알아야 한다.

재산도 열심히 땀흘려 많이 벌어서 좋은데 쓰면 되는데 사람이 그렇지 못해서 잡으면 놓을 줄을 몰라 집착하고 축적하려고만 하니 그것이 큰 탈이다. 재물이란 항상 사람의 마음을 사로잡아 꼼짝 못하게 하니, 그로 말미암아 모든 죄악의 싹이 트며 세상을 어지럽히는 요인이 되는 것이다.

성욕도 종의 번식을 위해서 건전한 부부관계는 좋으나 함부로 때와 장소를 가리지 못한다든지, 방탕하고 무절제한 성관계는 사회 윤리적 지탄의 대상이 되고 종교적으로 볼 때도 용인될 수 없는 죄인이 되는 것이다.

어쩌면 인생이 색욕을 충족시키기 위해서 존재하는 듯한 착각에 빠지는 것도 그만큼 사람을 번뇌죄장으로 묶어놓는 큰 힘이 여기에 있기 때문이다.

옛 어른의 말씀에 '재색지화(財色之禍)는 심어독사(甚於毒蛇)'라 함도 이를 두고 하는 뜻이리라.

재산과 성욕에 의한 화가 독사에 물린 것보다 심하다는 이 뜻을 눈 어두운 우리 중생은 깊이 음미해야 할 것이다. 식욕, 명예욕, 수면욕

등도 마찬가지로 어느 것이나 삶에 있어서 절대적으로 필요하다.

그러나 지나치면 인생을 망치는 욕심이 되고 마는 것이다.

욕심이 지나치면 탐심이 되고 우리의 오관과 정신이 탐심에 물들어 경계마다 허상이요, 일마다 사고가 터져 일체 행동거지가 곧 죄업이 되고 말아 영원히 헤어날 수 없는 나락으로 떨어지게 되니 조심할 일이다.

명심할 것은, 열심히 땀흘려 정당하게 벌어서 바르게 쓰고, 남은 것은 중생과 부처님을 위해서 돌이켜 공양할 줄 아는 진정한 '동체의 정신'이 필요하다는 것이다.

둘째, 보살은 화(嗔心)를 내지 않는다.

화를 내지 않는다는 것은 앞에 설명한 탐심을 제거했다는 뜻이 된다. 왜냐하면, 성냄이란 자신의 구하는 바가 좌절될 때 일어나는 고약한 번뇌이기 때문이다.

만일 정당한 욕구라면 성취되지 않을 리도 없겠지만, 설사 만족치 못하더라도 정당한 성취를 위해서 부단히 쉼없는 노력만이 있을 뿐 성냄은 있을 수 없는 것이다.

그러나 이 잘못된 욕심의 근본적인 문제는 일시적 충동에 의한 욕구라는 것과, 그러한 죄악에 물들 욕구를 성취하기 위해서 수단과 방법을 가리지 않는 '욕구의 물결' 그것이 더욱 문제라는 점이다.

옛말의 견물생심이란 단어가 의미하듯이 보고 듣고 인식하는 대로 보다 좋은 것, 맛있는 음식, 값진 의복, 편리한 시설, 훌륭한 주택, 어느 것 하나 마음이 이끌리지 않는 바가 없는데 현실이 그것을 취할 수 없을 때(대개 자제력으로 순간을 극복하지만) 참지 못하고 울컥 흥분하면 돌이킬 수 없는 사고를 저지르고 마는 것이다. 정당한 방법, 노력을 수반한 성취를 생각해야지 비리로 얻어지는 순간의 기쁨은 영원히 고통만 증가시킬 뿐이라는 깨끗한 자각이 필요하다. 이것이 진심(嗔心)을 방지하는 길이라고 생각된다. 화라고 하는 것은 초조, 긴장, 갈등, 불안 등의 심리적 현상을 동반하는 것으로서 이는 정신적 안정을 해치며, 심성을 포악하게 하고 판단을 흐리게 하는 등, 결국은 미로를 헤매는 악순환을 거듭케 함으로써 파멸을 가져오는 것이다.

화를 내면 육체적으로는 쉬 늙게 되어 수명이 단축되고, 몸의 제 기능이 정상을 유지하지 못하여 만병의 근원이 된다는 의학계의 보고에서 보듯이, 화는 매우 경계해야 될 성질이다.

옛말에 한번의 화로 몸의 피가 서 말 석 되가 마른다고 하였고, 어떤 큰스님이 평생을 수행하고도 한번의 화냄으로 인하여 그 자리에서 뱀의 몸을 받았다는 일화를 보더라도 두렵고 두려운 것이 성내는 일이다.

셋째, 보살은 어리석은 생각(癡心)을 하지 않는다.

이 어리석다는 단어는 퍽 이해하기가 곤란한 말인지도 모른다. 기준이 없기 때문이다.

인지(人智)의 깊고 얕음이 있기 때문에 어떤 상태를 어리석다 하겠는가?

이는 객관적인 판단기준에 맡겨야 한다.

경전에 의하면 어리석음이란, 첫째로 자신을 과신하는 상태로서, 자기의 수명이 무한할 것이라 믿는 고집, 자기의 생각만이 옳다는 고집, 모든 사물이 자기를 위해서 존재한다고 믿는 고집 등을 들 수가 있고, 둘째, 너무 자신을 멸시하는 상태로서, 자신의 주관이 없고, 뚜렷한 신념이 없으며, 자신의 존재마저 부정해 버리는 일종의 허무주의적인 견해로서 옳고 그른 것에 대한 판단마저 갖지 못하는 안타까운 중생의 상태를 말한다.

또한, 죄를 인정치 않고 도덕관념을 낡은 사상이라고 하여 배척하며, 자기만이 새시대를 창조하는 위력을 지닌 절대자적 존재로 믿고 교만, 방자하여 타인을 해치는 행위 등도 지극히 어리석은 것의 범주 속에 들어간다고 본다.

이상의 세 가지 독한 마음을 제거하고 그 자리에 계율을 지키는 굳은 마음, 지극한 평화를 지키는 선정의 마음, 시비곡직을 판단하고 진리를 받아들이는 지혜의 마음(戒定慧)을 가꾸어 나가는 것이 보살의 기초적 소양이기에 간곡히 부탁하는 것이다.

먼저 자신의 내적수행을 돈독히 하고 외적교화를 위해 부지런히 불법의 말씀을 말과 행동으로 이웃과 사회와 가족에게 보여주고 들려주는 것이 보살행이라는 것을 확실히 알고서 실천해 나가기를 바라고 바란다.

여기에 육바라밀, 팔정도, 사홍서원을 닦아나간다면 그보다 더한 공덕이 어디 있으며, 그보다 더한 행복이 어디있으리…….

한국불교를 대표하는 큰스님들의 깨달음의 말씀

靑山에 사는 즐거움

1992년 7월 10일 · 초판 1쇄 발행
2004년 9월 30일 · 2판 1쇄 발행

지은이 · 서옹 스님 외
펴낸이 · 김 청
펴낸곳 · 도서출판 窓
등록번호 · 제15-454호
등록일자 · 2004년 3월 25일

주소 · 서울특별시 마포구 합정동 388-28번지 합정빌딩 3층
전화 · 322-2686, 2687/팩시밀리 · 326-3218
e-mail · changbook1@yahoo.co.kr

ISBN 89-7453-101-1 33220

정가 10,000원

이 책은 '흰구름 걷히면 청산인 것을'의 개정판입니다.